守望者
The Catcher

马上治天下

海外中国研究文库·一力馆

董建中－主编

Ruling from Horseback

鳌拜辅政时期的满人政治

Manchu Politics in the Oboi Regency

1661—1669

[美] 安熙龙（Robert B.Oxnam）－著
陈晨－译　董建中－审校

中国人民大学出版社
·北京·

索尼画像

复制得到了日本芦屋市大卫·基德（David Kidd）的许可，出自他的收藏品。画像的外衬标签上写有："辅政大臣索。五十五岁。水獭皮边领袖朝服。顺治十二年奉上钦赐。"参见大卫·基德：《宫廷肖像画中的礼仪与写实主义》["Ritual and Realism in Palace Portraiture," *Oriental Art* 19, no. 4 (Winter 1973): 421-428]。

献给我的妻子芭芭拉

目　录 | contents

致　谢

我要深深感谢史景迁（Jonathan Spence）教授，他启发我写作此书，对我的研究与写作给予了高明的指导。我深深获益于史景迁教授对清初历史的洞见及处理原始资料的方法。

我还是耶鲁大学硕士研究生时，已故的芮玛丽（Mary Wright）教授在生活上和学术上给予我极大的帮助。许多中国历史的研究者，深深受益于她的才能和照顾，我是其中之一。我们这些在她指导下学习的人何其有幸，定会怀念她独一无二的温暖与学术的高标准、严要求。

柯白（Robert Kapp）对书稿一丝不苟的评论，使我受益良多，他的许多意见已融入本书。我还要感谢唐纳德·普赖斯（Donald Price）、白彬菊（Beatrice Bartlett）、安德鲁·贾（Andrew Chia）、乔治·库珀（George Cooper）、道格拉斯·佩恩（Douglas Payne）、维拉·莫里西（Vera Morrissey）阅读书稿并提出宝贵建议。在查找相关著作时，我得到了耶鲁大学东亚图书馆馆长万惟英（Wan Weiying）专业的、源源不断的帮助。我也得到了哈佛燕京图书馆工作人员的莫大帮助，他们指导我利用与东亚历史资料相关的丰富馆藏。我特别感谢的两个人是耶鲁大学远东语言研究所的黄伯飞（Parker Huang）、三一学院的松见清（Kiyoshi Matsumi），他们在我翻译清初的一些档案时提供了极有用的帮助。我还要感谢几位研究清初历史的专家，特别是卫思韩（John Wills）、小约翰·瓦特（Jr.，John Watt）、劳伦斯·凯斯勒（Lawrence Kessler）、大卫·法夸尔（David Farquhar）、吴秀良（Silas Wu），他们就征引文献给出了重要建议。

感谢耶鲁大学历史系、远东语言研究所及东亚研究研讨班中所有帮助我学习的人。书中所做的大量研究及部分写作，在我就读于耶鲁大学历史系并撰写以《鳌拜辅政时期的政策与党争（1661—1669)》（“Policies and Factionalism in the Oboi Regency，1661－1669”）为题的论文时业已完成。三一学院为此项研究的开展及本书书稿的录入提供了慷慨的经济支持。帕特里夏·麦克唐纳（Patricia McDonald）、卡罗尔·斯坦曼（Carol Steiman）二人出色地完成了书稿的录入工作。

最后，我要由衷感谢妻子芭芭拉（Barbara），她虽忙于研究生学业，但仍然拿出大量时间对本书的行文及结构提出了许多意见。

安熙龙（Robert B. Oxnam）

三一学院

哈特福特，康涅狄格州

第一章

绪论

1661 年 2 月 5 日晚，二十二岁的清朝君主在北京紫禁城的一座 1
宫殿内驾崩了，这位皇帝 1643 年继位，年号为“顺治”。顺治帝死后不久，遗诏向帝国满汉大臣公布：由年仅七岁的年幼皇子玄烨继位，年号为“康熙”；皇帝幼冲，由索尼、苏克萨哈、遏必隆、鳌拜四位满洲辅政大臣处理国家事务。此外，顺治帝在遗诏中切责自己的种种过失，包括奢靡享乐，信赖贪污的宦寺和官员，未能倚重满洲将领，不听从母亲也就是太皇太后[*]孝庄的教诲。

表面上，权力平稳过渡。顺治遗诏指定了新的皇帝和新的辅政班底，并警告新的统治者注意皇帝行为中的误区。然而，正如当时许多汉官定会猜测的那样，顺治遗诏中的许多内容现在认为是太皇太后和后来的四位辅臣公然伪造的（参见附录 1）。

太皇太后和新任辅政大臣，迁怒于顺治帝不听从他们的意见，

---

* 这里“太皇太后”的用法不严谨。实际上作者对“皇太后”“太皇太后”称呼的用法是清楚的，见第三章注⑳。后文类似情况不再一一注明。——译者

而是亲近汉官，整个被汉人的生活方式所吸引。遗诏中的许多内容并非这位将死君主的临终遗言，而是在所谓的鳌拜辅政时期（Oboi Regency，1661—1669），清廷统治中国的政策与行政风格的前兆。在辅政的前五年，四位满洲大臣集体统治，发布谕旨，做出决策，这些与他们构建一个首崇满洲的中华帝国的理想相契合。然而，1666 年之后，四辅臣之一的鳌拜设法操握权柄并削弱其他辅臣的影响力。1667—1669 年，年轻的康熙帝在太皇太后和几位满洲谋臣的帮助下，设法亲理朝政，节制野心勃勃的鳌拜。最终，康熙帝于 1669 年 6 月擒拿鳌拜，摧毁了鳌拜亲属及支持者集团。

鳌拜辅政时期，是以四辅臣中最冷酷、最臭名昭著者命名的，这段历史是中国近代历史上的重要过渡时期。这一辅政局面出现于
2 清朝（1644—1911）的成长期，在满洲人攻取北京近二十年后，在清朝著名的康雍乾盛世时期之前。17 世纪时，特别是在鳌拜辅政时期，满洲人在统治汉人的国家与社会时，面临着维护手中权力、保持满洲传统的困境。四辅臣是仅剩的、实际参与 1644 年入关之前诸多战役的清代统治者。尽管四人将一些行政管理经验带入辅政，但是他们的主要价值观在东北南部和华北战场中已经塑就。四辅臣在辅政之前戎马倥偬三十年，因屡战屡胜而赢得名望，获得奖赏。他们看重的是勇气、效率、服从。他们骄傲地回想起满洲政权的缔造者——努尔哈赤和皇太极时期的军事独裁体制。他们不信任汉族士大夫阶层，后者的生活方式看起来柔弱无力，且对已覆亡的明王朝常存政治忠诚。

然而，四辅臣在 17 世纪 60 年代所统治的辽阔帝国，在人口和文化传统上以汉人为主。由几十万人口构成的、数量极少的满洲

人——在汉人看来是“野蛮”的少数人——统治着 1.5 亿汉人。四辅臣也继承了一套在制度和官员构成上以汉人为主体的政治体系。17 世纪 30 年代的皇太极、40 年代的多尔衮先后决定大量采用明朝的行政结构并容留了许多明朝官员。显而易见，四辅臣不得不受汉人的社会政治秩序约束并围绕此进行统治。因此，鳌拜辅政时期的政治与政策，在满洲至上的诉求和强大的汉化（sinification）力量——以往几个非汉族王朝皆屈服于此——之间充满紧张关系。在此环境中，汉人，同样还有满洲人，在北京皇帝宝座周围竭力开展着政治活动。

本书根据清初满汉认识间的这种紧张关系，来探究鳌拜辅政时期的历史。本书在评判这一“鳌拜辅政时期”起源时检视了汉化和满洲统治的因素，检视了 17 世纪 60 年代的关键性决定及事件，检视了标志着辅政时期终结与康熙帝崛起的派系冲突。汉化的界定是，统治集团要以汉人制度、汉族官员和汉人意识形态进行治理。而满洲统治（Manchu dominance）是指以满洲制度、满洲官员和满洲意识形态进行治理。这种二分法解释是有吸引力的，因为它在入关战争和清初史学中占有突出地位；如果谨慎小心，二分法可继续用以 3
有效地洞察 17 世纪时满洲人涵化（acculturation）进程。然而，痴迷于这些术语——特别是将这一时期视为完全汉化或完全满洲化（Manchu-ized，缺乏一个更好的术语）——会导致严重的曲解。正如在后征服时代中政治权力的易手一样，常常存在着从汉化到满洲统治的变化，而政治人物时常在各种混合体中走向两个极端。当人们开始探究这些混合体，诸如人格特质、抱负、派系与氏族关系、智慧、政治经验以及个人恩怨等因素时，与满汉取向交织在一起，是以历史学家在带领我们走近真实时，工作变得更复杂了。

了解了上述这些条件，首先进行简要的学术史回顾似乎是适当的，以探究此前对于清朝崛起及其发展的一些诠释。必须指出的是，开始时，除 20 世纪 40 年代早期恒慕义主编的《清代名人传略》一书中收录了几篇有价值的传记外，西方历史学家几乎未涉足鳌拜时期。除一些中国历史学家（最著名的是孟森、萧一山）对辅政时期做过概述外，鳌拜时期在以任何语言写就的清初历史作品中都是空白。历史学家在诠释辅政时期时虽然有所欠缺，但在清朝编年史实录中却能查找到丰富的史料，原始版本的实录中有 30 卷计 1 700 余页专记鳌拜辅政时期。在这部编年体史书中，人们可以发现有关清廷的逐日记录：地方官和军事将领进呈的奏疏，对这些奏疏的御批及四辅臣对奏疏的意见，四辅臣以康熙帝的名义颁布的上谕、诏书，北京和整个帝国财政、司法进展的大量信息。对实录予以补充的是大量的类书、各种传记、军事组织的史书、各省和各地的方志，以及各种各样的制度研究。尽管上述资源基本缺乏回忆录、书信、日记等这些在西方历史书写中扮演着重要角色的材料所具有的随性色彩，但是其优点在于全面和细节。

依靠这些资源，在此前对 17 世纪 60 年代研究匮乏的情形下，为了得到可用的解释，人们不得不深入了解清初的历史书写。本项研究很快会揭示出汉化与满洲统治的争议。汉化研究方法深深根植于中国传统的世界秩序观。这种传统观念以汉人为中心，其理想化

且精简化的形式通常更适于书写历史而非史实：皇帝，即天子，统 4
治着整个已知世界（即“天下”），因此中国并不是现代语意上的国家，而是世界轴心或“中央之国”（“中国”），其政治、文化影响遍及四方。另外，理想地说来，内地周边的非汉民族及国家，应该是通过定期向帝都派遣使团、向中国的优越性叩拜、告知皇帝其部落或国家发展情况的方式，来表达对帝国的敬意。“夷”被期望着在中国的影响下保持驯良，皇帝可以采取协商、联姻、赏赐等羁縻政策以怀柔非汉族群体。人们希望这些方法会使蛮夷互相争长，以防它们结成一个能够争夺中国皇位的更大军事、政治联盟。最后，皇帝或许被迫诉诸战争，并因此创置戍边部队以便日常监管，如有需要能迅速做出反应。①

当然，这一体制极少是以上述原始简易的方式运行，当缔造新王朝的非汉族征服者统治中国时，这一体制常常被彻底打破。自公元前 1 000 多年前的周朝开始，至 17 世纪满洲入关达到顶峰，非汉民族对部分或全部帝国的统治差不多占据着半部有文字记载的中国历史。在中国最近一千年的历史中，因契丹辽朝（947—1125）、女真金朝（1115—1234）、蒙古元朝（1271—1368）和满洲清朝（1644—1911）的存在而远远超过了二分之一。汉人如何解释他们的世界秩序如此频繁地被理应在其约束之下的蛮夷颠覆？答案在汉化理论中找得到。传统的中国文人认为，边疆政策的缺

① 下列两部著作对这些概念及起源、与帝制中国历史的关联性做了仔细研究：费正清：《中国沿海的贸易与外交：1842—1854 年通商口岸的开埠》，特别是第 1 卷第 1 部分；费正清编：《中国的世界秩序：传统中国的对外关系》。（脚注中的专著、文章等的出版信息或文献来源信息，请参见书后的“征引文献”，不再一一标注。——译者）

陷使得蛮夷军队倾覆了汉人王朝，但蛮夷统治中国的能力取决于其对汉人政治结构及其儒家意识形态基础的采纳。一句中国古话评论道："天下虽得之马上，不可以马上治。"这种汉化理论，除了为面临蛮夷统治困境的汉族士大夫带来宽慰外，在非汉族王朝的历史中也有着深厚基础。例如，上述所有王朝最终都大量采用了汉族的政治结构、宫廷礼仪、意识形态，甚至有着语言和文化的追求。

这种汉化解释在 20 世纪的西方汉学中强劲复兴。欧文·拉铁摩尔（Owen Lattimore）和梅谷（Franz Michael）已经找到了汉化在进行征服战争之前非汉族入侵者的政府和社会中所起的作用。拉铁摩尔的《中国的亚洲内陆边疆》让我们深入理解了中华帝国北部和西部边疆上的边缘地区，许多入侵即发源于此。这些边缘地区——16、17 世纪的东北南部地区也是拉铁摩尔的众多例证之一——通常是已为征服战争做好准备的政治、经济、文化的混合体。倘若有强势的领导、汉族谋臣的襄助以及包括农业在内的复合经济基础，一个新型的中央集权的行政秩序和军事组织便可产生。总体来说，这就是拉铁摩尔对努尔哈赤和皇太极的崛起、满洲国家和军事组织的出现以及 17 世纪中叶满洲入关战争所做出的解释。[2] 这是一种基于部分汉化的解释，即汉人因素和非汉人因素的结合带来了征服的要素。

梅谷在《满洲统治的起源》一书中将拉铁摩尔的一般性理论用于解释满洲的崛起，立场坚定地支持入关战争之前满洲的汉化。这本先驱式的著作于 1942 年出版，时隔三十年，甚至在大量新发

---

② 拉铁摩尔：《中国的亚洲内陆边疆》，尤其参见第 5、16、17 章。

现的原始材料出版之后，作者的大部分言论仍是很有用的。梅谷发现了在17世纪30年代的皇太极时期，盛京地区存在的汉化官僚机构，探讨了效力于努尔哈赤和皇太极的汉族谋臣所扮演的角色，强调了满洲八旗制度的管理作用，并反思了满洲氏族在入关后的持续斗争，所有这些都是对清初的重要见解。因此，我与梅谷所做解释的不同之处，并不在于这些具体内容，而是在于他对汉族影响力的重要性的过度强调，其结论中有一项明确指出：“正是汉人制度、汉族官员和汉人思想使满洲得以征服中国。”③ 我认为这一观点过度强调了入关战争前后满洲的汉化，却忽略了汉化与满洲 6
统治之间持续存在的紧张关系，而这一现象一直延续到康熙统治时期。并且，这一观点也淡化了入关战争之前满洲制度的持续重要性、满洲人的政治领导以及满洲人对于自身传统的执着。我在本书第二章至第七章探索鳌拜辅政的渊源即1644年入关战争前后，以及研究辅政时期的关键政策时，这些见解将有所展现。

对满洲入关战争的另一主要解释源于1911年辛亥革命时期涌现的中国革命分子言辞尖锐的反满作品。反满的民族主义是这一时期革命报刊的共同主题。邹容的名作《革命军》清晰地反映了这一趋势：“扫除数千年种种之专制政体，脱去数千年种种之奴隶性质，诛

---

③　梅谷：《满洲统治的起源》，第79页。梅谷所强调的以明朝为范本的满洲八旗制度的起源以及早期满洲国家的其他方面，受到有些历史学家的质疑，例如法夸尔的《满洲之蒙古政策的起源》。梅谷的确在稍后的章节中在一定程度上修正了他的一般性结论，指出皇太极对金朝先例的依赖，并注意到满洲人对于被同化的普遍担心，尽管如此，他仍继续强调满洲人全部采纳了汉族的政治结构和意识形态。（梅谷：《满洲统治的起源》，第99～108页）

绝五百万有奇被毛戴角之满洲种，洗尽二百六十年残惨虐酷之大耻辱，使中国大陆成干净土，黄帝子孙皆华盛顿。”④ 反满激情不仅在激进分子阶层中传播，而且蔓延到众多改革者，学识丰赡、善于表达的梁启超或许是最好的例证。梁启超印发了数千本王秀楚所著的《扬州十日记》，这本书详细描述了满洲军队攻取扬州之时（1645 年 5 月 20 日至 29 日）所发生的奸淫掳掠、肆意屠戮的行为。⑤ 满洲人的形象因此被定型、贬低。在许多革命者的眼中，满洲人是国内改革的蛮夷反动派、外交事务的懦弱卖国贼。作为被革命者视作 19 世
7 纪祸患的替罪羊，满洲人是一个有用的靶子：他们可以被轻易地认定为中国弊端的肇因，并对发生在中国和日本的各种革命运动起到消极的作用。

除拉铁摩尔、梅谷外，还有几位学者对满洲人的这一形象提出相反看法。芮玛丽指出，18、19 世纪出现了“满汉混合体”，19 世纪中叶满洲人和汉人联合抗击叛乱和帝国主义，1911 年辛亥革命的前十年间满洲人中出现了杰出改革者。然而，芮玛丽也认同清末时

---

④ 英文译文引自冉玫烁：《早期的中国革命家：1902—1911 年沪浙的激进知识分子》，第 18 页。17 世纪明朝遗民运动中的强烈反满宣传在 19 世纪早期被秘密社会复兴。特别是三合会，在仪式和宣传中尤为依靠反清复明的标语。参见鲍里斯·诺维科夫：《三合会的反满宣传（1800—1860）》，第 49～63 页。

对于 1911 年辛亥革命之前同盟会作品中的反满主题，高慕柯已做出了精彩的评论。通过检视同盟会的纲领，特别是汪精卫的著述，高慕柯指出了反满宣传的三个方面：“第一，满洲人以武力征服中国，他们四处劫掠，任意屠戮，一旦掌权，便实行歧视性政策，将汉人贬降至社会中的下等地位，并将许多其他的压迫性措施加诸汉人身上。第二，满洲人为外来的蛮夷，是低等的民族。第三，满洲人现在伪装成拯救中国的改革者，主要是通过引进宪政，试图以此实行一个巨大的骗局。”（高慕柯：《中国知识分子与辛亥革命》，第 69 页，也可参见第 65～105 页）

⑤ 参见张灏：《梁启超与中国思想的过渡（1890—1907）》，第 126～127 页。译文可见英文版的王秀楚的《扬州十日记》。

满洲人中确实有一些反动派，醇亲王在掌权时复兴满洲权力的努力部分证实了1908—1911年的反满宣传，她认为革命者过分夸大了他们的事业。⑥ 虽然如此，关于满洲人是反动派和卖国贼的论点在国民党人和共产党人的晚清史著述中始终存在，影响了许多人对于清朝的认识。⑦

就我们的研究目的而言，大多数关于20世纪早期反满运动的主张，除了可以作为一种先期的清初历史书写外，价值有限。在观察了汉人将领和汉人军队在征服中华帝国时扮演的角色后，甚至是由17世纪四五十年代丰富证据所支撑的“满洲人是冷酷贪婪的入侵者”的结论也必须予以修正。反满宣传者没有揭露汉军旗人如洪承畴、尚可喜、吴三桂等的暴行，也没有虑及在满洲入关前，明朝亡于汉人反叛者，尤其是张献忠和李自成。在骇人听闻的清初故事中，张献忠于1645—1646年在四川采取的恐怖政策，与清军在中部沿海地区的大屠杀肯定不相上下。⑧ 残暴是那个时代的特征，从民族上看并不限于满洲人，汉人和满洲人都公开这么干。

如果除去政治意涵并将年代限定于清初，反满作品只在矫正汉化研究方法这一方面是可取的。在1644年入关战争之后的二十五年中，尤其是在多尔衮摄政时期和鳌拜辅政时期，为了巩固和保护满洲统治，汉人时常受到压迫。汉族百姓被强制迁出自己的土地以顺 8
应满洲的军事政策，严酷报复对满洲统治可能构成威胁的汉族士大

⑥ 参见芮玛丽：《同治中兴：中国保守主义的最后抵抗（1862—1874）》，第51～56页；芮玛丽：《革命中的中国：第一个阶段（1900—1913）》，第21～23页。亦参见高慕柯：《中国政治现代化中的改革与革命》，第72～77页。

⑦ 芮玛丽：《同治中兴：中国保守主义的最后抵抗（1862—1874）》，第51页。

⑧ 参见帕森斯：《明末农民战争》，第176～178页。

夫，将满洲官员和满洲机构的地位抬升到高于汉人，这些都有大量的证据。满洲统治及其必然结果——汉人的臣服，是 17 世纪 60 年代早期多数政策背后的中心意思。本书的一个主要观点是，鳌拜时期代表了清初以满洲为主导的统治的极端表达，如果我们借用芮玛丽著作的题目，那就是“满洲保守主义的最后抵抗”。康熙帝，尽管对满洲忠诚并十分倚重满洲谋臣，但是他努力压制辅政大臣的政治遗产；如此做法，为晚清的“满汉混合体”奠定了基础。总之，革命宣传或许能为我们提供入关战争不久之后满洲政治的线索，然而在 20 世纪早期，它告诉我们更多的是有关革命者而不是满洲人的情况。

我们看到，在中华帝国政治世界秩序动荡、前途未卜的岁月里，汉化和满洲统治成为人们真实的、活生生的选择。回顾以往事件的来龙去脉是历史学家的任务，然而我们不能忽视这个时代的动荡和焦虑。晚明的起义和满洲人的征服战争破坏了大量耕地，导致成千上万的汉人丧生。田赋编审册记录了朝廷征税的可耕土地数，从中可以看到破坏程度之深。1602 年，田赋编审册记录为 1 161 894 881 亩（176 000 000 英亩 * ），但到了 1645 年，总数骤然跌至 405 690 504 亩（66 800 000 英亩）。⑨ 虽然 1662 年清军在缅甸击败了最后的明朝遗民，然而此后斗争仍长期延续；在康熙帝统治时期，中国经历了长达半世纪的大规模军事行动。在这些军事斗争中，有两场是康熙帝的军队为清朝的存亡而战，即发生在中国南部的“三藩”之乱，

---

* 1 英亩约等于 6.1 亩。以下两英亩数均为概数。——译者

⑨ 参见何炳棣：《明清社会史论》，第 102 页。也可参见本书附录 4。明末清初土地登记中存在的种种问题也造成了登记入册的纳税土地的减少。

噶尔丹及其厄鲁特蒙古人的入侵。康熙帝的胜利为 18 世纪的相对和平铺平了道路，但是这种和平是用 17 世纪的鲜血和焦虑换来的。

汉人对满洲入关战争的各种反应加重了这种军事上的无把握性。上面已经说过，一些明朝将领在 1644 年之前已经率部投降了满洲。这些人被编入满洲的军事组织（八旗），成为汉军旗人，他们在策划 9
和开展入关战争中提供了相当大的帮助。京城内外一些明朝官员为明廷效力直至 1644 年，然而在满洲人攻占北京后也迅速投降了。这些官员，由于多尔衮的赦免，得以继续为新朝政治服务，后来被重新定义“忠”的乾隆帝称为“贰臣”。但是明朝的许多文臣、武将和士人拒绝服务于满洲统治，在入关战争后的十年间，成千上万的人因拥立在中国中部和南部的明朝藩王而身死。拥戴明朝的幸存者包括黄宗羲、王夫之、顾炎武等杰出思想家，他们坚定地拒绝出仕清廷，毕生致力于学问。这些遗民中有些在满洲入关之后的很长一段时间内继续斗争，主要依靠他们的诗文进行隐性攻击。

正是在军事上无把握及汉人对清朝入关战争反应各异的背景下，我们探讨鳌拜时期的政策。对于我们理解四辅臣如何回应这些情况十分重要的是，他们曾在皇太极时期和多尔衮时期投身入关战争。这是他们的胜利。这一认识激发了他们对入关战争之后发展状况的批评，并决定了 17 世纪 60 年代他们的政治选择范围。一个简单的问题似乎已经渗透他们的政治思想：“我们为何而战?”政治是战争在另外一个舞台的延续，四辅臣很少隐瞒这一想法。然而，四辅臣在表达这些见解时，并不只是在发表个人意见，而是代表一个与他们关系密切的满洲征服精英（Manchu conquest elite）群体。

由于“满洲征服精英”这一术语常被用来解释鳌拜时期的方方

面面，此时做出一个简明的定义或许有益。该术语意指一个由满洲将领组成的精英团体，时间限定在17世纪初至17世纪60年代。满洲征服精英包括宗室成员、内务府与侍卫处的官员、八旗所有的佐领及以上的满洲人。这一精英群体的上层是宗室王公、总管内务府大臣、领侍卫内大臣、满洲八旗都统和副都统，以及所有出任高级京官的满洲人。这是一个小规模精英团体，不到两千人，除出征、驻防或狩猎外，就住在北京。几乎所有人都参与了与入关有关的战争；绝大多数人的背景只具有满洲传统，只会满语。少数满洲征服精英有过担任文官的经历，并与汉族官员密切接触，但是这些人基本上有着纯正的军事背景，最经常联系的汉人是汉军八旗官员。

17世纪60年代的四辅臣代表着这一精英团体的上层，他们的智慧都源于指挥满洲的骑兵和步兵。与汉人的传统不同，他们致力于以军事管控政治制度；在清初的环境中，这意味着满洲征服精英主导着汉人官员和地方精英。军事管控意味着复兴入关战争前满洲制度的重要性，特别是议政王大臣会议，这是皇太极时期地位突出、由满洲将领组成的责任班子。这夸大了明朝的弱点，是说晚明的贪污腐败证明了，由于缺乏适当的军事监管，汉人制度有着天然的不足。最后，这意味着向除汉军旗人之外的帝国的汉族官员和百姓传播满洲的尚武价值观念而做出努力。在这一事业中，四辅臣从满洲八旗制度中获取权力；他们的权威源于其对努尔哈赤和皇太极的政治遗产的阐释，也源于满洲征服精英的支持。

17世纪60年代时，四辅臣就像满洲征服精英上层中的大多数人一样，因为年龄已经很大了（他们的确切年龄不得而知，极可能近六十或六十多岁），所以他们有着迫切的使命感。新一代的满洲人正在崛起，这些人对汉人的语言、文化和政治传统更熟悉，而军事训练和经历只是作为补充。例如，17 世纪 50 年代几名满洲人成功通过科举考试的最高一级，中了进士。四辅臣对这些趋势反应强烈，心理历史学家或许会说，四辅臣将他们日渐迫近的死亡等同于满洲入关战争的终止。⑩ 但是我没有这方面的专业知识，没有相关的证据来支持后一见解，只觉得四辅臣和许多征服精英正经历着人世代谢的焦虑。他们看到一些年轻的满洲人中出现了汉化，肯定认为这是先前年轻的顺治帝所推行的政策造成的。在四辅臣看来，唯一的治疗方式，是要用满洲专制的“猛药”去矫正满人，还有汉人。

四辅臣在决策上专断的做法，在清初的最高统治者中并非特例。康无为（Harold Kahn）对康熙、雍正、乾隆三帝统治的描述可以说很好地表明了四辅臣的关切所在：

> 他们的专长在于行动、组织以及为加强皇帝特权而采 *11*
> 取有力的措施。他们超越以前诸朝代的，大概是认清了潜在的可能性并充分利用其职位。即便他们关于统治的言说并没有丰富什么儒家治国学说，他们下定决心采用一种连最迟钝的官员都能铭记的方式来明确自身的权力，这确实展现出意志坚定的专制主义者的关注点。……任务是驱除具有毁灭性的明朝党派之争的阴霾，使满洲最高统治者的权力合理化，在品味、行政、政策方面宣称皇帝的优越性，

---

⑩ 参见利夫顿：《革命的永生》。

> 并谨慎地限制官员批评的范围——事实上是压制官员的权力。[11]

就此处而言，上述描述完全适用于四辅臣，但是康无为接着指出，这三位皇帝，至少在名义上是儒家的理想主义者。他们在“完美皇帝的历史模式”下接受教育，并且“渴求同样的完美”。[12] 而康熙帝的辅臣们与之全然不同：满足于满洲专制者的角色，甚至摒弃儒家理想。对于他们而言，帝国的制度要被剥除儒家的外衣，用以实现并保护满洲人的利益。

一些历史学家业已注意到，康乾盛世的皇帝们有相类的特点，即偏好“直接、垂直统治”。[13] 这几位皇帝力图越过常规官僚渠道，为了效率和情报而直接面对官员。皇帝们花费大量的精力和时间，极力对庞大烦琐的官僚施行个人统治，极力将对特殊情况的处理转化为更具普遍性的政策，极力借助人际关系和道德典范重建统治理想。而四辅臣的治国之道只有一部分与上述方式相同：他们致力于政府的效率。通过改革机构和用人政策，四辅臣试图促成其与下属官员更好地通信交流，最终向官员灌输要完全顺从满洲统治。但是，因几乎完全依赖于满洲同僚和汉军旗人，而对汉人官员和社会不熟悉，他们的作为受到限制。四辅臣正处于一段汉人皆为敌人的时期，
12 他们不愿意与汉族官员有长久的个人交往。四辅臣依靠法律和军事

⑪ 康无为：《帝王眼中的君主统治》，第 7～8 页。

⑫ 康无为：《帝王眼中的君主统治》，第 8 页。

⑬ 这一术语及其含义出自魏斐德《清朝盛世：1683—1839》。类似的评论可见史景迁《曹寅与康熙：奴才与主子》、吴秀良《清廷的通信系统和清帝的集权统治：奏折制度的演进（1693—1735）》两书。

力量进行统治，除了亲近的同僚外，他们很少面对面地劝导其他官员。

四辅臣如此倚重法律和军事力量，我们是否可以将他们的统治方式看成与中国历史上的法家和专制传统一样呢？抽象地说来，四辅臣的确反映了这种传统的某些方面。他们强硬且专制，不仅因为有着纪律严明的满洲背景，还由于他们认为时代要求专制。对晚明和顺治统治的记忆令辅臣生厌，因为二者均为汉人占优势，且是皇帝软弱领导和腐败政府的典型。像许多开国皇帝——如秦始皇、明洪武帝——一样，四辅臣认为对于前朝的腐败和混乱来说，强硬是良药。

然而，透过这种抽象往下探讨，详细检视四辅臣的政策与动机，就会发现他们与传统法家并不那么相类似。四辅臣因自身的经历和倾向而囿于满洲传统和满洲先例。他们并不将自己视为任何汉族传统，无论是法家还是儒家的承继者。明洪武帝是顺治帝心中的英雄，却不是 17 世纪 60 年代四辅臣心中的英雄。⑭ 于他们而言，几乎任何冠之以“明”的事物都必须极其谨慎地处理。用法家来解释四辅臣的动机作用有限，它对于理解四辅臣的政策本质也无裨益。四辅臣当然是专制者，但在处理不同的制度、人事和难题时，其专制的表现方式各异。在重建满洲政治制度时，他们是高明的改革者；但是当彻底改变汉族官僚机构时，他们则是严厉的批评家。在对外政策和军事政策中，他们是保守者，不做任何冒险之举，忠实地维护着入关战争前的先例，心甘情愿地巩固入关战争后的成果。当面对内地时，他们是军事独裁者，不能容忍异议，全力推进满洲统治，

---

⑭ 顺治帝对以前皇帝的评价以及他认为“洪武帝是中国历史上最出色的皇帝”的结论，可参见第三章。

令人臣服。因此，我们只能在清初背景下看待这种多面的专制，理解它对满洲遗产的依赖。坚持以“法家”或“王朝循环”解读鳌拜辅政时期的做法，则会看不清楚产生于这一时期的动机和行动的复杂网络。这种解读也使得“专制的”四辅臣与继其统治的“专制的”皇帝们相比隐晦不彰。它忽视了四辅臣对满洲传统的深深倚重限定
13 了他们的政治选择这一事实。相比之下，康乾盛世的统治者兼具激情与眼光：满洲遗产并不仅是身份的来源，也为他们指导重大改革提供了有用的视角。此类改革使得清朝皇帝很为难，但缓和了满汉紧张关系，将清朝置于更稳固的基础之上。

与前文提及的各种因素——汉化与满洲统治间的紧张关系、入关时期的焦虑、满洲征服精英的角色、对专制主义的质疑——相交织的是党争。党争在 17 世纪的政治中一度盛行，皇帝、宦官、军事强人、摄政辅政大臣各自结党。满洲入关后的前二十五年间，有不少于六个派别相继在北京掌权：多尔衮集团（1643—1650）、济尔哈朗集团（1651—1652）、顺治帝集团（1653—1661）、四辅臣集团（1661—1666）、鳌拜集团（1667—1669）、索额图—明珠集团（1669—17 世纪 70 年代早期）。每个新统治都有着剧烈的政策转变，这为历史学家留下了一段相对清晰的发展进程，但是对当时的汉官和满官来说却是焦虑大增。

清初党争的普遍存在为帝制中国政治的权威和权力带来一些问题。大多数王朝在无私的汉族君权观念与能使皇权长存的朋党忠诚之间走折中路线。理论上，皇帝（或其辅臣）的正统性，因他承自天命并能为所有臣民提供庇护、繁庶和公正而被确定。朋党为的是私利，往往阻碍皇帝特权的体面践行，因此普遍禁止结党。清朝也不

例外，结党的禁令从顺治朝开始发布，至18世纪20年代，致力于此的雍正帝抑制住了结党活动。尽管如此，大多数统治者言行不一，一定程度上依赖朋党的支持以确保权力。皇室宗亲、内廷侍从、有权势的文武官员经常与他们的君主发展出紧密、非正式的联系。当统治者与其党派盟友保护彼此的利益时，一种共生的关系随之而来，同时运用诏令，时常强制阻止其他角逐政治权力的派系的形成。

我们将要探究的六个派系，对于认识清初的政治世界及这一时期的主要人物极有帮助。他们都渴望着政治上的完全控制，一度实现后又失势于新的争夺者。在每一个实例中，除顺治帝集团外，党派魁首皆有着肆无忌惮的野心。他们在一个和战争高度相似的政治世界里争斗。许多官员不仅是从职业军人的队伍中选拔的，而且他们的利益攸关。胜利者可以在专制制度中升至拥有绝对权力；而对 14
于战败者的惩处，轻者颜面尽失、丢官褫爵，更多的是丢掉性命。

是汉化还是满洲统治的主题，必须在党争的背景下考察。事实上，济尔哈朗集团和鳌拜集团这两个短暂存在的派系，为政治权力而进行的残酷斗争妨碍了他们在这一更大的问题上表明立场。其他四个派系，掌控清朝统治集团的时间略长，这些当权者有足够的机会更清晰地凸显是汉化还是满洲统治这一主题。然而，最为明显的是四辅臣集团（由索尼、苏克萨哈、遏必隆、鳌拜构成）所推行的政策及1661—1666年这段集体理政的时期。他们力图创建的秩序，即满洲制度、满洲官员和满洲意识形态毫无疑问地控制着清代中国。如此，我们可以对前文述及的一句中国常用语——“天下虽得之马上，不可以马上治。”——进行引人入胜的改动。这是因为，尽管入关战争似已结束，但看起来辅臣们决计不时要回到马上。

第二章

辅政起源（一）：1580—1643

15 对于历史学家而言，说到四辅臣集团，都知道颁布于1661年的顺治帝遗诏为他们的辅政拉开了序幕。遗诏列举了顺治帝的十四桩“罪”，以下述的行文方式开头：

> 朕以凉德承嗣丕基，十八年于兹矣。自亲政以来，纪纲法度、用人行政，不能仰法太祖、太宗谟烈，因循悠忽，苟且目前，且渐习汉俗，于淳朴旧制日有更张，以致国治未臻，民生未遂，是朕之罪一也。[①]

如这份遗诏中其余的许多内容一样（参见第三章和附录1），我们无法确定这部分遗诏是否伪造，对于四辅臣的地位来说，他们不可能再找出比这更好的声明了。努尔哈赤和皇太极恢复了英雄地位，而顺治帝则被描绘成一个再三抱怨的无能之人。作为满洲军事征服精

---

① 《大清世祖章皇帝实录》卷144，第2a～b页。

英的优秀代表，四辅臣可以开始制定他们的决策。

顺治遗诏指出了两个方向：既指出了四辅臣集团的未来政策，也指出了要回到努尔哈赤和皇太极的统治。让我们的故事从满洲人的这一过往开始，先看看辅臣集团中四位辅臣所出身的家族。四辅臣的谱系都可上溯到16世纪晚期和17世纪早期的努尔哈赤时代，当时他们的祖先是卓越的战士，并且在某些情况下还是早期满洲政治组织和文化传统中的重要分子。四辅臣在17世纪二三十年代成为活跃人物，努力跻身于征服精英的上层，同时也发展出特殊的技能和性格，这些使得他们的角色在入关后与众不同。因此，本章将论述对鳌拜辅政时期具有普遍意义的早期经历和价值取向；下一章关 16
注1644—1661年促成四辅臣集团形成的更为具体的事件。

努尔哈赤统治时期的四大家族

努尔哈赤（1559—1626）是爱新觉罗家族的成员，爱新觉罗家族在建州女真中占据着世袭部落首领的地位，后来成为清朝的宗室。尽管努尔哈赤的祖先可以追溯到14世纪早期（甚至可能比元朝还早），但是努尔哈赤崛起的直接环境是在16世纪晚期。当时，建州女真居住在鸭绿江北岸和汉人居多的辽东农垦地区的东部。1574年，努尔哈赤的祖父觉昌安、父亲塔克世与明朝将领李成梁结盟，一起攻打并俘获了建州女真右卫首领王杲。1582年底，李成梁、觉昌安和塔克世再度联合，对王杲之子阿台采取行动。觉昌安和塔克世在进攻中被杀，可能是死于战斗中，也可能是李成梁试图一举除去建州女真的几位首领。努尔哈赤相信后一种说法，像四个世纪前的成吉思汗一样，他设法为父祖之死报仇，由此开始了征服者的生涯。他以消灭那些串谋致其父祖死亡之人为理由，集中打击女真各部及部落首领。努尔哈赤与明朝保持联系直到 1618 年，他有时亲自赴明廷，进贡毛皮、珍珠、人参，并接受赏银。②

从 16 世纪 80 年代初到 17 世纪第二个十年的后几年，努尔哈赤逐渐将其统治从建州女真部落和海西女真部落向北扩展。海西四部经历了旷日持久的战争后才屈服：1601 年攻克哈达部，1607 年攻克辉发部，1613 年攻克乌拉部，1619 年攻克海西四部中地处最北部的叶赫部。对于努尔哈赤而言，这些年危机四伏，他不止一次侥幸逃
17 脱刺杀。③ 但是努尔哈赤坚持不懈，在其大力修筑防御工事的世居之城赫图阿拉（后称兴京，沈阳向东约 100 英里*）建立起作战基地，开始为以后反抗明朝奠定军事、行政和经济基础。④ 努尔哈赤于 1607 年接受前来赫图阿拉的蒙古贡使所上的“淑勒昆都仑汗”尊号，第一次显示出努尔哈赤更为宏大的帝王愿景。⑤ 当努尔哈赤努力将各部整合成一个强大的满洲军事机器时，他依靠几个满洲家族的忠诚支持，这些家族辅助爱新觉罗家族的成员。

---

② 英文所写早期满洲历史和努尔哈赤崛起的情况，见梅谷：《满洲统治的起源》；相关传记见恒慕义主编：《清代名人传略》；和田清：《关于清朝缔造者太祖皇帝的一些问题》。我不打算详细分析这一时期，更多的信息，见和田清、神田信夫、孟森等的日文与中文著作，本书稍后将引用其中的一些。努尔哈赤派人向明廷朝贡之举止于 1609 年。

其他关于满洲入关前历史的新资料，见陈捷先：《早期满文档案的价值》；李学智：《努尔哈赤统治时期皇位继承诸问题探析》；陈捷先：《旧满洲档述略》。

③ 参见和田清：《关于清朝缔造者太祖皇帝的一些问题》。

* 1 英里约等于 1.6 千米。——译者

④ 1603 年之前，努尔哈赤的都城在呼兰哈达，位于赫图阿拉西南。

⑤ 参见大卫·法夸尔：《满洲之蒙古政策的起源》。

辅臣中有三位的家族在 16、17 世纪之交就开始效力于努尔哈赤。鳌拜的祖父索尔果是瓜尔佳氏的一员并任部落首领。1588 年，索尔果率五百部众归顺努尔哈赤，自此他与这位年轻的首领共命运，当时是努尔哈赤部下最坚定的勇士家族之一。索尔果的次子费英东（1564—1620）是鳌拜的叔叔，他晋升为努尔哈赤的总兵官及一等大臣。在揭发针对努尔哈赤的悖逆阴谋后，费英东迎娶了努尔哈赤的长孙女，并被任命为扎尔固齐（满文拉丁转写 jarguci），负有理讼之责。1615 年，费英东名列五大臣之一，仅位列八贝勒之后，协助努尔哈赤和诸贝勒商讨政治。一年后，费英东因其在战场上的功绩而被任命为左翼固山额真，而且 1618—1619 年率兵对明作战。一位传记作者评论道："费英东被普遍认为是努尔哈赤的左膀右臂，直到乾隆朝，历代皇帝对费英东的褒许有加无已。"⑥ 鳌拜之父卫齐（约卒于 1635 年）凭借自己的表现成为一名杰出的士兵，但由于兄长名望的遮掩，多少有些黯然失色。在 1624—1634 年与蒙古各部和明朝军队的几场战役中，卫齐都起着重要作用；最后，皇太极率主力部队外出时，令卫齐留守满洲都城并任命他为八门总管。卫齐于 1634 年致仕时被认定为杰出大臣，赏给他仆人，并分配一名章京作为他的私人随从。⑦

遏必隆之父额亦都（1562—1621）与费英东同时代，他们的仕途极为相似。额亦都家族属钮祜禄氏，钮祜禄氏世居长白山（该山被认为是满洲祖先的神圣发祥地）东段。额亦都幼年时，父母在一场冲突中被杀，他在邻人的保护下逃脱。有故事说，额亦都十二岁 *18*

---

⑥ 恒慕义主编：《清代名人传略》，第 247 页。

⑦ 卫齐的传记，见《清史列传》卷 4，第 8b～9a 页；《八旗通志》（1739）卷 135，第 22a～23a 页。

时手刃仇人，然后躲避于姑母家，他姑母是女真部落首领的妻子。1580 年，努尔哈赤留宿在这位首领家中，对十八岁的额亦都印象深刻。额亦都终其一生在努尔哈赤的军中任职，并成为努尔哈赤的亲密同伴。如费英东一样，额亦都在几场战役中表现出众，1615 年，他在努尔哈赤政权中被任命为五大臣之一。额亦都以严厉的军事家长作风对待家庭，这表现在他对傲慢无礼的次子达启的处置上，达启迎娶了努尔哈赤的女儿。正如乔治·肯尼迪（George Kennedy）赞许的那样："一天，在家庭聚会上，额亦都将诸子聚集在一起，命人绑缚傲慢无礼的达启，并抽出刀来，告诉在场人有敬重尊上之责，然后警告他们'不从者血此刃'。额亦都将达启拉入室内处死。这一反常的举动给努尔哈赤留下了深刻的印象，称额亦都是最爱国的将领。"⑧ 额亦都于 1621 年去世，死前他在满洲军队中担任高级将领，并攻陷了明朝的几处要塞。除这些荣誉之外，额亦都还娶了努尔哈赤的妹妹为妻。⑨

与鳌拜、遏必隆的家族相比，我们对于索尼之父硕色知之较少，但间接证据表明，忠诚战士的模式还存在着有趣的变例。在清代人物传记中，硕色及其二子索尼、希福（卒于 1652 年）与努尔哈赤时期满文的发展联系紧密。这一家族属赫舍里氏，是海西女真哈达部的成员。他们最初住在位于赫图阿拉西北方向的都英额村。都英额村也是满文的创始人额尔德尼（卒于 1623 年）的祖籍地。或许是因为都英额村与东北平原南部的汉人及西部的蒙古各部距离很近，额

---

⑧ 恒慕义主编：《清代名人传略》，第 221 页。

⑨ 额亦都的传记，见恒慕义主编：《清代名人传略》，第 221 页；《清史列传》卷 4，第 1b～3a 页。

尔德尼掌握了汉语和蒙古语。他大概在 16 世纪 90 年代归附努尔哈赤，担任翻译，赐号巴克什。1599 年，努尔哈赤命额尔德尼创立满文，以便女真人不必完全依靠蒙古语。随后，额尔德尼开始改良蒙文字母，从而创立了满文。⑩

额尔德尼因新创立的语言而在满洲文化上留下了永久印记，可是在 1623 年，他因偷窃并囤积贵重物品罪被努尔哈赤处死。但皇太 19
极决定挽回额尔德尼的名声，下令将已死去的额尔德尼归入赫舍里氏硕色、索尼、希福这一支。⑪ 我们确实知道这三人通晓汉语、蒙古语和满语，皇太极的举动似乎暗示他们也参与了满文的早期创立。硕色很可能在 1599—1601 年努尔哈赤与哈达部作战时举家归顺，也许从那时候起就开始帮助他的同乡额尔德尼。无论如何，希福、索尼的语言能力对于后来他们在皇太极文官机构的生涯有着决定性影响。⑫

与其他辅臣的家族形成对照，苏克萨哈的家族属于北部的叶赫部，叶赫部于 1619 年最终归降，之前与努尔哈赤的斗争旷日持久。苏克萨哈的父亲苏纳（卒于 1648 年）与抵抗努尔哈赤的关键人物贝勒金台吉（卒于 1619 年）有所关联。金台吉极力试图抵挡努尔哈赤的猛攻，并与蒙古人和女真各部落甚至是明朝驻军结盟，他十分英勇，但都徒劳无功。⑬ 金台吉死后，苏纳和叶赫部的其他许多首领

---

⑩ 甚至在满文创立后，女真人仍在很大程度上依赖源于蒙古文和蒙古经验的观念和制度。参见大卫·法夸尔：《满洲之蒙古政策的起源》。

⑪ 额尔德尼的传记，参见恒慕义主编：《清代名人传略》，第 226 页。

⑫ 硕色的少量资料，见索尼、希福的传记；参见《清史列传》卷 4，第 11a 页；卷 6，第 14a 页。索尼、希福所起作用的更多信息，特别是关于他们的语言技能，参见本章下文。

⑬ 金台吉的传记，见恒慕义主编：《清代名人传略》，第 269～270 页。

归降努尔哈赤，被编入努尔哈赤的军事组织。苏纳归降后，其仕宦生涯起伏波折。开端很好，他娶了公主，担任牛录额真，还有几次成功地击溃了辽东的明军、蒙古部落和鸭绿江南岸的朝鲜军队。但是苏纳似乎性情残忍。1628 年，他率部抗击一些察哈尔蒙古人，后者很快投降并承诺向满洲效忠。苏纳没有和平解决，而是处死蒙古男人，俘获了他们的妻妾。苏纳因这场残忍杀戮遭严斥，但仍保有职位。在另一事件中，苏纳在成功突袭长城以北的明朝城镇后，被控藏匿人丁户口册（也许又是要隐瞒大规模的屠杀事件），遂罢职。后来，他依旧被任命为最高将领，出任蒙古正白旗的固山额真。苏纳在此任上成功率兵突袭明朝直隶地区及朝鲜的几个城镇。但是其中一次出征朝鲜时，苏纳违反命令，沿一条错误的路线返回（也许还兼有劫掠），他因此失去了固山额真之职，降职担任牛录额真，直到 1648 年去世。⑭

20 因此，四辅臣的家族为努尔哈赤建功立业。像大多数满洲征服精英一样，苏克萨哈之父在新兴的满洲国家中充任军事将领。鳌拜家族和遏必隆家族除了著名的军事活动外，也是努尔哈赤的亲密伙伴，并且在新兴满洲国家的政府中协助努尔哈赤。索尼家族拥有很强的语言能力，协助将满洲的法律与历史编纂成书。努尔哈赤的成功在一定程度上可以归功于他对这些人才的重视和培养。满洲八旗制度使努尔哈赤和皇太极能够极有效地利用家族——如未来四辅臣的家族——支持，这些家族均被编入旗。这一与蒙古组织类似但很可能是独立发展

⑭ 苏纳的传记，见《清史稿》，列传 36，第 3b～4a 页；《八旗通志》（1739）卷 156，第 20a～22b 页。

的制度⑮，是 1601 年由努尔哈赤创立的。是年，努尔哈赤将军队以每 300 人为单位组成牛录（后改称汉文“佐领”），分别隶属于四个更大的单位，称为固山（后改称汉文“旗”）。这些旗以黄、白、蓝、红四色旗帜区分。随着作战人数的增加，努尔哈赤扩展出新的牛录，每牛录仍保持着 300 人的相同规模，并将它们分隶各旗。1615 年，努尔哈赤新增四旗，共计八旗，新增各旗保持着原有四旗的颜色，但是通过在旗帜上镶边以作区别。像努尔哈赤治下的其他所有满洲家族一样，未来四辅臣的家族也被包含在这一八旗制度中。⑯ 遏必隆、鳌拜隶属镶黄旗，索尼隶属正黄旗，苏克萨哈隶属正白旗。

虽然我们对四位辅臣的早年生活一无所知（甚至是他们的出生日期），但可以确定的是，他们青年时许多时间都在旗内进行军事训练。他们在训练场上及狩猎中度过了艰苦的训练岁月，学会使用令人畏惧的满洲武器，包括剑、匕首、矛、斧头，最重要的是弓和箭。满洲的弓短小而精致，能够大幅度地后弯，能将顶端带有铁箍的木箭射得很远。步兵使用弓箭时，在短距离内大概极有效，而弓箭尤适于马上使用。许多旗人的训练集中在马上射箭一项，努力射中固定的靶心或击中猎物，比如东北中部地区数量众多的鹿。狩猎时，各牛录在指挥人员的命令下，自成编制追踪猎物。这一满洲武功方面的准备，使年轻的满洲人为将来的激烈战争做好了准备，同时这也将他们锻炼成坚 21
定、自豪的严守纪律之人，铸成了满洲征服精英的军事价值观念。

---

⑮　参见大卫·法夸尔：《满洲之蒙古政策的起源》。

⑯　关于八旗制度起源与演变有帮助性的介绍，见恒慕义主编：《清代名人传略》，第 596 页；《八旗通志》（1739）卷 1；房兆楹：《一种对早期满洲军事力量中兵力的估算方法》；孟森：《八旗制度考实》；史景迁：《曹寅与康熙：奴才与主子》，第 2～18 页；罗伯特·李：《清代历史中的满洲边疆》，第 24～46 页；陈文石：《满洲八旗牛录的构成》。

但是八旗不仅是一个军事组织，它也是满洲人的基本行政组织，后来扩大到包括了蒙古人和汉人。被编入各牛录的是普通士兵及其家人。从牛录的登记册可以看出满洲人口的整体增长，同时其中也记录着满洲军队的规模。因此，牛录登记册有助于对全部人口进行控制，为分发饷银和耕地提供了精确的依据。处于努尔哈赤八旗制度顶端的是八贝勒，从努尔哈赤的子侄孙辈选出。每位贝勒担负其中一旗的军事和行政事务。努尔哈赤也命令八贝勒集议重大的军事、政治政策，他们被统称为“议政王”。在八贝勒这一上层结构之下，努尔哈赤建立了最初的满洲行政、司法机构。1615 年，他任命了前文述及的五大臣，包括额亦都和费英东，还任命了十扎尔固齐。这些获得委任的下属被统称为“议政大臣”。⑰

⑰ 努尔哈赤创立的议政王大臣制度的发展进程复杂且常令人困惑。几部著作力图理清该制度，傅宗懋：《清代军机处组织及职掌之研究》，第 1～12 页；吴秀良：《清廷的通信系统和清帝的集权统治：奏折制度的演进（1693—1735）》，第 1～19 页；神田信夫：《清初的议政大臣》；神田信夫：《清初的贝勒》；陈捷先：《后金领旗贝勒略考》；科拉迪尼：《清初的民政》。

至于五大臣的任命是否标志着满洲人统治之下的官僚行政机构的真正开端，尚有争论。傅宗懋持赞成意见，认为随后出现的议政大臣可以直接追溯到五大臣。参见傅宗懋：《清代军机处组织及职掌之研究》，第 54 页。然而，其他历史学家将议政大臣的直接前身置于 17 世纪 20 年代努尔哈赤统治的最后几年及皇太极的统治初期。参见吴秀良：《清廷的通信系统和清帝的集权统治：奏折制度的演进（1693—1735）》，第 10～11 页；梅谷：《满洲统治的起源》，第 67 页。我认为，努尔哈赤的行政组织表明了他对官僚体制的某种认同，而五大臣是不是议政大臣的直接前身这一问题并不重要。

关于努尔哈赤治下大臣的数量及任命时间的问题，从材料上看也互相抵牾。据说努尔哈赤在 1599 年时将“六大臣”的女儿嫁给前来归降纳贡的人。参见《满洲实录》，第 107～108 页。有记录表明，1613 年，努尔哈赤子嗣中的四个年幼的儿子与五大臣商讨政事。参见《满文老档》第 1 册，第 28～29 页。据记载，努尔哈赤在 1616 年挑选了八大臣和四十位扎尔固齐监察辖地，防止损害百姓。参见《满文老档》第 1 册，第 54 页。这也许意味着努尔哈赤的行政体系出现在 1599—1626 年的整个时间段内，其规模和功用发生了改变；对早期满洲国家的进一步研究可能会显示出这一制度相当灵活，当努尔哈赤认识到需求有变化时就会随之改变。

在八贝勒的联合监管以及诸大臣的协助之下，努尔哈赤通过建立这种以八旗制度为基础的体系，设想出一个相对公开的、集体的 22 理政方式。努尔哈赤在寻找合适的继承人时历经艰难，因此在 1622 年时劝告子侄等，在他死后要永远保持集体理政的方式：

> 继我而为君者，毋令强梁之人为之。此等人一为国君，恐倚强自恣，获罪于天也。且一人之识见能及众人之智虑耶？尔八人可为八固山之王，庶几同心干国，可无失矣。尔等八固山王中有才德，能受谏者，可继我之位，若不纳谏，不遵道，可更择有德者立之。⑱

努尔哈赤的集体施政理想很快被他的儿子、继承人皇太极打破，后者成为强势的个人统治者。但是在 17 世纪 60 年代早期四辅臣集团集体统治时，这一理想有了短暂的复兴。这很可能是四辅臣回想起了努尔哈赤的统治方式；即使他们自己未曾亲见努尔哈赤如何行事，但是鳌拜、遏必隆至少从他们的亲戚、位列五大臣的费英东和额亦都身上了解到努尔哈赤的做法。四辅臣经常论及需要恢复“祖宗旧制”，或许这已是他们头脑中的一部分。

我们必须记住，努尔哈赤统治时未来的四辅臣尚在年少（苏克

---

⑱ 《满文老档》第 2 册，第 554 页。另一版本可见于《满洲实录》；参见吴秀良：《清廷的通信系统和清帝的集权统治：奏折制度的演进（1693—1735）》，第 11、155 页。努尔哈赤死后，他的指示继续促使诸贝勒任命了其他一些官员：满、蒙、汉大臣各八人；相似地，满、蒙、汉三族各八位扎尔固齐被置于诸大臣的管理之下；最后，每族还设立了八位参政。（《满文老档》第 2 册，第 555～556 页）本章稍后将讨论这一延续。

萨哈很可能还是小孩子），这正是听闻、学习和训练的时期。只有四辅臣中最年长的索尼在 17 世纪 30 年代以前经历了众多军事行动并参与行政。努尔哈赤统治时，索尼除了做一些书面翻译和口头翻译的工作外，还被任命为一等侍卫。该职位在随后的帝国政治中十分
23 重要，这使索尼与统治者的关系相当密切，因此，论及对努尔哈赤时期政策的个人回忆时，或许应该将索尼之名加入鳌拜和遏必隆之列。作为一名侍卫，索尼在 17 世纪 20 年代也曾随八旗兵远征。⑲其他三位未来辅臣直到皇太极统治中期及最后几年才担任了重要的军事职务。鳌拜在军事生涯开始时担任守卫都城的护军校。直到 1633 年鳌拜才第一次获得任命上前线，成为镶黄旗护军参领。⑳1634 年，遏必隆承袭父爵，为一等昂邦章京，并兼任侍卫。一年后，遏必隆得到差役和财物的赏赐，被任命为镶黄旗牛录额真。遏必隆似乎一开始待遇就极为优渥，因为在满洲人爵位多为承袭的时代里，其父额亦都早已拥有极高的地位。㉑ 四辅臣中年龄最小的苏克萨哈，直到皇太极统治的最末期才第一次得到任命，成为正白旗牛录额真。㉒

但是这四个年轻的满洲人急切地盼望着第一次任命，他们一定对努尔哈赤统治末期的形势变化满怀热情。1616 年，努尔哈赤宣称自己为后金的皇帝，如此，将他自己与早期的女真金朝（1122—1234）联系在一起，并暗示出他征讨明朝的意图。就年号而言，努尔哈赤选择了“天命”，寓意是再明显不过了。两年后的 1618 年，

⑲ 《清史列传》卷 6，第 14a～b 页。

⑳ 《清史列传》卷 6，第 9b 页。

㉑ 《清史列传》卷 6，第 17a 页；恒慕义主编：《清代名人传略》，第 219 页。

㉒ 《清史列传》卷 6，第 4b 页。

努尔哈赤宣布反明的“七大恨”，正式与明廷断绝关系，七大恨包括谋害他的父祖、援助哈达部和叶赫部与他为敌。同年，努尔哈赤的八旗军队最终跨出女真部落的地域，开始向西和向南推进至汉族农民居住的东北平原。经过一系列战役，打败了将军杨镐率领的明军后，满洲人攻占了抚顺、辽阳、沈阳（后来称为盛京）。沈阳于 1625 年成为努尔哈赤的新都城，在 1644 年攻占北京之前，一直作为满洲人的军事基地。不久后整个辽东都被努尔哈赤掌控，他几乎占领了东北平原（从直隶湾北端向内陆延伸的 200 英里的地域除外，这一地域南至山海关的长城，由明廷的要塞锦州、宁远二地防卫着）。一些被俘获的汉族士兵对于努尔哈赤统一这一地区很有帮助， 24
最显著者为李永芳（卒于 1634 年），1618 年他在抚顺归降，最终在满洲军队中任总兵。㉓

努尔哈赤进入东北平原具有重大战略意义，也有着经济和社会的影响。这一富饶的农业地区为努尔哈赤的士兵提供了食物和耕地，汉人俘虏则进行耕种并提供军事供给服务。㉔ 在此次征服战争前，建州女真人依靠混合经济生存，包括食物采集、渔猎、家畜饲养和农业。女真人早在 15 世纪时已会耕作，他们通过贸易和进贡从朝鲜人和明朝获得农具、耕牛及耕种技术。然而，在努尔哈赤出现之前，建州女真人缺乏稳定性、组织和地理空间，没有发展出以农业为主

㉓　努尔哈赤与明朝的战争的描述，参见萧一山：《清代通史》第 1 册，第 73～107 页；恒慕义主编：《清代名人传略》，第 597 页。关于李永芳，参见梅谷：《满洲统治的起源》，第 70～72 页；恒慕义主编：《清代名人传略》，第 499 页。

㉔　17 世纪 20 年代满洲经济和社会的概述，主要依赖于以下著述：陈文石：《清人入关前的农业生活（太祖时代）》；王钟翰：《清史杂考》，第 1～39 页；刘家驹：《清朝初期的八旗圈地》。

导的经济。相反，他们在建州地区捕获各种猎物：狐狸、貂、豹、虎、鹿和松鼠；他们交易人参、珍珠及一些家庭手工制品（银制品、木制品、鹿皮和刺绣品）；他们养家畜，包括猪、鸡、鸭、羊。女真人在 16 世纪下半叶有了冶铁业，努尔哈赤在赫图阿拉的冶铁作坊中制造了相当实用的武器。

在东北中部和北部地区的满洲人长期保持着这些早期的生活方式[25]，而进入东北平原的满洲人迅速地转变为以农业经济为主。据估算，努尔哈赤在 1621 年攻取盖州和辽阳两地后，获得了 150 万亩（约 30 万英亩）的耕地。[26] 满洲人在入关战争之前拥有的可耕土地总数，可能要比这一数字增加了许多倍。另外也可以估算出，这些年迁移到农业地区的全部满洲人口，总计为四五十万，其控制之下的汉族人口会是上述数字的四五倍。[27] 被俘的汉人要依照满洲人的传统做法，被迫剃发留辫，并为满洲征服者所奴役。耕地和汉人奴隶根据旗人的家庭规模和军阶进行分配。

25 因此，努尔哈赤在四十年的时间里统一女真各部，将它们组织成强有力的八旗制度，开启了反明战争，并为入关战争提供了必要的经济基础。在所有这些成就中，努尔哈赤对显赫的满洲家族极为倚重，包括索尼、苏克萨哈、遏必隆和鳌拜四人的家族。本来努尔哈赤死时可以是骄傲且志得意满的，但是他在 1626 年遭遇了最惨烈的军事失败。是年初，努尔哈赤率领主力军横渡辽河袭击宁远城，该城距明长城仅有 100 英里。明军的指挥官袁崇焕（1584—1630）

㉕ 参见罗伯特·李：《清代历史中的满洲边疆》，第 1～23 页。

㉖ 王钟翰：《清史杂考》，第 7～8 页。

㉗ 王钟翰：《清史杂考》，第 22 页。

颇具才干，1623 年时细心加固了城防。当满洲军队进攻时，袁崇焕及部下击退他们，部分因为明廷使用了一种新型的、令人生畏的武器——大炮。明廷的大炮是在耶稣会士的帮助下制造的，由袁崇焕家的福建籍厨子配合施放。满洲军队被迫撤退。努尔哈赤在此役中受了轻伤，但这严重打击了其自尊心，他在七个月后崩逝。㉘

努尔哈赤之死给满洲王朝（Manchu dynasty）的早期历史带来了第一次继位危机。㉙ 虽然未来四辅臣中的任何一位都不太可能直接参与，但是他们或许注意到了这些事件，了解到许多满洲政策的残酷无情。努尔哈赤死后不久，四大贝勒在沈阳成为统治者：代善（1583—1648）、阿敏（卒于 1640 年）、莽古尔泰（1587—1633）、皇太极（1592—1643）。四大贝勒为了站稳脚跟，逼迫努尔哈赤的第三任大妃（后追谥孝烈皇后）自尽；他们担心其子多尔衮（1612—1650）、多铎（1614—1649）、阿济格（1605—1651）依靠母妃的影响力，或许将成功地对其统治构成挑战。随后，掌控着镶黄、正黄两旗的皇太极开始崛起，直到绝对掌权。1629 年，皇太极废除四大贝勒按月轮流管理满洲国家的惯例。1630 年，他以阿敏放弃新近攻取的永平镇的罪名将其囚禁，阿敏在监禁中度过了生命的最后十年。接着，在 1633 年莽古尔泰死后，皇太极宣称他为叛逆者，并将其所

㉘ 恒慕义主编：《清代名人传略》，第 597、686、954 页。

㉙ 清初有如此多的继位斗争，主要原因是满洲人采用了两套不同的继位制度。大多数早期满洲皇帝确实指定了继承人，但显然他们与继承人有分歧；因此他们被迫采用了第二套制度，即皇帝死后由诸皇子决定继承人。努尔哈赤最初指定的是舒尔哈齐（1564—1611），但不久后就将他废黜并处死。关于这些问题有用的研究，参见陈捷先：《满洲丛考》，第 79～93 页。

统领的正蓝旗置于自己的控制之下。至此，皇太极上升到皇帝的地
26 位，通过控制八旗中的三旗，能够实施自己的主张。[30]

皇太极统治时期的满洲四臣

皇太极的统治将满洲人带到了入关战争的边缘。其统治具有以下特征：皇权的扩张与其他贝勒势力的臣服，满洲对朝鲜和蒙古的控制向军事和对外方面延伸，为侵袭明朝而创立了军事和行政的制度性框架。现在我们可以观察到，在 17 世纪 30 年代及 40 年代早期，未来的四辅臣及其家人在皇太极政权中直接参与上述三个方面。对于这些满洲人中的三位——索尼、遏必隆、鳌拜——来说，皇太极对强力控制皇权的追求给他们带来了仕途的提升。三人均是皇太极所亲领二旗（正黄旗和镶黄旗）中的将领，因此受到了皇帝的特殊信任和密切关注。此外，皇太极设法削弱诸贝勒的势力，十分倚重满洲八旗中的高级将领商议制定政策。尽管这四位满洲人从未进入皇太极谋臣的核心集团，但是当皇室之外的满洲人成为清廷政策和入关战争的缔造者时，他们无疑获得了新的自尊和威望。

皇太极时期的战役取得了非凡的成功。到 1634 年，他征服了内蒙古诸部中最强大的察哈尔蒙古。1638 年，他亲自率领一支满洲远

---

[30] 这段复杂的继位争斗，我在此简略述及，令人满意的介绍见恒慕义主编《清代名人传略》中的相关传记。仔细讨论皇太极继位问题的是冈田英弘：《清太宗继位考实》。亦参见神田信夫：《清初的贝勒》；陈捷先：《后金领旗贝勒略考》；孟森：《八旗制度考实》。

征军前往朝鲜，不到一个月的时间就击溃了朝鲜李朝国王的军队。中国的传统朝贡国朝鲜承认了满洲的统治并开始每年向盛京进贡。同时，经过一系列主要战役和数百次突袭后，满洲军队打破了明朝在辽东的最后防御，并越过长城，对明朝的山西、直隶、山东等省进行了数次侵袭。被朝廷党争和地方叛乱严重削弱的明朝，试图向东北南部地区派兵增援、运送供给，以击退满洲人的攻击，但都徒劳无功。1641—1642 年的最后一役发生在锦州和松山，皇太极打败了明朝将领祖大寿和洪承畴麾下驻防军队的余部。至 1643 年皇太极驾崩时，其领土扩展至山海关附近，此处是长城的入海处。投降的 *27*
士兵极大地扩充了满洲军事组织的规模：1634 年增设蒙古八旗，1642 年增设汉军八旗。[31]

在皇太极时期的许多战役中，鳌拜表现出色，他在未来的四辅臣集团的成员中，有着最辉煌的军事生涯。鳌拜在 1633—1634 年参与征讨察哈尔蒙古的战役后，于 1637 年率部袭击驻扎皮岛上的明朝军队而博得声名。皮岛位于鸭绿江江口附近，因据有悬崖峭壁而固若金汤，是明朝军队在辽东行动的主要军事基地，由山东通过海运提供补给。在进攻前，满洲贝勒阿济格召集部下将领，询问攻占皮岛的策略。鳌拜与另一主要将领准塔受命任军前先锋。据说他们向阿济格立下誓言："我等若不得此岛，必不来见王。"军队渡海后遭遇到悬崖防御工事的强烈抵抗。此时，将领中似乎没有人敢率先攀登，"鳌拜大呼超越而上，冒矢石直前搏战，准塔继之。明军披靡，

㉛　皇太极时期战役的详细描述，见萧一山：《清代通史》第 1 册，第 108～219 页。蒙古八旗和汉军八旗建立的讨论，参见史景迁：《曹寅与康熙：奴才与主子》，第 2～7 页；孟森：《八旗制度考实》，第 28～92 页。1639 年，汉人士兵被划分为四旗，索尼及兄长希福协助监管。（《大清太宗文皇帝实录》卷 47，第 10a～11a 页）

遂克其岛。太宗以此岛可比大城”[32]。皇太极因鳌拜的胜利而授他男爵，并赐号“巴图鲁”。在这次旗开得胜之后，鳌拜接着在锦州和松山战役中声名日著。1641年，鳌拜所部跟从郑亲王济尔哈朗等包围了锦州城。当明朝援军开始接近锦州城时，城内的士兵发起进攻，希望能前后夹击打败满洲军队。鳌拜率部作战而没有等待命令或者增援，再次证明了自己是娴熟的指挥官。虽然接踵发生的战役激烈、残酷，但鳌拜还是设法取得了关键性胜利。随后在松山，明
28 军再次被困，皇太极推断敌兵会在晚上逃脱。鳌拜受命在侧翼等待。夜晚降临，敌兵如其所料逃脱，鳌拜迅速跟踪，截杀、俘虏了许多逃兵。

鳌拜的军事生涯非常成功，卫齐的四个儿子皆在东北南部的战场上表现出色，鳌拜只是其中一个。他的兄弟巴哈、卓布泰、穆里玛都是杰出的将领，在皇太极时期和顺治时期指挥了许多获胜的战役。巴哈和卓布泰被委任为议政大臣，并成为领侍卫内大臣。卓布泰还任满洲镶黄旗都统。1660年，穆里玛接替其兄的都统一职，同年任工部尚书。[33] 在17世纪60年代，鳌拜能够利用

---

[32] 《清史列传》卷6，第10a页。皮岛的更多信息，参见恒慕义主编：《清代名人传略》，第568、635页；柔克义：《15世纪至1895年的中朝关系》，第22页。对皇太极时期鳌拜军事生涯的描述，主要来自《清史列传》卷6，第9b～12b页。鳌拜的其他传记如下：恒慕义主编：《清代名人传略》，第599～600页；《清史稿》卷255，第7a～9a页；《八旗通志》（1795）卷137，第14b～24a页；《八旗满洲氏族通谱》卷1，第6a～b页。1642年，鳌拜被任命为护军统领。（《大清太宗文皇帝实录》卷61，第7b页）

[33] 穆里玛的传记，见《清史列传》卷4，第9a～b页；《清史稿》卷255，第8a～b页；《八旗通志》（1795）卷135，第23a～24b页；《八旗满洲氏族通谱》卷1，第6b页。卓布泰的传记，见《八旗通志》（1795）卷137，第10b～14a页；《八旗满洲氏族通谱》卷1，第5a页。巴哈的传记，见《清史列传》卷6，第12b～13a页；《八旗通志》（1795）卷137，第28b～31b页；《八旗满洲氏族通谱》卷1，第6a页。

家族势力及其兄弟的文武官职来增强个人优势地位。康熙朝初期，鳌拜和他的三个兄弟在满洲朝廷纷繁的党争中成为主要人物。

与鳌拜相比，苏克萨哈和遏必隆在入关战争前所经历的军事行动要少很多。二人都参加了松锦之战，受到嘉奖。对于年幼的苏克萨哈而言，这是他第一次参加重大战役。1643 年，遏必隆跟随满洲贝勒阿巴泰袭击明朝。他们越过长城的缺口，席卷了直隶，一路向山东西北部进军。此役中攻陷了包括山东省夏津县在内的数座城镇，这些皆有遏必隆的功劳。这些行动一定令遏必隆满意，因为他在 17 世纪 30 年代后期已遭到贬黜，直到 1641 年才官复原职。1637 年，遏必隆卷进一场涉及他侄女的刑事案件，此女是他兄长图尔格之女。遏必隆的侄女嫁给一位满洲将领后未得子嗣，她非法收养了一个女孩，视如己出。遏必隆被传唤作证，他没有说实情，反而试图掩饰其侄女的罪状。为此，遏必隆在此后四年间失去了世职及牛录额真一职。㉞

㉞　苏克萨哈的传记，参见《清史列传》卷 6，第 4a～b 页；《清史稿》卷 255，第 3b～6a 页；《国朝耆献类征初编》卷 264，第 34a～37a 页；《八旗通志》（1795）卷 158，第 14b～20a 页；《八旗满洲氏族通谱》卷 22，第 3b～4a 页；恒慕义主编：《清代名人传略》，第 218、600 页。遏必隆的传记，参见《清史列传》卷 6，第 17a～18a 页；恒慕义主编：《清代名人传略》，第 219～221 页；《清史稿》卷 255，第 6a～7a 页；《国朝耆献类征初编》卷 269，第 41a～43a 页；《八旗通志》（1795）卷 137，第 24a～28b 页；《八旗满洲氏族通谱》卷 5，第 7a～b 页；钱仪吉：《碑传集》卷 5，第 2a～3a 页。

遏必隆侄女的案件，参见《清史列传》卷 6，第 17a 页；恒慕义主编：《清代名人传略》，第 219 页；《八旗通志》（1795）卷 135，第 33b 页。图尔格是皇太极时期的著名将领，也是额亦都的十六个儿子中最出色的军事将领。参见恒慕义主编：《清代名人传略》，第 221～222 页；《八旗通志》（1795）卷 135，第 31a～35a 页。

29 索尼在皇太极时期就参与了重要战役，但令他最出名的是一场对外事务胜利。1628 年，索尼被派往科尔沁蒙古台吉奥巴处。奥巴迎娶皇太极之女为妻，以示他对满洲人的忠顺，但他在为满洲君主提供兵力时怠忽失职，并有传言称他与明朝有秘密联系。索尼的职责是谴责奥巴台吉的不忠。索尼最初抵达科尔沁蒙古境内时，奥巴装病，拒不相见。随后，索尼告知奥巴手下的一名官员，称他奉命将奥巴的妻子也就是皇太极之女献祭，借以割断满洲与科尔沁蒙古的一切联系，这实际上等同于宣战。索尼的策略取得成效，奥巴十分惊慌，准许索尼入帐，道："上恕我，我固应肉袒谢，惧不我容而逐我耳。"索尼答道："皇上覆载如天地，汝果引慝入朝，虽有罪，必蒙矜恤。"奥巴遂叩首效忠于后金。㉟ 如此，索尼凭口才及天生的足智多谋阻止了满洲人进行另一场军事行动。*

索尼的这些成功使得他很便捷地进入皇太极统治的另一方面——政治活动和政治机构。1629 年，皇太极创立了首个专门的行政机构——文馆。在皇太极任命的首批文馆官员中，有著名的翻译家达海（卒于 1632 年）、索尼、希福。他们的职责之一是继续进行达海开创的工作，将汉文书籍译成满文；达海已经翻译了一些与兵法有关的汉文书籍及一部分《大明会典》。他们还被期望仔细记录满洲的历史及盛京朝廷中发生的事件。在文馆中任职的官员称作"儒臣"或"文臣"，他们经常将朝鲜文或汉文文书译成满文，有时也受

㉟ 《清史列传》卷 6，第 15a 页。

* 《清史列传》卷 6 的记载与此处英文译文有若干不一致，如奥巴妻子是舒尔哈齐的孙女，也没有说将奥巴的妻子献祭。——译者

命随军出征，以便向归降的蒙古人或汉人传达命令。[36]

通过建立文馆，皇太极开始展现出其日益加深的信念，即语言、历史、官僚机构都是入关战争中的重要工具。皇太极有着成熟且广阔的政治思维。他将洞察力和节制力带入军事胜利和强大的个人控制的总体目标。他也意识到把握时机的重要性。在17世纪30年代，他屡屡顶住来自亲密的满汉谋臣的重重压力，后者认为应对明朝进行直接全面入侵。皇太极感激谋臣的意见与信任，但也告诫他们，满洲人还没有准备好最后的决战。[37] 于皇太极而言，准备就绪不只意味着军事上的准备，它也意味着对敌方明朝的社会和政府的深刻认识，以及领导地位和制度的发展，而这些能使满洲人在陌生环境中维持统治。皇太极围绕上述信念所建立的组织形式和统治方法对满洲征服精英有着持久的影响，它们是四辅臣眼中“淳朴旧制”的核心。有三方面将在不久后被四辅臣称为皇太极时期的“谟烈”：满洲制度与汉化制度并置，汉族将领和汉族官员的作用，皇太极关于满洲历史使命的观念。 30

㊱　文馆的建立及达海、索尼、希福的任命，参见《大清太宗文皇帝实录》卷5，第11b～12a页；恒慕义主编：《清代名人传略》，第213页；《清史列传》卷4，第11b页。17世纪30年代早期，对于满洲人来说，通过书面语和口头指示与敌军交流是惯用的方式。《清史》第1册，《本纪》，第16～18页。1630年5月26日，索尼等几个“文臣”奉命留在新近征服的汉人城市，目的是监管该处的明朝官员和将领。（《大清太宗文皇帝实录》卷6，第23a～b页）

1631年2月25日，皇太极亲临文馆，仔细阅读达海所译的《武经》。他被其中一段吸引，其讲的是古代汉人将领为了重振士气而将酒醪倒入河中，这样就可以与士兵共饮河水。皇太极于是颁布诏令，指出古代汉人将领体恤士兵，同时谴责了一名满洲将领对手下士兵的残忍之举。（《大清太宗文皇帝实录》卷8，第4a页）

㊲　皇太极所承受的要对明朝最后一击的压力，参见《大清太宗文皇帝实录》卷12，第3a～5b页；卷22，第21b～23b页。

1631—1637 年，皇太极“参汉酌金”，在混合制度的基础上创立了清朝的基本政府结构。最重要者是皇太极的决策机构，称为议政王大臣会议。这明显是满洲制度，汉人制度中无类似者。议政王大臣会议的起源可上溯到努尔哈赤统治末期的政府体制，当时满洲诸贝勒在满洲军事将领的协助下合作统治国家。皇太极在努尔哈赤死后不久，通过任命“八大臣”的方式扩大了乃父努尔哈赤时期的体制，八旗中每旗各安排一人，他们与诸贝勒共同议政。接下来，皇太极在 1637 年 3 月 23 日正式设立了议政王大臣会议，并将选任资格限制为直接管理满洲八旗事务的八位都统和十六位副都统。诸
31 贝勒由于普遍远离盛京、四处征战而被明确排除在外。议政王大臣会议的第一批成员中有鳌拜之兄巴哈；由此，始于费英东的、密切服务于统治者的家族传统得以保持。通过创立议政王大臣会议，皇太极绕开了其他贝勒的政治权力，并将行政置于宗室以外的上层满洲将领身上。他的个人影响力因此增强，而以军事管控政府的原则得到保留。自此，议政王大臣会议在 17 世纪的多数时间里充当着满洲统治的制度核心，特别是在 17 世纪 60 年代早期四辅臣集团统治之时。㊳

㊳ 1627 年设立“八大臣”（这些官员实际上是都统——以满文官名称呼为固山额真——的前身）的法令，见《大清太宗文皇帝实录》卷 1，第 11a～12a 页。同时，皇太极另外任命了十六名官员在都城议政时提供帮助，这十六名官员随军出征、裁定争端（《大清太宗文皇帝实录》卷 1，第 11a～12a 页）。1637 年设立议政王大臣会议的上谕，见《大清太宗文皇帝实录》卷 34，第 23a～26b 页。议政王大臣会议演变的精彩述评，见吴秀良：《清廷的通信系统和清帝的集权统治：奏折制度的演进（1693—1735）》，第 1～19 页。其他信息可参见本章注⑰。本书第三、四、八、九章将更多地关注议政王大臣会议。巴哈在皇太极时期被任命为议政大臣，参见神田信夫：《清初的贝勒》，第 175～176 页。神田信夫指出，皇太极时期的议政大臣有 27 名，除 24 名当然成员外，另外又任命了 3 名。

皇太极时期的另一机构理藩院，完全源于满洲人，在鳌拜时期相当重要。作为早期蒙古衙门扩充后的机构，理藩院于 1638 年设立，负责管理清朝与新近征服的西部、北部蒙古诸部落的关系。入关战争后，理藩院成为清朝管理对外事务必不可少的机构，其职责除蒙古外扩展至西藏、新疆。因此，清朝理藩院特别关注这些地区；而礼部，明朝时处理所有的对外事务，现在则仅限于与东亚和东南亚的属国打交道。我们稍后将看到，四辅臣在对外政策上坚决实行这种二分法，并给予理藩院特殊关注。[39]

与这些满洲机构并置的是其他三个机构，它们由皇太极修改汉人模式而来。这些机构分别是设立于 1631 年的六部，以及设立于 1636 年的都察院、内三院，与议政王大臣会议的议政之责不同，它们执行着职能性任务。六部和都察院直接借用了汉文名称，而内三 32
院在名称上没有先例，它复制了明朝内阁和翰林院的部分职能。在上述所有三个事例中，汉人谋臣在鼓励皇太极设立机构以及具体事务的执行上均起着积极作用。[40] 皇太极在设立这些机构时，头脑中有一些目标。正如梅谷清晰指出的，皇太极需要高效的机构来统治逐渐扩大的辖境、增加的人口，而汉人的模式就近在手边。[41] 随着入关时间迫近，皇太极也需要一套对数量日增的明朝官员具有吸

---

[39] 理藩院的发展和功能，参见费正清、邓嗣禹：《清代的政府：三项研究》，第 130～135 页；马克·曼考尔：《中国和俄国：1728 年之前的外交关系》，第 4～8 页。我找到最早提及蒙古衙门的材料是在 1636 年，参见田山茂：《清代蒙古社会制度》，第 90 页注 11。

[40] 下令设立这些机构的上谕，见《大清太宗文皇帝实录》卷 9，第 11b～12b 页；卷 28，第 2a～3a 页；卷 29，第 6a～7a 页。亦参见恒慕义主编：《清代名人传略》，第 231～232、592～593 页。广禄、李学智努力再现设立六部的上谕原文，见广禄、李学智：《老满文原档与满文老档之比较研究》，第 148～165 页。

[41] 梅谷：《满洲统治的来源》，第 77 页。

引力的政府制度。最终，皇太极将这些付诸行动，以便向那些在入关战争彻底结束后占据朝廷高级官职的满洲官员提供锻炼的场合。

六部在这三个机构中最为突出，它与明制有显著不同。皇太极于 1631 年最初设立六部时，六名贝勒被指派为六部之长，各自负有“管部事”之责。每部贝勒之下是四名承政，其中满洲人两名、蒙古人一名、汉人一名。遏必隆之兄图尔格在 1631 年时被任命为户部的第一任承政。承政之下是十四名侍郎：八名满洲人、四名蒙古人和两名汉人。侍郎之下是各类办事人员，其中就包括索尼，他在 1631 年被任命为户部启心郎。㊷ 这里要着重指出的是，虽然六部在命名时采用汉文，但是皇太极任命的主要是满洲人。1638 年，他继续着这一趋势，将承政的人数限制到每部一人，且均为满洲人；承政之下是数名参政（这次是如此称呼），他们中大多数为满洲人和汉族军官。㊸ 在下一章会看到，入关后，多尔衮手下的许多官僚都来自皇
33 太极统治末期任命的这些人员。

与六部一样，内三院并不扮演议政角色，而是为皇帝提供各种职能上的支持。内三院由文馆扩充而来，由以下分支构成：内国史院，负责记载实录、编纂史书、记注皇帝诏令；内秘书院，负责撰拟对外文书、敕谕、祭文；内弘文院，负责向皇帝进讲仁德、辅导皇子及所有关乎德行之事。内三院由四位大学士掌领，满、汉各两人；

㊷ 参见广禄、李学智：《老满文原档与满文老档之比较研究》，第 154～157 页；《大清太宗文皇帝实录》卷 9，第 11b～12b 页。

㊸ 这种新的组织形式不仅应用于六部，也适用于都察院、理藩院；这些机构合称为八衙门。上谕见《大清太宗文皇帝实录》卷 42，第 21b～24a 页。索尼继续在新设立的吏部任职（《大清太宗文皇帝实录》卷 42，第 21b 页）。

索尼之兄希福就是最早任此职的两名满洲人之一。1638 年，大学士的人数减至三人，包括两名满洲人和一名汉人，这一设置持续到 1644 年入关之时。汉大学士为范文程（1597—1666），他于 1629 年归降满洲人，在一些职能机构建立时提供帮助；可以说，内三院为皇太极安置这位重要谋臣提供了合适的职位。㊹

在入关前的所有政府机构中，都察院似乎最没有影响力。起初，都察院只有一名汉族官员张存仁（卒于 1652 年），他在 1636 年被任命为都察院承政。张存仁重视自己的职位，任职后不久就进呈了一份长篇奏疏，指出了满洲朝廷内的贪污腐败，并指责了皇帝对一些官员的任命。张存仁显然是在“忠”这一汉人传统观念下履职，凭此这位真正的忠臣批评君上的行为举止、政策及臣僚。然而，皇太极将忠诚等同于顺服，对他的监察官勃然大怒道：“朕素不听谗言。”㊺ 1638 年，一名满洲人被任命为都察院承政，张存仁被贬，与另外一名汉人、两名满人一起任右参政。此外，都察院在制度层级 34
中位列最末，在理藩院之下。㊻

四辅臣在皇太极的政府组织中看到的“谟烈”是：由皇帝及满洲议政王大臣会议决策。这种官僚体制的其余部分是满洲制度和汉

㊹ 有助于了解内三院和清代大学士的介绍，见吴秀良：《清廷的通信系统和清帝的集权统治：奏折制度的演进（1693—1735）》，第 15～17 页。吴秀良正确地注意到这一制度在满洲官僚体制中的地位相当低，与有权势的明初大学士不可同日而语。亦参见恒慕义主编：《清代名人传略》，第 231～232、592～593 页；《大清太宗文皇帝实录》卷 28，第 2a～3a 页；《清史》第 4 册，第 2446～2447 页；谢保樵：《清代政府（1644—1911）》，第 275～276 页。

㊺ 《大清太宗文皇帝实录》卷 30，第 4b 页；张存仁的奏疏出处见此书卷 30，第 2a～4a 页。亦参见此书卷 29，第 6a～7a、9a 页。

㊻ 1638—1643 年都察院的任命情况，参见《八旗通志》（1795）卷 118，第 3a～9a 页。

化制度的混合物，人事安排上也是如此，但满洲人占据着最高职位。皇太极在个人利益、满洲控制以及他对政治体制的需求之间建立了明智而审慎的平衡，这种政治体制可以吸引汉人，为行政工作培养更多的满洲人，并且当满洲人入主北京时能够迅速有效地接管权力。我们可以改编 19 世纪晚期的一句流行语表述皇太极时期的政治结构："满制为体，汉制为用"。

留给未来四辅臣的另一份遗产是皇太极在行政中任用汉人的方法。前面已经指出，皇太极的确依赖一些仔细选出的汉人合作者，他们成为皇帝的心腹和谋臣。最好的例子是宁完我（卒于 1665 年），他在皇太极身边充当军事将领、翻译官、礼仪顾问以及军事战略和行政机构方面的亲近谋臣，直到 1635 年因赌博而见弃。[47] 皇太极的亲密共事者，除前文提到的李永芳、范文程外，还有一些归降的明朝将领，如耿仲明（卒于 1649 年）、孔有德（卒于 1652 年）、尚可喜（卒于 1676 年）。从 17 世纪 30 年代早期起，这些将领不仅率领降部战胜蒙古人和汉人，而且就军事战略向皇太极提出建议。他们在明朝军事力量衰减之时被迫投降，深知明朝的缺陷，能够向满洲统治者提供有价值的第一手信息。[48]

然而，效力于皇太极的绝大多数汉人与满洲统治者没有如此亲密的关系，而是在汉军八旗的各级任职，为皇太极征战。皇太极时期，隶属于满洲人的汉人士兵极大扩充，1642 年时正式建置汉军八旗，1644 年时共有 177 个牛录。[49] 汉军八旗将领的官职与满洲的相

---

[47] 恒慕义主编：《清代名人传略》，第 592 页。

[48] 耿仲明、孔有德、尚可喜的传记，见恒慕义主编：《清代名人传略》，第 416～417、435～436、635～636 页。

[49] 房兆楹：《一种对早期满洲军事力量中兵力的估算方法》，第 208～209 页。

对应，从底端的佐领到最上层的都统。这些人是与满洲军事精英保持着最密切联系的汉人，也是入关后满洲人在军事上和行政上极为倚重的群体。这些汉军旗人以前极少在行政部门中任职。他们是在 35
明朝军队中一步步晋升，直到派往辽东，在战场惨败，结束了在明朝的仕宦生涯。他们选择归降而不是赴死，新仕途的唯一希望是向满洲人展示他们的绝对顺服，并且为征服者带来军事上的胜利。在满洲征服精英的眼中，这些八旗将领构成了理想的汉人群体，他们的价值观与经历都与自己的接近。

皇太极时期留传下来的第三份遗产是他对满洲历史使命的观念，这与他的政府结构以及他对汉军八旗的发展密切相关。早在 1631 年，皇太极就开始摆脱乃父的后金观念。该年大凌河之围，皇太极写信给明朝将领祖大寿，劝他投降：

> 朕心实欲讲和……尔国君臣惟以宋朝故事为鉴，亦无一言复我。然尔明主非宋之裔，朕亦非金之后。彼一时也，此一时也。天时、人心，各有不同。㊿

1636 年 5 月 15 日，皇太极放弃“后金”国号而采用新的国号“清”，在发音和寓意上模仿“明”朝。皇太极意识到以腐败明朝的清洁者、净化者，而非以早期女真征服者的形象示人的宣传价值。事实上，皇

㊿ 《大清太宗文皇帝实录》卷 9，第 31b～32a 页。（页码有误，应为第 21b～22a 页。——译者）皇太极与祖大寿的多次交锋，参见恒慕义主编：《清代名人传略》，第 769～770 页；金梁：《满洲老档秘录》卷 2。皇太极经常向明廷传递信息，努力创造和平谈判，也时常暗示自己与明朝君王是平等的。参见《大清太宗文皇帝实录》卷 6，第 21a～22b、23b～24a 页；《清史》第 1 册，《本纪》，第 29～30 页。

太极开始将他的族人称为“满洲”的同时，就借此在称呼上切断他们与女真先人的联系。[51] 皇太极是否重视这一清理贪腐的任务已无讨论意义，因为他在入关之前就已驾崩，未有机会在北京发号施令。但是17世纪60年代的四辅臣及许多满洲征服精英热切地投入到这项任务中，并时常将他们的行动辩护成“以除明之积弊”。

36 皇太极的声明是说给汉人听的，可他并没有忘记女真人的过去。事实上，皇太极很了解金朝的历史，经常向臣下论说金朝的教训。皇太极的训谕，摘录几段或许有助于阐明他留给征服精英的政治遗产的满洲性一面，也可以作为这一章逻辑上的结束。1636年11月29日，皇太极召集诸贝勒及其他臣僚，命众人阅读《金世宗本纪》的满文译本（世宗是金朝的第五位皇帝，1161—1189年在位）。读罢，皇太极开始训谕：

> 朕披览此书，悉其梗概……朕思金太祖、太宗，法度详明，可垂久远。至熙宗合喇及完颜亮之世，尽废之，耽于酒色，盘乐无度，效汉人之陋习。世宗即位，奋图法祖，勤求治理，惟恐子孙仍效汉俗，预为禁约，屡以无忘祖宗为训。衣服语言，悉遵旧制，时时练习骑射，以备武功。虽垂训如此，后世之君，渐至懈废，忘其骑射。至于哀宗，社稷倾危，国遂灭亡。乃知凡为君者，耽于酒色，未有不亡者也。[52]

---

[51] 《大清太宗文皇帝实录》卷28，第17a～35b页。魏斐德讨论了汉人为满人宣传所吸引的可能性，见魏斐德：《清朝盛世：1683—1839》，第3～4页。

[52] 《大清太宗文皇帝实录》卷32，第8a～b页。皇太极的相似见解，可见此书卷34，第26b～27b页。皇太极也坚决反对吸食烟草（《大清太宗文皇帝实录》卷54，第22a～b页）。

皇太极继续解释，他此前拒绝采用汉人的宫廷服饰，并对这一决定给出了一个不容置疑的解释：“如我等于此聚集，宽衣大袖，左佩矢，右挟弓。忽遇硕翁科罗巴图鲁劳萨挺身突入，我等能御之乎？”[53] 随后，皇太极以疑虑的口吻结束了训谕：

> 朕发此言，实为子孙万世之计也。在朕身，岂有变更之理？恐日后子孙忘旧制，废骑射，以效汉俗，故常切此 37
> 虑耳。我国士卒，初有几何，因娴于骑射，所以野战则克，攻城则取。天下人称我兵曰：立则不动摇，进则不回顾，威名震慑，莫与争锋。此番往征燕京出边，我之军威竟为尔八大臣所累矣。故谕尔等其谨识朕言。[54]

[53] 《大清太宗文皇帝实录》卷 32，第 9a 页。

[54] 《大清太宗文皇帝实录》卷 32，第 9a～b 页。

第三章

辅政起源（二）：1643—1661

38 1643 年 9 月 21 日，皇太极驾崩，标志着索尼、苏克萨哈、遏必隆、鳌拜四人人生一个阶段的结束。在满洲征服精英中，他们因汗马功劳和行政才能而获得了一定荣誉。但是他们一直在满洲政治的边缘活动，虽能够近距离观察皇太极的策略，然而对主要政策根本不会有影响。像许多其他八旗将领一样，他们顺从地接受命令，偶尔能自主地实施巧妙的战术手段。然而，随着皇太极的驾崩，另一场继位之争接踵而来，这四位将领骤然间置身于满洲的党争之中。在接下来的 17 年，他们在党争中为地位与权力而战，这场党争先肆虐于盛京，1644 年之后转入北京。他们发现党争中的胜利比战场上的胜利更难以实现。在多尔衮摄政时期（1643—1650），索尼、遏必隆、鳌拜在政治抗争中处境危险，而苏克萨哈则是多尔衮集团中的小人物。在济尔哈朗辅政时期（1651—1653），此四人作为支持顺治帝的主要人物而短暂地享有荣誉。但是顺治帝亲政后（1653—1661），他们发现自己官衔显赫，但权力极小。因此，

1661 年形成的四辅臣集团正脱胎于四人 1643—1661 年所经历的政治逆境。

逆境中的政治教育（1643—1650）

自多尔衮时期起，未来的四辅臣从满洲政治中汲取到一些基本经验。他们时常痛苦地认识到，党争的胜利基于稳固的军事基础，这一基础则由一小群忠诚的支持者及当权者的说一不二所支撑。多尔衮巧妙地利用这些手段，建立起满洲人的第一个摄政统治，他也因此以同样的方式为支持者还有对手提供了一场政治教育。但是多尔衮不只是娴熟的派别领袖，他还是入主中原、使清朝定鼎北京并借此实现了努尔哈赤和皇太极梦想的满洲统治者。多尔衮依靠同父异母的兄长皇太极所建立的许多制度和所安排的人员，同时也发展出新的策略以扩展并巩固清朝对内地的控制。甚至是多尔衮的政敌也不得不承认他是悍将，是满洲统治的强大支撑者。康熙帝的四辅臣毁谤多尔衮，但是他们却保持了多尔衮的党争方式和以满洲人为导向的政策。

1643 年发生于盛京的继位危机始于宗室王公之间的冲突，但是 39
迅速扩大，直到最后一刻达成妥协，避免了八旗间的内讧。皇太极驾崩时未指定继承人，由此造成了两派分立：一派拥立多尔衮为帝，另一派则支持皇太极的长子豪格。多尔衮在入关战争前是优秀的将领，对于 17 世纪 20 年代其母被迫自尽以满足那些年长的贝勒特别是皇太极的野心一事，他怀有怨恨。多尔衮或许认为，在 1626 年努尔哈赤死后，自己是合法的继承人，因此他在1643年时极力争取皇位。① 为了达到自己的目的，多尔衮依靠其掌控的正白旗及幼弟多铎（1614—1649）掌控的镶白旗的支持。与多尔衮相抗衡的是34岁的豪格，豪格在其父皇太极统治时，是能干的军事领袖，并受命掌管户部。皇太极的其他子嗣不足16岁，豪格便成为唯一成熟且有经验、可以独立统治的皇子。② 支持豪格的是皇帝自将的两黄旗的将领。因此，这两位重要亲王间的斗争，也是两白旗与两黄旗之间为能成为新帝自将之旗而展开的较量。两黄旗的将领以“立先帝之子”的口号聚集在豪格身边，极力维持他们自17世纪20年代晚期开始就拥有的天子自将旗人的身份。

索尼、遏必隆、鳌拜皆属两黄旗，是豪格的有力拥戴者。皇太极驾崩五天后，多尔衮召集了一场满洲领导人会议讨论继位事宜。当征询索尼的意见时，他答道：“先帝有皇子在，必立其一，他非所知也。”尽管有此类反对，可多尔衮似乎仍能继位，这时索尼采取了更强有力的策略。拂晓时分，他带领两黄旗的数支队伍，将领中包括了遏必隆、鳌拜，包围了盛京皇宫。面对着坐在朝堂之上的满洲王公，索尼要求“定立皇子”。③

40 面对两黄旗和两白旗的冲突威胁，年长的亲王、正红旗旗主代善想出了折中方案，打破了僵局。据这一方案，豪格、多尔衮都没

---

① 多尔衮的生平及被努尔哈赤选作继承人的可能性，参见陈捷先：《满洲丛考》，第86～88页；恒慕义主编：《清代名人传略》，第215～219页。

② 豪格的传记，见恒慕义主编：《清代名人传略》，第280～281页。关于1643年继位危机中突出人物的更多信息，恒慕义主编《清代名人传略》一书中的相关传记提供了很好的考察起点。

③ 《清史稿》卷255，第1b页。1643年继位危机中遏必隆和鳌拜的表现，见二人的传记，第二章注释㉜㉞已征引。

有继位，皇太极的五岁的儿子福临被推上皇帝之位，并以“顺治”为年号（1643—1661 年实际在位）。努尔哈赤之子多尔衮、济尔哈朗，将管理政府直到顺治帝长大成人。④ 对于索尼及盟友而言，这是一场苍白的胜利：一名皇子继位，两黄旗名义上直属新皇帝。但是实权仍握在多尔衮的手中。此次折中方案的结果是，多尔衮不仅掌控了正白旗，还掌控了此前处在皇太极管辖之下的正蓝旗。1649 年他的弟弟多铎死后，多尔衮取得了对多铎所辖镶白旗的控制，从而掌握了八旗中的三旗，对于在北京的满洲政敌而言，多尔衮集团是坚不可摧的。

随着 1643 年 10 月继位危机的解决，新任摄政王多尔衮将注意力转向对抗明朝的最后战争。此后他采取行动针对豪格及其拥戴者，包括索尼、遏必隆、鳌拜。但此时，多尔衮正准备对明朝的致命一击，希望所有官员都能为战斗做好准备。令满洲人极为惊讶的是，他们没有进行一场重大战役就攻取了北京。1644 年 4 月，北京城陷于农民起义军。起义者李自成，自号“闯王”，于 4 月 25 日进驻北京，明朝皇帝吊死在俯瞰着紫禁城的煤山上。这时，满洲人尚在山海关外，总兵吴三桂率领明军在山海关驻扎。吴三桂已做好殊死一搏的准备以阻击长城外的满洲人。一种众所周知的传闻说，吴三桂获知他的爱姬在李自成手中的消息后大怒。他也闻知农民军正向山海关进发，就决定与满洲人共进退。5 月 27 日，吴三桂向满洲军敞开山海关这一长城门户，亲迎多尔衮，一同率兵向北京进发。李自

---

④ 对这一情节的最好描述，见恒慕义主编《清代名人传略》一书的传记，特别是多尔衮和代善的传记，亦见陈捷先：《满洲丛考》，第 89～91 页。（济尔哈朗是努尔哈赤之弟舒尔哈齐之子。——译者）

成迅速撤回北京，抢劫并烧毁了部分城市。他处决了吴三桂的家人，于6月4日离开京城。在多尔衮和吴三桂的带领下，满汉联军于1644年6月6日进入北京。⑤

多尔衮占领北京后，即面临着重大责任，要巩固清朝对广袤且
41 怀有敌意的中华帝国的统治。多尔衮能在短短六年间恪尽职守，此事本身就有许多可讲，但这在我们目前研究范围之外。我们关心的是更窄范围的问题：多尔衮摄政与出现于17世纪60年代的四辅臣集团之间的关系。多尔衮的摄政，在两方面极大影响了索尼、苏克萨哈、遏必隆、鳌拜：将皇太极时期的政治制度和统治方式应用于清代中国，以及多尔衮集团的权势来源。

从进入北京之日起，多尔衮开始展示出他在汉人的汪洋大海中加强满洲统治的能力。率军入关后不久的6月6日，多尔衮向天叩拜，下令八旗兵要友善对待北京百姓，并告知明朝官员，欢迎他们供职于清朝官僚机构。多尔衮宣布，他解救京城于反叛者之手，希望因李自成而外逃的官员和平民百姓能返回北京。⑥ 6月18日，他下令为自尽的崇祯帝举哀追悼并将其入殓。⑦ 同年夏天，多尔衮在历代帝王庙中为前朝缔造者明太祖树立神牌，并在其陵寝周围划出了2 000亩的祭田。⑧ 自1644年开始，包括整个顺治朝，削减了明

---

⑤ 关于李自成在北京的短暂统治及吴三桂决定投向满洲的详细描写，参见帕森斯：《明末农民战争》，第132～142页。帕森斯提供了有力证据，证明吴三桂爱姬的被俘并不是影响他做出决定的主要因素。（帕森斯：《明末农民战争》，第138～139页）

⑥ 《大清世祖章皇帝实录》卷5，第1a～3b页。

⑦ 《大清世祖章皇帝实录》卷5，第3b～4a页。

⑧ 《大清世祖章皇帝实录》卷5，第25b页；《清史》第1册，《本纪》，第38页。

末的繁重赋税；在遭受战争和自然灾害的地区，蠲免赋税，直到经济恢复。⑨

而满洲人为统治北京和华北地区所进行的数次行动，与上述旨在为新朝积累百姓支持的举动并存。此前适用于辽东地区汉人的剃发令，作为臣服于征服者的象征而扩展至中华帝国的所有百姓。⑩多尔衮将直隶的许多肥沃农田没收，赏赐给满洲士兵、将领和王公。在对京畿地区实行严格的军事控制的同时，他这样做是为了维持满洲的农业经济。⑪ 满洲主人奴役汉人的做法延续下来，以便后者能为农业和家庭提供劳动力。⑫ 为避免汉人认为满洲人崇拜明朝皇帝，
多尔衮下令将几个异族皇帝列入历代帝王庙，包括辽太祖、金太祖、 42
金世宗、元太祖。⑬

然而，最能揭示多尔衮致力于满洲统治的，是他在占领北京后建立的政治制度。1644 年 6 月 10 日，他发布了著名的“复职制”政令：所有的明朝官员都可以保留原官职，并与指定的满洲人一同治理；官衔和特权俱一例赏给。⑭ 但多尔衮没有提及的事实是，在他摄政的前五年里，京官中的最高职位（六部尚书、理藩院尚书、都察院左都御史）仅由满洲人担任，满洲人和汉军旗人占了侍郎一职的多数。前明官员接受了低层职位的任命，可京城中清廷新设的

⑨ 顺治朝赋税的减免，见《清史》第 1 册，《本纪》，第 34～64 页。

⑩ 《大清世祖章皇帝实录》卷 5，第 3a～b 页。

⑪ 参见第八章，“圈换旗地事件（1666—1667）”。

⑫ 参见第五章，“崇明县：四辅臣树立的国家典范”。

⑬ 《大清世祖章皇帝实录》卷 15，第 1b～2a 页；卷 136，第 11a～12b 页。1645 年，希福称完成了辽金元三朝历史的翻译工作。这项事业是在皇太极的支持下开展的，希福因此得到重赏。（《大清世祖章皇帝实录》卷 3，第 22b～24a 页）

⑭ 《大清世祖章皇帝实录》卷 5，第 5a 页。

官僚机构的上层官员大量来自盛京。⑮ 唯一的例外是内三院，多尔衮摄政期间，汉军旗人和汉族官员在内秘书院中占据了绝大多数职位。然而，多尔衮摄政之下的内三院是次要机构，威望和影响力显
43 然远逊于六部。⑯ 位列多尔衮所设官僚机构之上的是议政王大臣会议，它承自皇太极时期的统治结构。1644 年，多尔衮扩大议政规模，使之凌驾于军事机构和行政机构之上。结果是，入关后的议政大臣包括了满洲八旗和蒙古八旗中的所有都统、副都统，以及所有担任部院尚书或是大学士的满洲人和蒙古人。⑰ 在地方官僚中，多

---

⑮ 1644—1648 年尚书和侍郎的任命，参见《清史》第 4 册，第 2513～2517 页。将这些名单与传记校验，一些结论显而易见。从 1644 年 6 月到 1648 年 9 月，六部中仅有满尚书；首次任命中有四位是宗室。同一时期，都察院中只有一位左都御史，即满洲人满达海。理藩院同往常一样，有且只有一位尚书博洛，他在 17 世纪 40 年代后期成为多尔衮集团中的显赫人物。除满达海之外，所有这些满洲人都是从盛京调任，继续着以前的职责。

1644 年的首次任命划分如下：在六部侍郎中，有 7 名满洲人，9 名汉军旗人，1 名蒙古人，1 名汉人官员，4 人的民族背景不确定，还有 2 个空缺职位。这些官员中有 11 人是从盛京衙署中调任的，包括 6 名满洲人和 3 名汉军旗人。

直到 1648 年，理藩院中还只有一位侍郎：名为尼堪的满洲人（不要与多尔衮集团中稍后身居高位的尼堪相混淆）。都察院中唯一一位副都御史任命于 1644 年：他是此前在明廷任职的汉官。然而，到 1646 年，都察院副都御史这四个官缺已被填补，满、汉官员各占一半。

稍后，第四章和第八章将探讨 1648 年以后，复职制在六部尚书中的发展情况。

⑯ 多尔衮摄政时期内三院的任命情况，参见《清史》第 4 册，第 2446～2449 页。大学士中有 3 人是从盛京调任的。其中一位是索尼之兄希福，希福很快因事被解去大学士之职，本章稍后将进行讨论。到 1644 年底，共有 6 名大学士：1 名满洲人（刚林），2 名汉军旗人（洪承畴、宁完我，后者在 1635 年因赌博被皇太极弃用，这时刚复任大学士），1 名在皇太极统治时期即效力于满洲的汉人（范文程），2 名明朝官员（冯铨、谢升）。

多尔衮摄政时期大学士的影响相对较小，参见吴秀良：《清廷的通信系统和清帝的集权统治：奏折制度的演进（1693—1735）》，第 14 页。

⑰ 多尔衮摄政时期议政王大臣会议规模的扩大及其作用，参见吴秀良：《清廷的通信系统和清帝的集权统治：奏折制度的演进（1693—1735）》，第 12 页；傅宗懋：《清代军机处组织及职掌之研究》，第 52～58 页。

尔衮主要依靠汉军八旗担任督抚这一最高职位；而随着满洲人控制了前明的诸省份，汉族官员普遍被委任以中低级官职。⑱ 简言之，清朝在中原的统治以忠诚的官僚队伍为始，这队伍由满洲人、蒙古人和汉军旗人统辖，同时也保留了许多汉制机构的名称，为汉族官员出任低级职位留出了位置。

多尔衮在将皇太极时期的许多统治技巧运用到清代国家的同时，也设法确保自己在北京的政治地位，如十多年前皇太极在盛京所做的一样。然而，此次，未来的四辅臣不仅是有成见的旁观者，而且还身受多尔衮掌权的影响。多尔衮在成为摄政王后不久，废除委派王公管理六部的惯例，此举给宗室王公以重大打击。多尔衮的解释是，为避免混乱和无序，他将和济尔哈朗直接与六部官员一同办事。⑲ 这一新政策的受害者之一是肃亲王豪格，此前他被指派管理户部，成为两黄旗中怀有抱负之人的主要希望。豪格在政治上无能为力，在效力疆场数年后，他和一些追随者于 1648 年遭多尔衮幽禁。豪格于次年死于狱中。⑳

多尔衮在占领北京数月后的 1644 年 11 月，大胆采用了另一措 44
施来巩固他的权威，这一措施给 17 世纪 60 年代的四辅臣集团带来持久的影响。多尔衮颁布了一道上谕，以六岁的顺治帝名义，加封多尔衮为叔父摄政王，并将他列于同为摄政王的济尔哈朗之上。此上谕赏赐叔父摄政王一些贵重物品，包括嵌珠顶黑狐帽一顶、黑狐

⑱　参见史景迁：《曹寅与康熙：奴才与主子》，第 4～5、70～77 页。以汉军旗人出任地方的高级官职是本书第五章的主题。

⑲　《大清世祖章皇帝实录》卷 2，第 17b～19a 页。

⑳　参见恒慕义主编《清代名人传略》第 280～281 页豪格传记。

裘一件、黄金一万两、白银一百两*、马驼数匹。最重要的是，这道上谕列出了多尔衮的美德及对满洲事业的贡献。在皇太极统治时期的军事战役中，正是“叔父倡谋出奇，攻城必克，野战必胜”。上谕随之盛赞多尔衮，认为他胜过著名的周公，周公是 2 500 多年前辅佐周成王、奠基周朝的摄政王。“皇考特加爱重，赐以宝册，先封和硕睿王，又辅朕登极，佐理朕躬，历思功德，高于周公。”上谕以顺治帝强烈支持多尔衮的统治结尾：“重念我叔父靖乱定策，辅翊眇躬，推诚尽忠，克全慈孝。”[21] 17 世纪 40 年代这道提高多尔衮地位的上谕，明显是清初第二份重大伪造文件即顺治帝遗诏的雏形。在这两份文件中，伪造的顺治帝之话都被用于证明辅政的合法性。多尔衮将这些说辞强加于幼冲皇帝的巧思，可与未来的四辅臣将说辞强加于已逝皇帝的行为并驾齐驱。

多尔衮给未来的四辅臣上了一堂伪造权威声明的有益课程，还为派系政治提供了模板，鳌拜对此有着特殊兴趣。17 世纪 60 年代中期四辅臣集团破裂后，鳌拜集团（1667—1669）力图“复制”二十年前多尔衮所取得的大部分成就。前文已说过，多尔衮最初是在八旗制度之内为其派别建立起了坚实的基础。接着在 1647 年，多尔衮将共同摄政的济尔哈朗罢免，任命他的弟弟多铎作为新的共同的
45 摄政王。多铎得过天花，身体孱弱，对多尔衮的领导构不成威胁，

---

* 应是十万两。——译者

[21] 引文出自《大清世祖章皇帝实录》卷 9，第 22a～23a 页；上谕全文见此书第 9b～23b 页。多尔衮在 1643 年试图继位失败后，对那些近似皇帝的头衔怀有热情。例如，在 1645 年，多尔衮称自己为“皇叔父摄政王”，1648 年将这一头衔提升为“皇父摄政王”。这些头衔及多尔衮试图成为实际上皇帝的努力，参见郑天挺：《多尔衮称皇父之臆测》，第 1～14 页；陈捷先：《多尔衮称皇父摄政王研究》，第 1～19 页；萧一山：《清代通史》第 1 册，第 377～383 页。

还为多尔衮的军事力量增加了第三个旗。同时，多尔衮依靠精心选出的忠诚下属，开始扩展对军事和行政事务的控制。多尔衮集团中的主要人物是努尔哈赤孙辈中的三个：博洛、尼堪、满达海。这些人是如何死心塌地依附于摄政王的尚不确定，但是这一关系在1644年11月三人被赐予高高在上的王公衔时已经确立。在整个摄政时期，这三人在多尔衮实施的历次重大军事征讨中都随军出征，以便密切监视诸王及其他将领。1650年，摄政已近尾声，多尔衮还任用他们监管行政机构。这一年3月，任命尼堪、博洛、满达海掌管六部日常事务。特别是，他们处理了所有无须向皇帝奏报的事务。㉒多尔衮为确保个人大权在握，截断了八旗和在京官僚系统中通常的指挥链，并依靠亲密同党的支持。

然而，索尼、遏必隆、鳌拜眼下无法将多尔衮的宝贵经验运用到处理满洲统治和党争之中。只有苏克萨哈在17世纪40年代毫发无损地渡过难关，幸运地编入多尔衮自将的正白旗。有传记作者甚至指出，苏克萨哈或许曾是多尔衮集团中的小人物，并称他是"睿亲王多尔衮属下"㉓。而另外三人因在1643年支持豪格而遭殃。多尔衮摄政时期，多尔衮集团的成员两次以对抗摄政王之由控诉索尼及其兄长希福。二人均被罢职（索尼时任吏部启心郎，希福为大学士），并被夺去爵位。1648年，豪格获罪圈禁，遏必隆和鳌拜被弹劾在

㉒ 所有这些人物的传记，见恒慕义主编：《清代名人传略》。努尔哈赤的另一个亲属勒克德浑在军事和行政监管中与博洛、尼堪、满达海扮演着相似的角色。参见恒慕义主编：《清代名人传略》，第443～444页。多尔衮授予博洛、尼堪、满达海的头衔在《清史》第1册《本纪》第39～46页中有所涉及。任命此三人监管六部的上谕，见《大清世祖章皇帝实录》卷47，第15a～b页。多尔衮集团与鳌拜集团之间的对比将在第八章中讨论。

㉓ 《清史列传》卷6，第5a页。

1643年扬言谋立之事。遏必隆被判死刑，但上谕将处罚减轻为撤销其头衔及佐领之职、没收其半数家产。相似地，鳌拜被判处斩刑，上谕减轻为夺爵。㉔ 多尔衮对这些反对者施加压力，直至摄政时期终
46 结。1650年8月，这时距多尔衮亡故还有不到四个月，他召见数名满洲官员，逐一问他们是否与“鳌拜、索尼相善”。众人回答不一，一名官员甚至试图回避这个问题，称自己“平生倔强，不与闻外事”。但多尔衮怀疑有人合谋反对其统治，对所有人施以夺爵的处罚。㉕

索尼遭受多尔衮集团的羞辱，不再担负任何政治上或军事上的职责。他在北京度过了17世纪40年代，在竭力保全性命、对抗弹劾者的同时，等待着多尔衮的死亡。鳌拜和遏必隆稍幸运些。二人对自己的政治前途怀有与索尼一样的忧虑，仍设法在多尔衮摄政时期继续军事生涯。1644—1645年，他们在华北地区协助追击李自成及其农民军。1645年李自成死后，鳌拜随军征讨另一支明末叛军，即张献忠起义军。张献忠最终被捕*，1647年被斩于四川，而鳌拜继续追击张献忠的部下，直到1648年。1648—1649年，鳌拜调任山西，在此处成功率领一支满洲精锐队伍抗击明朝遗将。㉖ 这些军

㉔ 未来四辅臣背负的这些罪名的最可靠记载，见《清史列传》卷6，第10b～11a、15b～16a、17b页。遭多尔衮清洗的反对者中，还有未来四辅臣的其他受难亲属：鳌拜的侄子图赖（见恒慕义主编《清代名人传略》，第247页）、鳌拜之兄巴哈（见《清史列传》卷6，第12b～13a页）。

㉕ 《大清世祖章皇帝实录》卷49，第16a～b页。

* 这里叙述有误，张献忠并未被捉拿。——译者

㉖ 为索尼作传之人并没有记录他在多尔衮摄政时期的军事活动及官职。《清史列传》记载了鳌拜、遏必隆在17世纪40年代的军事活动（卷6，第10b～11a、17a～b页）。所有关于苏克萨哈的传记都没有指出，松锦之战后直到17世纪50年代，他获得了什么样的重要军事任命。

在追剿张献忠的战役中，据说鳌拜在另一名将领深陷农民军重围时未能救援，因此失去了应得的奖赏。

事活动定能给面临政治麻烦的鳌拜和遏必隆带去一些慰藉。他们至少是大规模军事行动中的一分子，到 17 世纪 40 年代末期，通过这些军事行动，清朝已对前明的大多数省份建立起统治。在颇有才干的汉军八旗将领特别是洪承畴和吴三桂的协助下，除最南端和西南地区（广东、广西、云南、贵州），满洲统治覆盖了其余所有省份。朱由榔（明桂王）的抗清之举是仅存的明朝遗民活动，其军事力量局限于上述省份的南部区域。凭借满洲征服精英及汉族盟友所取得的令人敬畏的胜利，清廷在 1650 年多尔衮摄政终结时看起来安全无虞。[27] 顺治末期和康熙时期的其他军事威胁开始出现：郑成功崛起，沙俄入侵东北，以及三位藩王日 47
益独立。但是这些威胁在 1650 年入关战争接近结束时还看不太真切。

1650 年 12 月 31 日，多尔衮死于热河狩猎途中。多尔衮之死为包括索尼、鳌拜、遏必隆、苏克萨哈在内的一些高级满洲官员的政治愿景带来了新的希望。多尔衮摄政时，他们见证了满洲统治扩展到整个中华帝国，也注意到多尔衮将皇太极的政治制度运用到汉人国家和社会。作为政治反对派中遭到迫害之人，四辅臣中有三位对满洲党争的危险和技巧多有了解。另一人苏克萨哈似乎是在多尔衮集团内部的一个比较安全的位置上学会了这一课。但是他们所有人都渴望着更大的政治影响力。这四个满洲人在多尔衮死后迅速出击，合力协作，开始运用他们学到的

㉗ 多尔衮摄政时期的战争史，见萧一山：《清代通史》第 1 册，第 272～334 页。追剿朱由榔之役从 17 世纪 50 年代一直持续到鳌拜辅政时期，参见本书第四章。

经验。

一场光荣的介入（1651—1653）

多尔衮之死开启了一段激烈的党争对抗时期。17 世纪 40 年代的几次成功战役过后，随着大多数王公和满洲将领被安置在直隶地区，北京成为新的战场。1651—1653 年的派系冲突是清初党争中最为激烈和复杂的一次。参与角逐的有王公、八旗将领、汉族官员、宦官、皇太后和皇帝本人。较量经历了两个阶段，每个阶段索尼、苏克萨哈、遏必隆和鳌拜或直接卷入，或深受影响。第一阶段是从 1651 年初到 1652 年中。顺治帝在名义上管控朝廷，而郑亲王济尔哈朗在朝廷中具有支配性影响力。济尔哈朗采取行动反对多尔衮集团的残余势力以及其他可能削弱皇权的争夺者。第二阶段是从 1652 年末到 1653 年，一个新的派系在皇帝身边形成。顺治帝集团是由辅佐年轻皇帝的谋臣和心腹构成的松散联合，这一派系一直统治着 17 世纪 50 年代的余下岁月。我们只需观察这段党争历史中最重要的部分，将注意力集中在未来四辅臣集团成员的参与情况。

在清初历史上，葬礼和党争紧密相连，1651 年也不例外。1 月中旬，清廷以皇帝葬礼的规制安葬多尔衮，并尊为“义皇帝”。然而葬礼期间，在多尔衮生前的党羽吴拜的带领下，两白旗的数名将领拘捕了多尔衮唯一尚存的亲兄弟阿济格。阿济格或许自立为新的摄政王。阿济格遭审问，被劾篡权，被投入牢狱，最终在牢狱中被迫自尽。除掉阿济格之后，吴拜及数名追随者自任各部尚书，准备承

担皇权的部分职能。㉘ 此前共同担任摄政王的济尔哈朗在多尔衮的 48
统治下曾遭贬黜，现在在他的领导下，很快进行了反击。他不慌不忙地采取行动，在促使顺治帝亲政的表面动机下，将军事支持者召集到自己身边。

济尔哈朗以接近八旗中正黄、镶黄和正白三旗的将领作为开端。前两旗（索尼、遏必隆、鳌拜所在之旗）早就是皇太极的天子自将之旗，后者（苏克萨哈所在之旗）曾在多尔衮的掌控下。因此济尔哈朗打算赢得两黄旗将领的忠诚，他们在多尔衮摄政时期一度失意，又竭力倾覆多尔衮集团在正白旗中的势力。为进一步鼓舞士气，济尔哈朗赋予此三旗新的共同名号——上三旗。天生的投机分子苏克萨哈，率先反攻此前所在的派系，并加入了济尔哈朗集团。他和转身投入济尔哈朗集团的另一人鳌拜，因为忠诚而获得奖赏，担任议政大臣。1651 年 2 月 1 日，清廷正式宣布顺治帝亲政。当然，这一宣告标志着济尔哈朗的权力日增，可以为派系中的其他人提供更多的权力。但是在 2 月份的大部分时间里，济尔哈朗继续谨慎行事，甚至将多尔衮的名字列入太庙，对这位已故摄政王的一些追随者给以荣耀。最后，在 2 月末到 3 月间，济尔哈朗发起攻击。由苏克萨哈作为主要证人，多尔衮在死后被劾觊觎皇权，用皇帝服制，密谋为自己建立新都。故去的摄政王被坐实有罪后，其身后追赠也被剥

㉘ 房兆楹所做的多尔衮传记对这些事件进行了精炼概括，见恒慕义主编：《清代名人传略》，第 217～218 页。多尔衮死后被提升至皇帝身份，这是由其党羽策划的，以便提高他们获得政治权力的可能性，见《清史》第 1 册，《本纪》，第 47 页；恒慕义主编：《清代名人传略》，第 217 页。阿济格、吴拜的传记，见恒慕义主编：《清代名人传略》，第 4～5、798 页。阿济格被审讯、吴拜及其同党的崛起，见《大清世祖章皇帝实录》卷 51，第 11b～12b 页；卷 52，第 2a～9a 页；卷 61，第 3a～4a 页。

夺。多尔衮已被丑化，济尔哈朗集团开始清洗多尔衮阵营中的一些重要人物。在接下来的几个月里，吴拜去职，失去家产，多尔衮的
49 数名党羽被处死。[29] 但是这一清洗并不彻底。摄政王集团中的三位主要人物满达海、博洛、尼堪仍保有相当大的军事权力，他们协助证实多尔衮有罪，以此挽救自己的政治声誉。1651 年 4 月 25 日，清廷宣布，根据皇太极统治时期创立的先例，这三位王公分别管理吏部、户部、礼部事务。[30]

此后至 1652 年初，济尔哈朗采取了一种在上三旗中寻求盟友并对追随者赠予高官厚禄的策略。未来的四辅臣参与了济尔哈朗的行动，也分享了这些赏赐。鳌拜、索尼、遏必隆在 17 世纪 40 年代晚期受到的弹劾被撤销。他们过往的荣誉也恢复了。此外，索尼、遏必隆在不久后被任命为议政大臣，从而在最有威望的满洲决策机构中与苏克萨哈、鳌拜为伍。四人均被提拔为领侍卫内大臣。作为领侍卫内大臣，他们统领着紫禁城内的八旗精英，为济尔哈朗和顺治帝提供强有力的军事奥援。作为对四人忠诚的进一步奖赏，他们也进入了满洲贵族的最高层。遏必隆、鳌拜被赐公爵，公爵是除皇室外的最高爵位。索尼获伯爵，而苏克萨哈为子爵。[31] 依靠不断扩大

㉙ 苏克萨哈、鳌拜被任命为议政大臣，参见《大清世祖章皇帝实录》卷 52，第 9b、24a 页。宣布顺治帝亲政的上谕，见《大清世祖章皇帝实录》卷 52，第 12b～15b 页。此书还记载了苏克萨哈的证词（卷 53，第 18a～20a 页）。多尔衮死后被定罪，见《大清世祖章皇帝实录》卷 53，第 21b～24a 页。因效力于多尔衮而被惩处或处死的几个人，此前都曾弹劾索尼、鳌拜、遏必隆。谭泰（1594—1651）在这些人中最为突出，他于 1651 年末被处死。（恒慕义主编：《清代名人传略》，第 898～899 页；《清史列传》卷 4，第 29b～31b 页）清洗多尔衮集团时被解职的官员名单，参见萧一山：《清代通史》第 1 册，第 379～384 页。

㉚ 《大清世祖章皇帝实录》卷 55，第 5a～b 页。

㉛ 这些头衔和任命，见第二章注㉜㉞㊱所列的各辅臣传记。

的派系基础，济尔哈朗终于对多尔衮集团予以致命一击。1652 年 4 月 22 日，诸王管理部务的制度被废除。满达海、博洛、尼堪三人均死于同一年，这或许并非巧合（据说尼堪死于战争，另两人的死因不得而知）。㉜

因有济尔哈朗作保护人，未来的四辅臣迅速到达成功的顶峰。作为议政大臣、领侍卫内大臣和显贵，他们受到满洲征服精英的羡慕。他们在上三旗的主要将领中也享有特殊地位。就 1652 年的情况来看，索尼、苏克萨哈、遏必隆、鳌拜似乎有着更辉煌的未来。但是他们没有预见到，有两件事的发展变化将给其事业蒙上阴影。第一是他们失去了保护人。济尔哈朗的健康情况开始下滑，在 1655 年 6 月故去。随着济尔哈朗影响日微，清廷的控制权逐渐转移到以顺治帝为中心的新的派系。第二个变化则将这四位满洲人的光辉胜利带向终结。他们保留有军事指挥权，但政治影响力却微乎其微。他们对失去权力感到愤怒，当看到顺治帝集团的政策和人事后就更加怨怼了。

一位汉化者的满洲遗产（1653—1661）

顺治帝集团的中心人物是年轻的皇帝本人。遗憾的是，历史学家很难超越此前对颇有争议的顺治帝所做的各种诠释，来获知这位清初君王的真实性格。耶稣会士的记载将顺治帝描绘成睿智且敏感 50

㉜ 《大清世祖章皇帝实录》卷 63，第 13b 页。4 月 22 日，尼堪被降爵，博洛死于次日。（《大清世祖章皇帝实录》卷 63，第 13b～14a 页）

的人，他几乎皈依了天主教。一些人强调他的佛教倾向，标志是顺治帝在佛教圣地浙江天台山的塑像。我们在此处看到的顺治帝温和文雅，嘴角挂着淡淡微笑，身着帝袍，头戴僧冠。中文传记将他描绘成爱走极端的人，时而暴怒，时而安静地读书和沉思。一些人甚至推测顺治帝很可能就是贾宝玉的原型，贾宝玉是18世纪的著名小说《红楼梦》中反复无常的主人公。但是最不堪的是顺治帝遗诏中所勾勒的他的形象，这份遗诏中的大量内容是四辅臣和太皇太后于1661年共同伪造的。遗诏中的顺治帝是一个悔恨不已的统治者，对拒绝满洲传统、忤逆母亲以及沉迷于汉人风物感到后悔。㉝

或许有一天，会有传记作家筛选这些解释，发现真实的顺治帝。但这不是本研究的任务。年轻的皇帝在他的时代有许多传奇故事，我们对这些在17世纪60年代激发起四辅臣集团活动的传奇很感兴趣。顺治帝遗诏是为适应新政权的需要而伪造的，因而是一份十分有价值的文献。顺治帝遗诏较多地流露出四辅臣的态度，或许反映了大多数满洲征服精英的情绪。通过把顺治帝遗诏中的要点与17世纪50年代的事件和著名人物联系起来，人们可以更好地理解接下来十年的政治史。

开始时必须要提到一项困难。众所周知，由两位学士在垂死君王的榻前所拟就的遗诏草稿，被一名侍卫拦下，交给了太皇太后。在1661年2月5日公布遗诏前，太皇太后与索尼、苏克萨哈、遏必

㉝ 主要基于耶稣会士和西方其他记载中的顺治帝传记，见约翰·李德：《北京的第一位满族皇帝》，第130～146页。本章稍后的部分及第七章将征引耶稣会士的其他记载。顺治帝塑像的图版，见巴克斯、濮兰德：《清室外纪》卷首，插图。对顺治帝的汉文传记的很好综合，见恒慕义主编：《清代名人传略》，第255～259页。关于将顺治帝作为贾宝玉的原型的问题，将在本章注㉛讨论。

隆、鳌拜修改了遗诏。但无法确定的是，最终的遗诏中有多少是被伪造的。[34] 由于顺治帝在统治时期频繁地发布诏令，公开贬抑自己， 51
难题由此而来。或许这种自贬的趋向是由其健康欠佳发展而来。顺治帝一直多病孤僻，身体孱弱，时常吐血，他可能还感染了肺结核。顺治帝的性格中或许还有自讨苦吃的一面，这驱使他自惩。据记载，顺治帝于 1659 年闻知明朝遗民郑成功进攻南京一事后极为恼怒，拔剑砍坏了宝座。[35] 因为这些性格特征，遗诏中所列的一些“罪”或许是顺治帝悔悟的真实表达。

举一个顺治帝遗诏中或许是真实自贬的例子：“朕性闲静，常图安逸，燕处深宫，御朝绝少，以致与廷臣接见稀疏，上下情谊否塞。”[36] 他曾在 1653 年阴雨连绵的 8 月发布上谕：“乃兹者淫雨匝月，岁事堪忧，都城内外，积水成渠，房舍颓坏，薪桂米珠，小民艰于居食，妇子嗷嗷，甚者倾压致死，深可轸念，揆厥由来，皆朕不德所致。”[37] 以上应该是出自同一人之口。顺治帝一再宣称是他的过失。在遗诏之前，他最后一次自责是在 1660 年 3 月：“十有七年于兹，乃民生尚未尽遂，贪吏尚未尽改……焦思竭力，治效未孚，负上天之简畀，愧祖宗之寄托，虚皇太后教育之恩，孤四海万民之望。”[38]

---

[34] 顺治帝之死及其遗诏的伪造将在附录 1 中详尽探讨。

[35] 顺治帝身体欠佳及宝座被毁的故事，参见恒慕义主编：《清代名人传略》，第 257～258 页。顺治帝的其他暴力迹象，参见萧一山：《清代通史》第 1 册，第 405 页。

[36] 《大清世祖章皇帝实录》卷 144，第 5a 页。

[37] 《大清世祖章皇帝实录》卷 76，第 24b～25a 页。

[38] 《大清世祖章皇帝实录》卷 131，第 13a 页。其他的例子，见《大清世祖章皇帝实录》卷 88，第 4b～5a 页；卷 111，第 23a～b 页；卷 87，第 4b～5b 页。

因此，正像顺治帝统治时的形象一样，在遗诏中，皇帝的公众形象反映出他是一个易怒、忧郁甚至暴躁的人。他以沉迷于传统汉人信念的统治者姿态出现，认为皇帝的性格是国家善政或恶政的来源。但如果遗诏中的这一部分是真实的，那么重要的一点是，未来的四辅臣和太皇太后故意在最后的遗诏版本中选择留下这些内容。这些话不仅提高了遗诏的可信性，也将顺治帝描绘成满洲人想让他
52 呈现的样子。四辅臣和太皇太后希望满洲征服精英能绕开这样一个不受喜欢的人，并热情支持新的领导。

然而，遗诏中许多“罪”是此前顺治帝在宣告自己德行有亏时所不曾提到的。在这些内容中，顺治帝不是笼统地陈述个人不足，而是专门谴责其近侍和主要政策。这些条目很可能是在草拟的遗诏被截下之后添加的。遗诏中的这部分内容显示出四个主题：（1）顺治帝对宦官的倚重；（2）他对汉族官员和明朝制度的强调；（3）他对满洲将领和满洲传统的漠视；（4）他对孝献皇后之爱超过了对自己的母亲。在顺治朝后期的背景下探讨这些主题，我们可以认识到四辅臣集团的许多政策的基础。下列所述的是顺治朝后期的一段政治史，四辅臣，或许还有许多满洲征服精英的认识应是如此。

遗诏中特别列出了顺治帝任用宦官作为侍从并依靠他们提出建议：

> 祖宗创业，未尝任用中官。且明朝亡国，亦因委用宦寺。朕明知其弊，不以为戒。设立内十三衙门，委用任使，与明无异。㊴

㊴ 《大清世祖章皇帝实录》卷144，第3b页。

在多尔衮摄政时期，清廷采取严厉措施消除宦官的政治影响。多尔衮意识到明末的猖獗党争皆由宦官所致，于是不再以宦官充任自己的贴身侍从，废除了许多宦寺机构及职位。[40] 顺治帝在 1653 年颠覆这一政策，此时他开始调派宦官作为皇帝助手。1653 年 7 月，顺治帝设立了一个由宦官和其他非正式谋臣组成的私人官僚机构，称为十三衙门。17 世纪 50 年代末期，十三衙门处理着主要的行政和财政事务，为政治问题和官员任命提供建议，这足以使皇帝同文武官员相隔离。[41] 与十三衙门相关联，最值得注意的人物是顺治帝最宠信的宦官吴良辅和心腹佟义。[42] 令多数满洲征服精英沮丧的是，顺 53
治帝创立了一个在功能、人员甚至名字上都与明末声名狼藉的二十四衙门有着骇人相似性的机构。顺治帝没有像后来的皇帝一样选择汉人包衣担任内务府官员，而是转向宦官和其他可靠性令人怀疑的投机分子。[43] 吴良辅因收受京城内外官员的贿赂而很快证实了满洲人对宦官的忧虑。1658 年，顺治帝训斥吴良辅贪腐，但仍保留了他

㊵　史景迁：《曹寅与康熙：奴才与主子》，第 11～12 页；郑天挺：《清史探微》，第 64～67 页。

㊶　宦官的任用和十三衙门的设立，参见《大清世祖章皇帝实录》卷 76，第 16a～18a 页；卷 92，第 12a～b 页。萧一山《清代通史》一书简要描述了十三衙门及其功能（第 1 册，第 390～392 页）。

㊷　恒慕义主编：《清代名人传略》，第 256～257 页。

㊸　明朝宦官的作用，参见贺凯：《明代的中国政府》，第 10～11 页；贺凯：《明代的传统中国政权》，第 12 页；《明史》卷 74，第 778～782 页。内务府包衣，参见史景迁：《曹寅与康熙：奴才与主子》，第 33～36 页。内务府的机构及其演变，参见郑天挺：《清史探微》，第 72～77 页；萧一山：《清代通史》第 1 册，第 389～390 页；布鲁纳特、哈盖尔斯特罗姆：《当代中国的政治组织》，第 13～35 页；张德昌：《清朝内务府的经济作用》，第 243～273 页。内务府的早期组织，参见孟森：《八旗制度考实》，第 57 页；《八旗通志》（1795）卷 317。旗人、包衣以及宦官均有资格在十三衙门任职。（恒慕义主编：《清代名人传略》，第 14 页）

的职位，只是说要对未来此类不谨之举予以惩处。顺治帝终其统治时期一直极宠信吴良辅；在他驾崩前的五天，吴良辅信佛出家，顺治帝还病榻起身，参加他的剃度仪式。[44]

尽管满洲人将十三衙门的设立，解释为顺治帝回归朝廷腐败的汉人模式的明证，但顺治帝或许还有其他动机。顺治帝不是没有察觉到宦官的危险性。他在 1653 年和 1655 年发布上谕，列举了明末宦官所犯的诸多罪行，特别举出了 17 世纪 20 年代权阉魏忠贤的例子。顺治帝承诺控制宦官，限制他们的数量，将凌迟处死任何插手朝廷事务的宦官。[45] 但是，顺治帝认识到自己所做决定的风险性，他或许相信十三衙门是他对抗满洲政敌、重申自己权威的唯一希望。直接的威胁是济尔哈朗集团，这一集团在 17 世纪 50 年代早期借顺治帝的名义崛起，却不将顺治帝当成实力人物。另一威胁是顺治帝的母亲，稍后章节会讲到，她竭力干涉顺治帝的个人生活。有这些问题的存在，顺治帝可能被吴良辅等人说服，他们可以压倒自己的政敌，而不会重蹈明末的弄权。因此，十三衙门提供了顺治帝集团
54 的权力基础，孤立济尔哈朗集团及皇太后，使得皇帝在 17 世纪 50 年代中期掌控了朝廷。

除宦官外，顺治帝身边还围绕着其他非满洲同党，他们中的大多数为顺治帝出谋划策并作为宗教同道而非政治支持。顺治帝统治末期，禅宗僧人在皇帝随从中十分突出。顺治帝酷爱超自然力量，深信自己前世是僧人。他花费大量时间冥思，与关系最亲密的两个

㊹ 吴良辅的受贿事件，见《大清世祖章皇帝实录》卷 115，第 13b～14a 页；萧一山：《清代通史》第 1 册，第 387 页。顺治帝参加吴良辅剃度仪式一事见附录 1。

㊺ 《大清世祖章皇帝实录》卷 76，第 16a～18a 页；卷 92，第 12a～b 页。萧一山：《清代通史》第 1 册，第 390～392 页。

和尚性聪和道忞进行讨论。顺治帝还劝说孝献皇后、皇太后和数名宦官接受禅宗信仰。[46] 据当时的西方人记载，著名的德国耶稣会士汤若望也是顺治帝的亲近之人。多尔衮摄政时期，汤若望因翻译西方的数学著作并在西洋算法的基础上修历而得到奖赏，晋升为钦天监监正。年轻的顺治帝掌权后，汤若望仍受到清廷的赏识。顺治帝不仅赐给汤若望一些最高的帝国荣誉，甚至还同意汤若望不行叩头礼。皇帝对这位耶稣会士的喜爱或许源自汤若望所掌握的西洋科学知识，而非在信仰上皈依天主教。然而，汤若望认为，如果不是碍于第六诫*，他就能够改变顺治帝的信仰。据汤若望所记，顺治帝“无法克服肉欲”[47]。

在满洲人看来，皇帝与汤若望、吴良辅、佟义、性聪、道忞之间的交往是满洲国家衰败的症候。以十三衙门为代表的新兴贪腐机构取代了“淳朴旧制”。宦官、僧侣甚至天主教徒代替了曾经侍奉努尔哈赤、皇太极和多尔衮的满洲谋臣及汉人包衣。

顺治帝遗诏中伪造部分的另一主题是皇帝对汉族官员和明朝制度的强调。伪造者认为顺治帝有汉化的倾向：“明季失国，多由偏用文臣，朕不以为戒，反委任汉官，即部院印信，间亦令汉官掌
管。”[48] 为证明这一点，顺治帝遗诏的炮制者指向了刘正宗，他深受 55
顺治帝宠信，极有权势，也格外贪腐。[49] 刘正宗是山东籍进士，

㊻ 恒慕义主编：《清代名人传略》，第 257 页。

* 指天主十诫的第六诫“毋行邪淫”。——译者

㊼ 邓恩：《一代巨人：明末耶稣会士在中国的故事》，第 347～353 页。汤若望与顺治帝关系的更多信息，见史景迁：《改变中国》，第 19～21 页。

㊽ 《大清世祖章皇帝实录》卷 144，第 3b 页。

㊾ 顺治帝遗诏称刘正宗是“偏私躁忌”之人。据说，刘正宗能保留官位仅仅是因为顺治帝的“优容姑息”。（《大清世祖章皇帝实录》卷 144，第 4a 页）

1652年晋升大学士，次年任吏部尚书。[50] 从这一点来看，刘正宗能够为家族和朋友带来财富与声望。其弟刘正学，尽管先前为著名的明遗民兼海盗郑成功效力，但仍被委以武职。其结拜兄弟刘芳名担任总兵，从刘正宗处得到了许多帮助。刘正宗的一些友人和下属，经他推荐而获得官职，他们利用职权进行贪占。有汉人御史在1660年弹劾刘正宗时评说道："正宗之友如此，正宗为何如人耶?"刘正宗又被劾言语偏谬，其审讯案件后上呈虚假供词，未曾奏明李昌祚反叛之事，以及犯下各种财务不法行径。[51]

对于满洲征服精英而言，刘正宗代表着汉人中最恶劣的为非作歹者。[52] 刘正宗的家族因其弟与郑成功领导的反清活动有所关联而受牵累。他一度得到顺治帝庇护，因而是皇帝"偏用文臣""见不肖而不能退"的另一实例。刘正宗的事例对于满洲人而言，是贪腐和
56 党争的典型实例，也可以说是晚明此类现象的余孽。由于刘正宗遭到广泛的反对，顺治帝最终决定惩处他。1660年12月，顺治帝斥

---

[50] 《清史列传》卷79，第31b～32b页。

[51] 《大清世祖章皇帝实录》卷136，第14b页。此书还列举了刘正宗的密谋诡计，见卷136，第13b～15b、17b～20a页；卷142，第5b～13b页。

[52] 顺治帝统治时期党争的其他事例，参见谢国桢：《明清之际党社运动考》，第119～122页。谢国桢认为，魏忠贤集团与东林党之间的矛盾冲突，在最初参与党争的人过世后仍长期延续。谢国桢称，顺治帝统治时期的主角是代表着魏忠贤残余的冯铨，以及代表东林党的陈名夏。谢国桢已经注意到，冯铨和陈名夏所荐之人通常是宦官的支持者或是东林党的支持者。

1653年，陈名夏被劾结党，于次年坐绞论死。陈名夏的案例有助于重新理解顺治帝统治时期的党争问题。弹劾陈名夏的是著名的汉军旗人宁完我。所列罪名为欲复明朝衣冠、反对剃发令。借处死陈名夏，顺治帝在这些问题上似乎直接站在了满洲人的立场上，也证明了他并非对统治之下的所有派系都宽容对待。参见恒慕义主编：《清代名人传略》，第95页。《大清世祖章皇帝实录》卷57，第11b～12a页；卷62，第3b～5b页；卷82，第1b～9a页。顺治帝对满洲服饰规定的坚持，参见萧一山：《清代通史》第1册，第388页。

责刘正宗，下令罢免他，家产半数充公，分与旗人，但他本人从宽免死。[53]

顺治帝统治时期发生的其他事件也许强化了满洲人的论断，即顺治帝受到明朝先例的强烈吸引。1653 年 2 月，15 岁的君主与内院大学士们谈论谁是中国历史上最圣明的皇帝。大学士们说出了几位帝王，其中一位汉大学士认为是唐太宗。顺治帝反驳道："岂独唐太宗，朕以为历代贤君莫如洪武。"顺治帝继续解释道，洪武帝在颁布规章条例时效率最高，所颁条例广泛且周详。[54] 我们将在下一章看到，顺治帝遵循着这一判断，对包括内阁、翰林院、都察院在内的几个汉制机构和科举制度给予特殊关注。他还旌恤数名晚明官员，并为最后一位明朝皇帝举行特殊祭礼。[55] 也许顺治帝公开表态只是为了吸引持有不同政见的汉族士人和官员，可许多满洲人的结论是，他们的君主已经滑向了凡明皆好（Ming-ism）的不好境地。

遗诏还批评顺治帝忽视满洲官员和满洲传统。对于这一点，遗诏清晰地写道："满洲诸臣，或历世竭忠，或累年效力，宜加倚托，尽厥猷为，朕不能信任……以致满臣无心任事，精力懈弛。"[56] 此处主要是将索尼、苏克萨哈、遏必隆、鳌拜四人的怨怼情绪写入遗诏。顺治帝集团的出现使他们新获得的权力丧失了。四人传记的书写者几乎没有记录 1653—1661 年他们生活中的大事。1657 年，遏必隆

---

[53] 《大清世祖章皇帝实录》卷 142，第 12a～13b 页。

[54] 《大清世祖章皇帝实录》卷 61，第 24a～25a 页。出处卷数有误，应为卷 71。——译者

[55] 《大清世祖章皇帝实录》卷 76，第 5b～6a 页；卷 130，第 6b～7a、10b 页。萧一山：《清代通史》第 1 册，第 386 页。

[56] 《大清世祖章皇帝实录》卷 144，第 3b 页。

先后获得少傅、太子太傅的荣衔，但是这些名誉上的奖赏并没有伴随着政治势力的增长。苏克萨哈参与了湖广、江南诸省的数场平叛
57 战役：在江南战场上，他指挥着战船，因六战连捷而获得顺治帝的赞许。[57] 但是苏克萨哈也没有得到政治权力。

与上述两人遭受同样挫败的索尼和鳌拜，则通过向顺治帝提出有益建议来消磨他们在顺治朝的时光。例如，索尼于 1660 年 8 月进呈了一份敏感且考虑周全的奏疏，内容是清廷面临的一些问题。他认为百姓受到压迫，应追究惩治那些不能奏报地方情形的官员。索尼批评清廷偏私高级将领的做法。他提议只有在战役中取得功绩的将领可以允许传袭爵位。他请求清廷宽容对待居住在边地的百姓，因为他们还没有完全认识到朝廷的法令。他悲悼满洲王公和旗人所犯下的过分举动，如强迫摊贩降价卖货，偷盗商贩的木材。[58] 而鳌拜的关注点只集中在军务上。1656 年，鳌拜上疏请求每三年皇帝主持一次综合性的军事检阅，以便考核满洲将领。他希望军事检阅能包括比武射箭，甚至是最高级别的将领和侍卫也要参加。鳌拜继续强调了对良好军备的需求，事实上，他还亲自训练一些年轻的兵丁。顺治帝在 1660 年发给兵部的上谕中，称赞了数名经鳌拜训练的武进士，他们骑射技艺俱佳。所有的这些年轻武官都被任命为侍卫。[59]

但是未来的四辅臣在顺治帝统治时期获得的褒奖和荣誉，只是对他们在政治上无所作为的轻微补偿。当他们注意到其他事态发展时，

---

[57] 参见第二章注[32][34][36]引述的四辅臣传记。

[58] 《大清世祖章皇帝实录》卷 137，第 19a～23b 页。

[59] 《大清世祖章皇帝实录》卷 136，第 1b 页。

一定会被激怒。议政王大臣会议此前是由满洲精英组成的责任班子，现在因任命了新的官员而极大扩张了，其中一些人出自汉军八旗。[60]在多尔衮摄政时期列入历代帝王庙的非汉族皇帝，被顺治帝以“未混一天下”为由移出。[61] 1653 年 3 月，顺治帝召集诸臣，持弓说道， 58
清朝的胜利依靠军备，特别是过去每两三年举行一次的狩猎。但是顺治帝又说自己太过忙碌而无暇于此类活动：“今朕躬亲政事，天下至大，机务至繁，凡一应章奏，皆朕亲为批断，日无暇晷。”[62]两周后，顺治帝明显对其此前的言论感到歉疚，就举行了一次小规模狩猎，这一定使满洲官员感到可笑又恼怒。朝廷编年体史书记载：

> 上于南苑召汉官二品以上及诸词臣，皆集。命侍卫护军等各擐甲吹角、呐喊陈列者再，悉如军律，观毕赐宴，自是出南苑外。行猎三日，苑中网鱼一日。[63]

关于顺治帝与满洲官员之间的关系问题，伪造遗诏者心中最重要的是鳌拜辅政开始之前数月发生的一个插曲，即陆光旭事件。陆光旭是汉官，1651 年中进士，后任陕西道试监察御史。1660 年 9 月 16 日，清廷收到陆光旭进呈的言辞尖锐的奏疏，提到了官僚集团中存在的肆意贪腐、徇私偏袒的现象，并为满洲人议裁巡按御史之举

---

[60] 顺治帝对议政王大臣会议的措置，以及他对待京城的其他所有满汉机构，将在本书第四章讨论。

[61] 《大清世祖章皇帝实录》卷 136，第 11a～12b 页。

[62] 《大清世祖章皇帝实录》卷 73，第 1b～2a 页。

[63] 《大清世祖章皇帝实录》卷 73，第 7b 页。

感到惋惜。陆光旭评说此“非盛世所宜有也”。随后他又批评了满洲人的军事活动：“今伏莽未靖，饥荒载道，兵旅繁兴，军需孔亟，抚臣专驻省中。”[64]

陆光旭的奏疏送至议政王大臣和九卿的联合会议处，九卿由京官中官秩最高的满汉官员组成。这份奏疏引发了关于会议程序的争论。兵部尚书梁清标表达了汉人的观点，他曾在明朝濒于灭亡之时
59 考取了进士。梁清标认为满汉官员应先草拟两稿意见，再验看两稿的不同。[65] 满洲官员则持有异议：“凡议军情，汉官从未与议，果汉官与议而置其言于不论，辄自擅专，臣等自应甘罪。”[66]

此次会议出现的分歧，呈交给顺治帝及其谋臣。顺治帝不仅再次肯定了陆光旭上疏言事的权利，还认可了汉官参与决策的行为：“凡会议政事，原应满汉公同商榷，斟酌事理，归于至当，不拘满汉皆可具稿……陆光旭身为言官，国家利弊，应据实指陈。”[67] 顺治帝拒绝支持满洲诸臣独享军务大权的主张，陆光旭事件就此结束。对于未来的四辅臣而言，上述事件看起来一定是顺治帝偏宠汉臣、抵制满洲人特权的明显证据。

顺治帝遗诏中的最后一个主题涉及顺治帝为皇后而肆意挥霍以及他对待自己亲生母亲即太皇太后的无礼行为。遗诏称：“国用浩

---

[64] 《大清世祖章皇帝实录》卷 139，第 11a～b 页。

[65] 梁清标在 1644 年归降满洲人之前，曾短暂地降附李自成。他从内院侍读、礼部侍郎、吏部侍郎做起，一路擢升。1669 年，梁清标以礼部尚书的身份起草诏书，起用那些在鳌拜辅政时期被屈枉解职的官员。因而，梁清标似有能力将投身于满汉联合政权与足够的政治敏锐结合在一起，以此熬过鳌拜辅政时期。梁清标传记，见《清史列传》卷 79，第 39a～40b 页。

[66] 《大清世祖章皇帝实录》卷 141，第 9b～10a 页。

[67] 《大清世祖章皇帝实录》卷 141，第 10a～b 页。

繁，兵饷不足，而金花钱粮，尽给宫中之费。”[68] 遗诏中还有几处指责顺治帝违背子道、偏离诚悃。[69] 或许是太皇太后和四辅臣插手了上述罪愆的草拟过程，太皇太后对已故儿子在统治后期有时不听取自己的建议而失望。对于将这些有违孝道的罪愆列入遗诏，四辅臣可能很高兴，因为这增加了遗诏的可信度，否则一份以满洲人为主导的文件将会激起儒士的愤怒。

太皇太后与其年少的儿子之间的关系，在 17 世纪 50 年代日趋 60
紧张。1651 年，太皇太后安排顺治帝迎娶她的侄女。或是因为不喜欢自己的表妹，或是因为怨恨母亲插手自己的婚事，顺治帝在 1653 年大胆地废黜了新后。太皇太后没有因首次失败而打消念头，再次试图规划皇帝的婚姻，此次选中了她 12 岁的侄孙女，即孝惠皇后。尽管孝惠皇后没有像前任皇后那样遭废黜，但太皇太后接连为子指定婚姻的举动使自己与顺治帝日渐疏远。正如前文所述，顺治帝增加宦官的权力、创立十三衙门，或许在一定程度上是为了抑制其母亲权力的增长。[70]

然而，顺治帝和太皇太后之间的紧张关系主要源于皇帝最宠爱的妃子，即后来的孝献皇后。孝献是满洲大臣鄂硕之女、著名的大

---

[68] 《大清世祖章皇帝实录》卷 144，第 4a 页。

[69] 《大清世祖章皇帝实录》卷 144，第 2b 页。

[70] 太皇太后，也就是原来的孝庄皇后，是蒙古贝勒宰桑之女，宰桑为成吉思汗的后裔。孝庄于 1625 年成为皇太极的侧福晋，其后十年，生下三女。1636 年，孝庄的姑姑孝端被封为皇后，孝庄自己被封为庄妃。两年后，孝庄生下福临，即未来的顺治帝。在发生继位事件、清廷由盛京迁往北京之后，孝庄成为皇太后。1649 年孝端皇后死后，孝庄成为内廷的主导力量。顺治帝驾崩后，她成为太皇太后。

太皇太后的传记，见恒慕义主编：《清代名人传略》，第 300～301 页；《清史稿》卷 219，第 4b～5b 页；唐邦治：《清皇室四谱》卷 2，第 5a～6a 页；张尔田：《清列朝后妃传稿》卷上，第 27b～42b 页。

将军费扬古之姐，费扬古在 1696 年战胜噶尔丹之役中功勋卓著。[71] 1656 年，18 岁的孝献入宫，很快得到顺治帝的宠爱，晋封为皇贵妃。顺治帝对孝献皇后迷恋不已，以至于他想废黜第二任皇后孝惠皇后，封孝献为皇后。但是太皇太后和数名官员坚决反对这一想法。
61 尽管有反对之声，顺治帝仍倍加恩宠他挚爱的伴侣。孝献成为皇贵妃后，顺治帝颁诏大赦天下，赐其父鄂硕伯爵。1658 年顺治帝和孝献皇后的儿子夭折，这个男婴在死后被破例追封为亲王。孝献与顺治帝一同研习汉文和书法。在顺治帝的劝说下，她也皈依了禅宗。[72]

孝献死于 1660 年 9 月 23 日，顺治帝不胜悲伤。他撰写了一篇长长的悼词，列举了其伴侣的诸多美德。顺治帝追赠她精心拟定的皇后谥号："孝献庄和至德宣仁温惠端敬皇后"。顺治帝举行了铺张的丧仪。由朝臣组成的庞大队伍将孝献的棺椁送至北京北部的景山。队伍每次从门下经过或跨桥行进时，都要奠酒、撒纸钱。到达景山后，丧仪依照繁复的佛教仪式举行，接着将孝献的尸体火化。孝献的数名婢女及皇帝身边的一些太监自尽，以便他们的魂魄能陪伴孝献，这是满洲人的习惯做法即殉葬，而这种做法汉人早就遗弃了。[73]

顺治帝遗诏明显反映出太皇太后对皇帝钟爱孝献、疏远自己母

---

[71] 福临与孝献之间的浪漫故事一直是许多传奇的主题。一些作家称，孝献是一位汉族士人的妾室，她因异常貌美而被满洲士兵掠走并献给顺治帝。另一些作家认为，著名的清代小说《红楼梦》的男女主人公实为顺治帝和孝献皇后。这些推测或许都是假的。参见庄士敦：《一位皇帝的传奇》，第 1～12 页；孟森：《清初三大疑案考实》，第 449～476 页。孝献皇后的传记，参见《清史稿》卷 220，第 8a～9a 页；张尔田：《清列朝后妃传稿》卷上，第 65a 页；唐邦治：《清皇室四谱》卷 2，第 9a 页。

[72] 恒慕义主编：《清代名人传略》，第 301 页。

[73] 孝献皇后之死，参见《大清世祖章皇帝实录》卷 139，第 17b～18a、18a～20a 页；恒慕义主编：《清代名人传略》，第 301～302 页。之后举行的丧仪，参见《大清世祖章皇帝实录》卷 143，第 8b～9b 页。

亲这些行为的怨恨。对于未来的满洲辅臣来说，顺治帝在孝献丧仪一项上的挥霍是其对财政不负责任的又一证据。据顺治帝遗诏所说：“丧祭典礼，过从优厚，不能以礼止情，诸事逾滥不经，是朕之罪一也。”⑭

在帮助伪造遗诏后，太皇太后在17世纪60年代早期避免直接插手政治。她选择在幕后操控，在宫中施加个人影响。孝庄肩负起养育康熙帝之责，并指导他的早期教育。由于她在鳌拜辅政早期鲜有政治活动，因此直到本项研究结束之前，我们没有必要再提到太皇太后。随着新皇帝在17世纪60年代逐渐成熟，太皇太后最终在 62
他1665年立后、1667年亲政两事上做出了关键性的决定。康熙帝不同于他的父亲，他专心侍奉太皇太后，小心翼翼地听从太皇太后的建议。太皇太后在帮助康熙帝形成坚强敏感的性格以及在17世纪60年代晚期策划康熙帝亲政等方面功不可没。她作为母亲是失败的，但是却成为清代历史上最有影响力的祖母。

辅政统治的建立：1661年2月

顺治帝遗诏的最后一段传达了清廷正翘首以盼的消息。遗诏指定了皇位继承人并建立起辅政统治（几乎可以断定该段的最后几句是伪造的）：

> 朕子玄烨，佟氏妃所生，年八岁，岐嶷颖慧，克承宗

⑭ 《大清世祖章皇帝实录》卷144，第4b页。

> 祧，兹立为皇太子，即遵典制，持服二十七日，释服，即皇帝位。特命内大臣索尼、苏克萨哈、遏必隆、鳌拜为辅臣，伊等皆勋旧重臣，朕以腹心寄托，其勉矢忠荩，保翊冲主，佐理政务。[75]

顺治帝死后，四辅臣为了将合法性因素引入他们的行动，遂宣称遗诏于2月5日晚宣读完毕后，他们已在极具戏剧性的场景中得到了清廷的一致同意：

> 诸王贝勒贝子公大臣侍卫等皆痛哭失声。索尼等跪告
> 诸王贝勒等曰："今主上遗诏，命我四人辅佐冲主，从来国
> 家政务，惟宗室协理。索尼等皆异姓臣子，何能综理？今
> 宜与诸王贝勒等共任之。"诸王贝勒等曰："大行皇帝深知
> 63 汝四大臣之心，故委以国家重务，诏旨甚明，谁敢
> 干预？"[76]

最后，四辅臣立誓忠诚正直。据随后辅政时期发生的事情，特别是在鳌拜时期出现的为私利而党争的现象来看，四辅臣在1661年立下的誓言可以说是可笑的：

> 索尼等誓协忠诚，共生死，辅佐政务。不私亲戚，不计怨仇，不听旁人及兄弟子侄教唆之言，不求无义之富贵，

---

[75] 《大清世祖章皇帝实录》卷144，第5b～6a页。

[76] 《大清圣祖仁皇帝实录》卷1，第5a页。

不私往来诸王贝勒等府受其馈遗，不结党羽，不受贿赂，惟以忠心仰报先皇帝大恩。若复各为身谋，有违斯誓，上天殛罚，夺算凶诛。[77]

顺治帝遗诏达到了多个目的。首先，它指定康熙帝继承皇位，确立了中国所有皇帝中最精悍、最长寿的君主。其次，遗诏任命了四位强有力的满洲辅臣，其政策将主导着17世纪60年代这十年。再次，顺治帝遗诏及围绕其颁布而发生的事件，确保了四辅臣拥有着皇帝的权威，他们是为顺治帝“深知”并被“委以国家重务”之人。最后，遗诏为17世纪60年代即将发生的许多改良搭建了框架，确立了基调。

---

[77] 《大清圣祖仁皇帝实录》卷1，第5b～6a页。

第四章

辅政统治与京师官僚体制

64 到了 1661 年春，这时紧张匆忙的皇位继承业已完成，四辅臣发现自己要接手管理一个庞大的帝国，它人口众多，有着复杂的思想与社会传统，已历数千年。当四辅臣坐拥京城豪华的皇宫，他们的脑中涌现过怎样的想法？他们或许会对现阶段的地位与早年生活之间的反差感到特别有趣：这四个被汉人视为“蛮夷”的、粗犷的满洲人，现在正住在这座辉煌的城市，向“开化”的、中国最杰出的官员发号施令。但是他们也不得不仔细思量如何指导中华帝国这一令人生畏的职责。他们没有在清军入主中原时进行鏖战，也不仅仅是为了物质和感官之乐消磨时光而共谋辅政。他们是有着强烈责任感的人。

1661 年 2 月四辅臣集团的建立是个人和集体的双重成就。一方面，四辅臣有着截然不同的背景和性格。索尼是四人中的元老，他集语言、对外交涉、行政、军事诸方面的能力于一身，这使他最有经验，也最有才能。相形之下，鳌拜的眼界要窄得多，因为他专注于战场指挥和军事训练。与家族中的其他成员一样，鳌拜受到酷烈战争的洗礼，坚韧不拔，尚武精神渗入他的全部生命中。他骄傲、有进取心而又顽固。传记书写者称他“意气凌轹”，并评论说“人多惮之”。[①] 苏克萨哈，尽管他的军事生涯比肩于鳌拜，但将他描绘成政治投机者最为妥当。苏克萨哈在1651年时突然与多尔衮集团决裂并从中受益，在17世纪60年代晚期针对四辅臣集团又玩弄同样的策略。遏必隆似乎是四人中最无主见者。他的军事生涯仅限于1644年的前后几年；早年最荣耀之事是承袭了其父的爵位和声望，而不是由于自己的功绩。在鳌拜辅政时期，特别是在17世纪60年代晚期的派系冲突中，遏必隆始终消极被动，默许他人的决定，几无自主的行动。

另一方面，辅政统治的创建是项合作事业，这源于他们1643— 65
1661年经历的相同挫败和对清朝的共同期望。四辅臣在顺治帝驾崩后的仪式上宣称自己并非宗室，认识到了自身的权威要依靠满洲征服精英的支持。四辅臣知道他们的地位并不牢固，也认识到了他们的政策将会受到在京的满洲同僚的审查。四辅臣为自己创设了一种满洲授权的方式，致力于构建比顺治帝统治时期更专制、更有法纪、更具有满洲主导性的政府。他们虽然接纳了汉人的某些统治方式，也感到汉人应该参与到政治进程中，但是他们相信满洲人应该有主导权。四辅臣想要高效的、发挥作用的行政机构，无法忍受看起来笨拙危险的汉人制度。他们自我设定的使命，是涤荡与明末相像的弊政、官僚腐败以及满洲征服者的衰微角色，

---

① 《清史列传》卷6，第5a页。

以此来净化清朝。

满人的德治：1661年初

在宣读遗诏并妥善举行顺治帝丧礼和康熙帝即位仪式不久后，四辅臣宣称他们有管理清廷之责。首要之事就是根除顺治帝的政治遗产，从十三衙门及在其中任职的宦官和皇帝侍从入手。1661年3月15日，四辅臣颁布谕令，以顺治帝遗诏作为废除十三衙门、处决吴良辅和佟义二人的依据：

> 我太祖、太宗痛鉴往辙，不设宦官。先帝以宫闱使令之役，偶用斯辈，继而深悉其奸。是以遗诏有云，祖宗创业，未尝任用中官，且明朝亡国，亦因委用宦寺。朕凛承先志，厘剔弊端，因而详加体察。乃知满洲佟义、内官吴良辅阴险狡诈，巧售其奸，荧惑欺蒙，变易祖宗旧制，倡立十三衙门名色，广招党类，恣意妄行，钱粮借端滥费……吴良辅已经处
> 66 斩。佟义若存，法亦难贷，已服冥诛，著削其世职。十三衙门尽行革去。凡事皆遵太祖、太宗时定制行，内官俱永不用。②

宦官和十三衙门是满洲辅臣的主要关切对象，他们还将注意力转向佛教徒甚至是神父汤若望。清廷举行丧礼后不久，顺治帝的佛教顾问被逐出宫廷。随后，四辅臣命人将汤若望带到他们面前，要

---

② 《大清圣祖仁皇帝实录》卷1，第21a～22b页。

他在耶稣像面前发誓效忠于新统治者。汤若望断然拒绝，但是辅臣们显然并未在意他的固执，直到 17 世纪 60 年代末期才惩处了汤若望及其他耶稣会士。③

四辅臣在清理了他们所认为的顺治时期的极端弊政之后，指望在未来能有更积极的举措。他们设法将国家置于新的立足点，为其期望的、以满洲人利益为导向的政策搭建框架。1661 年 4 月 15 日，四辅臣全面回顾了清朝的政府机构及其规章制度：

> 今应将大小各衙门见行事务如铨法、兵制、钱谷、财用、刑名律例……著议政王贝勒大臣九卿科道会同详考太祖、太宗成宪，斟酌更定，汇集成书，勒为一代典章，永远遵行。④

四辅臣显然是要从精神和物质两方面来净化清王朝。他们上溯至清朝的缔造者努尔哈赤和皇太极，是想修复顺治帝对王朝造成的损害。他们承诺施行德治，既强调满洲至上，又注重政府效率。

京师政府机构（1661—1666）：满洲机构

就四辅臣 1661—1666 年对京师官僚体制所采取的政策而言，他们努力寻求实现以上两个目标。为了确保权威和纪律，他们强调包括议政王大臣会议在内的满洲机构的作用，而削弱内阁、翰林院、都察院等汉制机构。为选出更能胜任、更为可靠的官员，四辅臣重 67

③ 1661 年驱除佛教徒及对汤若望施加压力之事，参见聂仲迁：《鞑靼统治时代之中国历史》，第 60～61 页。

④ 《大清圣祖仁皇帝实录》卷 3，第 9a～b 页。（此引文应出自卷 2。——译者）

新制定了科举考试和官员考课制度。为建立起更有效率的行政结构，他们精简了某些机构，例如内务府和理藩院。很显然，四辅臣期待一个由满洲官员和以满洲人为主导的机构管理的京师政府，但是此政府也可以应付管理庞大帝国时所产生的问题。

内务府

四辅臣在 1661 年初废除十三衙门，黜退宦官，这与 17 世纪 50 年代的政策完全不同。但是这些举措却在内务府的结构和人员方面造成了真空。如果四辅臣放任内务府处于无序的状态，任其人员稀少、组织机构极不完备，我们或许可以推论，四辅臣仅仅是征服者，他们无法解决清军入关后遇到的更为复杂的施政难题。然而，他们创立了新的、更为精简的内务府，人员构成是满洲人和受信任的汉人包衣。

四辅臣在内务府之下设六司，由郎中、员外郎、笔帖式管理。新内务府的最高官员为两到三名总管内务府大臣，他们监管着这一成长中的皇家官僚机构的运行。17 世纪 70 年代，康熙帝接纳了由四辅臣创设的这一基本制度，并予以修改和补充，在他统治结束前，清朝的内务府最终定型。⑤

⑤ 顺治朝和康熙朝内务府的发展情况，参见《钦定大清会典事例》卷 21，第 1a～4b 页（总第 5325～5326 页）；卷 1170，第 1a～b 页（总第 18749 页）。郑天挺：《清史探微》，第 72～80 页。《清朝文献通考》卷 77，第 5572 页。张德昌：《清朝内务府的经济作用》，第 243～273 页。史景迁评述道：“（内务府）行政体制变革最剧烈的时期是 1661—1677 年，即从顺治帝驾崩到一套成功运作体制的建立。”（史景迁：《曹寅与康熙：奴才与主子》，第 33 页）经鳌拜辅政时期改易的内务府制度，在组织结构上与明朝的二十四衙门极为不同。首先，明朝的二十四衙门是各自独立的组织，也没有像总管内务府大臣一类的官员全面监管。二十四衙门中的每个衙门以一名宦官为首，显然，他们直接对皇帝本人负责。其次，与明朝的设置相比，清朝的内务府组织似乎更为简化，也更具功能性。清廷将内务府划分为六个部门，而不是二十四个衙门，行政更为连贯有效。参见《明史》卷 74，第 778～780 页。

考察内务府六司之一的广储司的发展变化，可以十分清楚地看到17世纪60年代发生的变革。17世纪末期，该司下设衣、银、皮、瓷、缎、茶六库。广储司的前身为御用监，是十三衙门之一，1655年设立。然而，在顺治帝统治时期，该组织未有分支机构，没有人事章程。因而1661年时，四辅臣在保留御用监之名的同时，将该组织划分为四库：银库、皮库、缎库、衣库。同时，四辅臣又任命了新的官员管理该组织：郎中三人、员外郎八人、笔帖式八人、库使七十二人。17世纪七八十年代，康熙帝在四辅臣所创制度之上继续推进。他更名为广储司，增设瓷库、茶库，另外又任命了三名郎中及众多下属人员。⑥ 68

四辅臣还调换了内务府的人员。为取代已被驱逐的宦官，四辅臣将上三旗的汉人包衣安排在内务府的较低职位上，将宗室王公和侍卫处人员安排在较高的职位上。正如史景迁所描述的那样，康熙时期对汉人包衣的倚重是满洲人权力集中的重要一步。在汉人精英和满洲精英都不被完全信任的时期，包衣“填补了宦官的职缺，他们得到康熙帝的起用，既监视官场，又充当皇帝专制独裁的工具”⑦。

17世纪60年代以降，总管内务府大臣一职在清代国家中成为

---

⑥ 《钦定大清会典事例》卷1170，第2b～3b页（总第18749～18750页）。关于广储司在清朝的最终形式的描述，参见布鲁纳特、哈盖尔斯特罗姆：《当代中国的政治组织》，第14页。

⑦ 史景迁：《曹寅与康熙：奴才与主子》，第17页，亦参见第11～18页。例如，史景迁写道，1663年任用曹寅之父曹玺为织造的上谕，标志着一次重大的行政改革。此前，织造一度由工部官员充任，但在1663年之后，就从内务府包衣中选任。因此，对这些职位的控制权就从常规的官僚机构转移至皇家官僚机构。（史景迁：《曹寅与康熙：奴才与主子》，第87页）

最有威望的满洲官缺。总管内务府大臣不仅监管着皇帝的私属官僚，还与皇帝本人关系密切。鳌拜辅政时期最著名的总管内务府大臣是
69 明珠（1635—1708）。明珠为正黄旗满洲人，17 世纪 50 年代以侍卫身份在清廷任职。1664 年他由侍卫被拔擢为总管内务府大臣，从 17 世纪 60 年代末到 70 年代，成为极有权势的官员。其间，他先后在六部中的三部任尚书，又出任都察院左都御史、大学士。在“三藩”之乱中，明珠是康熙帝心腹之一，也是为数不多的建议康熙帝果断平叛的谋臣之一。⑧ 明珠能有如此影响力，至少部分是因为他在 17 世纪 60 年代出任总管内务府大臣。在鳌拜辅政终结的关键时期，明珠成为被精心挑选出来、时常能接触到康熙帝的满洲领袖之一。

理藩院

同内务府一样，理藩院是受到四辅臣特殊关注的另一满洲衙门。正如前文所述，皇太极在 1638 年设立理藩院，用来处理与蒙古的交往事务。在多尔衮摄政时期，理藩院继续履行这一职责，而东亚、东南亚诸国的传统朝贡事宜则交由礼部管理。然而，1658 年，顺治帝废止了这种处理对外事务的双重做法，改由礼部尚书和礼部侍郎处理理藩院事务。⑨ 尽管理藩院在形式上仍存在，但已无独立性，皇太极的对外事务新体系几乎被抛弃。

四辅臣将此举视作汉化的又一实据，恼怒不已，他们扭转了顺

---

⑧ 1661—1666 年共有四任总管内务府大臣：图巴、明珠、巴喀、海拉逊。[《八旗通志》（1795）卷 317，第 17a～24a 页］明珠传记，见恒慕义主编：《清代名人传略》，第 577～578 页；《清史稿》卷 275，第 2b～5a 页；《八旗通志》（1795）卷 151，第 4b～16b 页。

⑨ 《清朝文献通考》卷 77，第 5571～5572 页。

治帝的政策，提升理藩院在京师官僚体制中的地位。1661 年 9 月 24 日，清廷颁布上谕，认为理藩院“责任重大，非明朝可比”，并将理藩院提升至与六部同等的地位，理藩院尚书可以参加议政王大臣会议。四辅臣下令将理藩院之名列于工部之后、都察院之前，于此确立了这一制度的层级结构，一直保持到 20 世纪头十年再行重组。⑩

四位满洲辅臣还完善了理藩院的组织结构。1644 年正式设立理藩院时，人员组成是尚书一人、侍郎二人、笔帖式数人，以及处理和记录满、蒙、汉文书的办事人员。与六部和都察院不同，理藩院 70
在最主要的京师衙署中是唯一一个只由满蒙官员掌权的。四辅臣在保持这种人事政策的同时，扩大了理藩院的组织机构，依职能划分为四司。其中两司（录勋司、宾客司）监管清廷与完全归顺的蒙古部落之间的交往事务。这些内蒙部落被清廷编为四十九旗，受到严密监管。第三个司（柔远司）负责清廷与那些还没有正式归附满洲人的蒙古部落之间的事务，如喀尔喀蒙古、厄鲁特蒙古。第四个司（理刑司）监管清廷制定的、用以处理内陆亚洲部族事务的章程，惩罚违逆者。⑪

议政大臣

四辅臣看重内务府和理藩院这样的重要满洲机构，但在鳌拜辅

---

⑩ 《大清圣祖仁皇帝实录》卷 4，第 7b～8a 页。

⑪ 《大清圣祖仁皇帝实录》卷 4，第 7b～8a 页。四辅臣所设四司之职能，见《钦定大清会典事例》（1690）卷 142～144。鳌拜辅政时期的前六年，理藩院尚书共有四人：满、蒙各二人。其中一名蒙古人为明安达礼，作为处理蒙古事务的能手，他的仕宦经历颇为有趣。明安达礼的传记，见恒慕义主编：《清代名人传略》，第 576 页；《清史稿》卷 234，第 9b～10a 页；《清史列传》卷 5，第 7b～8b 页；《国朝耆献类征初编》卷 43，第 1a～2b 页。

政时期，最为显赫的满洲制度是议政王大臣会议。在第二、三章中，我们看到，议政王大臣会议源于努尔哈赤时期，正式设立于皇太极时期，在多尔衮摄政时得以扩展。议政王大臣会议是作为满洲责任班子而设立的，意在使皇权凌驾于可能成为敌对者的诸贝勒之上，并讨论清朝主要的军事决策和行政政策。1644 年后，议政大臣群体包含了满蒙族群中官秩最高的文武官员。议政王大臣会议是四辅臣所称的“淳朴旧制”的核心制度。四人在济尔哈朗辅政时期均被任命为议政大臣，这种经历强化了他们对这一制度的偏爱。

然而在 17 世纪 50 年代，议政大臣的任职资格大为扩展，议政大臣或许因此丧失了部分威望和效率。在多尔衮摄政时期，议政大臣是依据职权任命的：满蒙八旗中的都统和副都统，以及六部尚书和内阁中的所有满蒙官员。然而，济尔哈朗将大量官员特授为议政
71 大臣，以此回报他们对这一派系的忠诚。1651—1653 年增加了三十名议政大臣，他们中的许多人（如未来的四辅臣）并不具有任职资格。在这些新任命的官员中，有两名汉军旗人，即范文程和宁完我，因此扭转了此前只任命满洲人和蒙古人的政策。⑫ 唯一限制议政大臣数量激增的努力是 1656 年的一项规定，即废止满蒙大学士自动兼任议政大臣。⑬

四辅臣掌权后，大幅削减了议政大臣的数量。1662 年，他们将

---

⑫ 神田信夫很好地论述了 17 世纪 50 年代议政大臣的任命问题。（神田信夫：《清初的议政大臣》，第 177～181 页）在整个清朝历史中，仅有三名汉人被任命为议政大臣。（神田信夫：《清初的议政大臣》，第 181 页）（经查，论文此页出现的人名包括希福、范文程、图海、萧永藻、都沙、济世、马齐、阿喇尼等。他们或是满洲人或是汉军旗人。——译者）

⑬ 神田信夫：《清初的议政大臣》，第 181 页。

议政大臣的任职资格限制在满蒙八旗都统、六部满蒙尚书这一范围。同时，决定将理藩院尚书也列入其中。[14] 到 1662 年时，根据被任命的职位来看，共有议政大臣三十一名。此外，四辅臣还自己兼任议政大臣，而此前一些特殊的任命也仍然有效。1661—1666 年，议政大臣的数量至少是三十九人（参见表 1）。但比顺治朝后期议政大臣的规模要小得多，顺治朝时议政王大臣会议仅当然成员就超过了五十人。

在后来的康熙朝，清廷对议政大臣的任职资格做了修改，加入了都察院左都御史。1683 年，收复台湾标志着清朝主要统一战争的结束，清廷决定不再将八旗都统列为当然成员。此后，议政王大臣会议更加行政化，而这一时期最显赫的满洲官员在其中占据主导地位。议政王大臣会议的影响在 1729 年军机处设立后日渐式微。军机处很快取代了许多此前由议政王大臣会议担负的职责。最终，在 1792 年（乾隆五十六年）1 月 18 日，议政王大臣会议被废止。[15]

甚至在 17 世纪最强势时的阶段，议政王大臣会议也从未获准成为独立的机构实体。如同清朝其他部门的情形一样，议政 72
大臣的任命与罢免一直由皇帝亲裁。所有的议政王大臣会议都是应皇帝的要求而举行的，议政王大臣会议自身无权颁行政策。而

---

⑭ 《大清圣祖仁皇帝实录》卷 4，第 7b～8a 页；卷 6，第 4b～5a 页。

⑮ 如下论著探讨了议政王大臣会议的后期历史：吴秀良：《清廷的通信系统和清帝的集权统治：奏折制度的演进（1693—1735）》，第 12 页；神田信夫：《清初的议政大臣》，第 182～184 页；傅宗懋：《清代军机处组织及职掌之研究》，第 51～84 页。吴秀良近来披露的史料表明，在同治朝之前，军机处仅履行秘书的职能。[吴秀良：《清朝的奏事制度（1644—1912）》，第 48～49、54～55 页]

且，皇帝们有着不同的倾向，在政策建言方面，信赖内阁或军机处，议政大臣被轻易绕过。后来的康熙、雍正及乾隆常常是这种情况。

尽管如此，在17世纪大部分时间里，特别是在鳌拜辅政的十年间，议政大臣权限宽泛。傅宗懋研究了清初的实录，认为议政王大臣会议的权限包括了各类军务：征伐、军制、军功恤叙、军罪议罚、会推、边防。此外，议政王大臣会议还时常决定如下政务：官制、会推、议罚、袭封、课税及查刑。⑯

据《清实录》所载，17世纪60年代早期，移交给议政王大臣会议的事务多系重大行政问题。在这些事务中，最重要者为：满汉官员的特权（1661），审查严重的财政赤字（1664），地方官滥征赋税（1665），对耶稣会士的审判（1665）。⑰ 所有这些都将在本书的其他章节讨论，它们太过复杂，且一些情况又过于微妙，常规行政渠道难以解决，因此，四辅臣将这些事务交付给在很大程度上受他们掌控的满人议政王大臣会议。

---

⑯ 议政王大臣会议的诸多职能，引自傅宗懋《清初议政体制之研究》一文中的表格，第282页。需要指出的是，此表中列有议政王大臣会议的权限，但并不是说每次讨论这些事务时，都会征询议政大臣的意见。《清实录》散见有议政大臣商讨这些政务的记载。

通常是议政大臣会面，然后将商讨的结果报告给皇帝，但在极少数情况下，皇帝会亲自与议政大臣见面，商讨重要军务。议政王大臣会议的决策通常会被皇帝采纳，但也有康熙帝驳回建议的少数事例。议政大臣的商讨是秘密的（见下文，“议政大臣”部分的结尾处）。议政大臣还有名为“议政王大臣衙门”的独立衙署。关于议政大臣这些方面的更多信息，参见傅宗懋：《清初议政体制之研究》，第257～262页。

⑰ 傅宗懋：《清初议政体制之研究》，第262～264页。

表 1　　　议政大臣成员（1661—1666）

73

	满洲	蒙古
资格		
尚书	13	0
都统	18	3
特殊任命	5	0
旗籍		
正黄旗	6	—
镶黄旗	6	—
正白旗	3	2
镶白旗	3	1
正红旗	2	—
镶红旗	2	—
正蓝旗	3	—
镶蓝旗	—	—
宗室	2	—
未知	9	—
任前仕宦经历[a]		
内阁		
学士	4	—
其他	4	—
六部		
侍郎	9	—
其他	5	—
都察院		
左副都御史	2	—
其他	1	—
理藩院		
侍郎	—	—
其他	—	—
侍卫	3	2

续前表

	满洲	蒙古
武职		
副都统	4	—
佐领及以上	12	2
在入关或统一战争中的作用		
17 世纪 20 年代	3	1
17 世纪 30 年代	6	1
17 世纪 40 年代	10	2
17 世纪 50 年代	5	1
未知	13	—
鳌拜集团		
反对者	6	—
追随者	7	—
无相关信息者	23	3
后来出任高官者[b]		
17 世纪 60 年代未升迁者	24	3
1669—1675 年	2	—
1676—1680 年	4	—
17 世纪 80 年代	1	—
17 世纪 90 年代	1	—
未知	4	—
亡故时间		
17 世纪 60 年代	20	2
17 世纪 70 年代	2	1
17 世纪 80 年代	2	—
17 世纪 90 年代	1	—
未知	11	—

资料来源：《八旗通志》(1795)、《清史稿》、《清史列传》、恒慕义主编《清代名人传略》、《清史》、《国朝耆献类征初编》。

注：a. 议政大臣每担任表中所列职位一次，就计算一次。因此，在这部分中，有官员被多次计入的情况。

b. 这部分所做统计，是以议政大臣在后来康熙时期担任高级官员的最后时间为准。高级官员仅包括尚书、大学士、都统。

《清实录》中没有列出议政王大臣会议在鳌拜辅政期间所关注的军务实例。可能的解释是，议政王大臣商讨的军务须严格保密。正如我们从陆光旭（这位过度热心的监察御史批评过满洲军事的发展）事件和顺治帝遗诏事件中看到的那样，四辅臣要极力维护满洲人独占商讨军政的特权。将此类事件置于朝廷的审视之下，将会使这种特权大打折扣。此外，鳌拜辅政时期所考虑的军务问题都极为棘手：在东北地区抗击沙俄，在东南沿海地区设防，可能还有削权藩王尤其是吴三桂。将议政王大臣会议对这些问题的商讨情况泄露出来，或许将会削弱所拟策略的效力，也很可能招致藩王立刻叛乱。 74

在鳌拜辅政早期，议政王大臣会议的构成人员为年长、在军政两方面都有丰富经验的官员，绝大多数是满洲人。成员中来自上三旗的比例很高，但没有哪一旗占据优势。17 世纪 60 年代后期，以辅臣鳌拜为中心逐渐滋生出派系（参见表 1），但是大多数议政大臣都远离党争。议政王大臣会议没有成为鳌拜集团和清初其他满洲派系手中的工具，而是服务于满洲征服精英的整体利益。议政大臣几乎完全由满洲人担任，代表着出身背景和旗籍的多样性。议政王大臣会议制定的大多数政策都源自满洲人对行政经验、权力集中、军事巩固等方面的考量。考虑到议政王大臣会议在 17 世纪时军政权限的广泛性，人们会推断出，它在京师决策中是关键的满洲制度。康熙朝的一位监察御史有言："满臣权重，汉之六部、九卿奉行文书而已，满人謦欬之下，无敢违者。"[18]

---

[18] 文中引述图尔泰之语，见傅宗懋：《清初议政体制之研究》，第 283 页。1661—1666 年议政大臣成员的传记背景在表 1 中有所说明。据考证，因所居官位或皇帝的特殊任命而拥有议政大臣身份的共 39 人。在这 39 人中，36 人为满洲人，3 人

75 四辅臣通过限定议政大臣的任职资格并强调其功能，为清初提供了一种重要的制度遗产。他们致力于议政大臣角色的构建，此举得到康熙帝的赞同。或许，最能揭示康熙帝对议政王大臣会议态度的，是他在了解了议政过程中的一些保密问题后，于1669年11月颁布上谕：

> 凡令议政王贝勒大臣会议之事，俱系国家重大机密事务。会议之时，理应极其慎密。今闻会议之事尚未具题，在

为蒙古人。大多数人是以满蒙八旗中某旗都统的身份出任议政大臣，计21人，以六部尚书出任者为13人，只有5人是缘于皇帝的特别青睐。上三旗占据了相当大的比例（在目前已知旗籍的30人中占到了70%），但八旗中有七旗拥有2名或以上的议政大臣。（据表1，有旗籍者28人，其中上三旗17人，占比为61%。——译者）

从表1可以明显看出，1661—1666年，议政大臣中有的官员在获得议政大臣身份之前，就已在军事和政治方面成就突出。而期望满洲精英能够拥有军事经验，仅仅在入关之后二十年就突显出来。更令人惊讶的是，议政大臣中具有出任常规官僚机构背景的满洲人数量很多。在可以找到相关传记信息的26名官员中，9人此前曾在六部任侍郎，2人任都察院左副都御史，4人任内三院（替代内阁的满洲机构）学士。因此，17世纪60年代的议政王大臣会议，不仅是满洲人的军事寡头集团，而且代表着满洲人在军政领域拥有广泛的管理经验。表1还表明，大多数议政大臣都是年长者。在已知卒年的28名议政大臣中，其中绝大多数，计22名，都卒于1670年之前。

然而，就我们的研究来看，议政大臣具有的显著普遍性特征是，不论是鳌拜集团还是它的政敌都无法在其中占据绝对优势。17世纪60年代最后几年，尽管鳌拜集团在人数上增多，实力增长，但议政大臣依然游离在鳌拜的全面掌控之外。在党争激烈的1667—1669年，绝大多数议政大臣并没有卷入其中。1667年之前，议政大臣中，支持与反对鳌拜寻求个人权力的官员几乎平分（依附者7人，包括鳌拜和遏必隆，反对者6人）。17世纪60年代早期加入议政大臣之列的鳌拜集团成员有：鳌拜之弟穆里玛（镶黄旗满洲都统），阿思哈（户部尚书、后任吏部尚书），噶褚哈（正红旗蒙古都统），济世（正蓝旗满洲都统）。但是议政大臣中也包括数名对这位野心勃勃的辅臣进行批评之人，包括鳌拜的死敌、亲王杰书，他在17世纪60年代后期成为议政大臣的代言人，最终于1669年指挥清除鳌拜集团。

外之人即得闻知，此皆会议处不加慎密，不严行约束闲杂 76
随从之人，以致听闻传说，将国家大事预先泄漏，殊为不合。……以后凡会议时，诸王贝勒大臣务须慎密，勿致泄漏。⑲

京师政府机构（1661—1666）：传统的官僚机构

四辅臣对满洲制度的强调，也就是传统汉人制度的相应衰退。明朝的重要政府机构包括内阁、翰林院、都察院、六部，而在四辅臣辅政时期，只有六部仍保持着与前朝相似的权势。四辅臣在方方面面竭力纠偏他们所认定的顺治帝汉化政策。

内三院

在皇太极和多尔衮时期，内三院履行文书之责，从未像明代内阁那样参与议政。然而，在顺治帝掌权后，内三院的地位逐渐提升，几与明朝的制度相类。1653 年 12 月，大学士获准就顺治帝对奏疏的批复各抒己见。如果大学士发现批复有错或不当之处，他们奉命将可能正确的更正意见告知皇帝。⑳ 随后，顺治帝于 1658 年弃用内三院的名称及相应机构，重建内阁和翰林院。顺治帝引述了一句儒

⑲ 《大清圣祖仁皇帝实录》卷 31，第 1a～2a 页。

⑳ 吴秀良：《清廷的通信系统和清帝的集权统治：奏折制度的演进（1693—1735）》，第 15～16 页。1653 年 7 月，清廷新任命了三位汉大学士，官衔都以“内翰林”一词起首。例如，刘正宗是内翰林弘文院大学士。（《大清圣祖仁皇帝实录》卷 76，第 18a 页）（书名有误，应为《大清世祖章皇帝实录》。——译者）

家名言“名义符合”，来证明恢复明朝制度的正当性。除了名称的改变外，顺治帝还命每位大学士“管”某一部的尚书事，可能是期望
77 大学士能担负监督六部尚书之责。㉑ 最终，在1660年，大学士获准，能够对奏疏进行票拟。票拟之权意味着内阁再次成为议政机构，对皇帝有着相当的影响。㉒

1661年7月15日，四辅臣在任职数月后，宣布从名称和功能两方面回归满洲体制：

㉑ 此次恢复明制，参见《大清圣祖仁皇帝实录》卷119，第6b～10a页（书名有误，应为《大清世祖章皇帝实录》。——译者）；吴秀良：《清廷的通信系统和清帝的集权统治：奏折制度的演进（1693—1735）》，第16～17页；《清史》第4册，第2450～2451页。除1658—1660年这三年外，翰林院在1644—1670年并不作为独立的衙署存在。满洲人入主中原后，将翰林院并入内三院。此举可能是因为内三院中有两院——内国史院和内弘文院——担负的职能，在明朝时是由翰林院执行的。1658年，顺治帝重建内阁，还建翰林院为独立机构，以王熙为第一任翰林院掌院学士。1661年恢复内三院后，翰林院再次失去了独立地位，一直到1670年。17世纪60年代，一甲进士在内三院中任编修而非在翰林院。[《钦定大清会典事例》卷11，第1a～32页（总第5205～5206页）；《大清圣祖仁皇帝实录》卷6，第7b～8a页；谢保樵：《清代政府（1644—1911）》，第275～276页；恒慕义主编：《清代名人传略》，第819页]

四辅臣进行的另一改变是在1661年废除了进士观政制度。在明代及顺治朝，新科进士有时会分派观政，他们由于此身份而隶属于翰林院。[《大清圣祖仁皇帝实录》卷3，第11a页；《钦定大清会典事例》卷72，第1b页（总第6019页）；贺凯：《明代的中国政府》，第15页]

吕元骢注意到，1662年，清廷任命了一些翰林官为起居注官。吕元骢称，翰林官用满、汉两种文字记录皇帝的言行，这些记录将封存起来，皇帝本人也不允许翻阅。吕元骢将这种制度解释为皇帝所做的儒家努力，即“遵循开明思想以感化臣民”。[吕元骢：《清初翰林院（1644—1795）》，第108～109页] 我认为，吕元骢曲解了这一制度演进的原因。四辅臣意在跟踪年幼的皇帝及其谋臣，或许是任命起居注官以监视皇帝的行动。四辅臣对这一制度所能体现出的儒家思想意涵感兴趣这一观点，我表示怀疑。

㉒ 吴秀良：《清廷的通信系统和清帝的集权统治：奏折制度的演进（1693—1735）》，第17页。

> 世祖章皇帝遗诏内云，纪纲法度、用人行政，不能仰法太祖、太宗谟烈，渐习汉俗，于淳朴旧制日有更张。朕兹于一切政务，思欲率循祖制，咸复旧章，以副先帝遗命。内三院衙门自太宗皇帝时设立，今应仍复旧制，设内秘书院、内国史院、内弘文院，其内阁、翰林院名色俱停罢。㉓

四辅臣也否定了顺治朝普遍实行的内三院官员任命上的复职制。78
17 世纪 50 年代满汉官员的数量保持平衡，事实上，顺治朝最后几年，汉族官员略占优势。然而，四辅臣确立了明显以满洲官员为主的官员比例，以 1665—1668 年为例，内三院中有满大学士六人，而汉大学士仅为三人。鳌拜时期新任命的八名大学士中，只有孙廷铨和魏裔介二人为汉人。㉔ 然而，尽管内三院在 17 世纪 60 年代时毫无疑问地带有满洲倾向，但是 1661—1666 年被任命的大学士与稍后几年出现的鳌拜集团并无关联。因此，这种民族失衡政策产自四辅臣共同怀有的、对满洲的偏爱，而非鳌拜集团党争的特殊印记。

虽然这些在机构构成和官员人事方面的变化，清晰展现了满洲人的优势，但内三院在鳌拜辅政时期却是与决策过程分离了。在《清实录》17 世纪 60 年代的记载中，没有一条是记录内三院议政

㉓ 《大清圣祖仁皇帝实录》卷 3，第 9a～b 页。

㉔ 《清史》第 4 册，第 2446～2454 页。17 世纪 60 年代初，多数放弃大学士头衔的官员，或因致仕，或因身故。在 1661 年离任的六名大学士中，两人死于 1663 年，两人死于 1665 年，因此，这些大学士的致仕应该是真的。另有一位大学士于 1661 年死在内秘书院的任上。第六位大学士是满洲人图海，他因案件误判而暂时革职。简而言之，这是一种以满洲人为主导的任命策略而非一场清洗，这是四辅臣在 17 世纪 60 年代处理内三院人事问题的特点。

的。提及大学士的少数几条也全是一些讨论内三院任职资格的上谕。满洲政治权力在京师的核心由四辅臣和议政王大臣会议掌握，而内三院仅具有象征意义。

六部

自唐朝以来，六部一直是传统中国政府的职能核心，在四辅臣时期似乎仍保留着此前的大部分权力。四辅臣在收到地方官和京官的奏疏后，一般将它们交与六部中的某一部或几部进行讨论。四辅臣通常会将撰拟的上谕交付适宜的部执行。

然而在汉人看来，满洲统治的弊端从三个方面影响着六部。第一，议政王大臣会议的存在极大地削弱了六部的决策作用，而六部汉尚书在明朝体制下则扮演着此类角色。第二，复职制在 17 世纪
79 60 年代未能很好地保持。1668 年，户部已有满、汉尚书各一人，辅臣鳌拜则将最亲密的追随者之一玛尔赛指派到颇具影响力的户部任第三位尚书。如此一来，鳌拜扩大了其派系的势力，也激怒了在京的汉族官员。[25] 第三，四辅臣下令，满郎中、满员外郎品级分别升为正四品和正五品，而任此职的汉官则还是正五品和从五品。四辅臣这一决定的理由是，汉官随后可以高升，而这些职位上的满洲官员，通常无法得到晋升。[26]

四辅臣还严密监视着他们的六部下属汉官，害怕他们结党。1664 年，他们禁止有近亲关系的人同在六部为官。[27] 鳌拜辅政的第

㉕ 参见第八章“玛尔赛与鳌拜集团”相关内容。

㉖ 《大清圣祖仁皇帝实录》卷 2，第 19b～20a 页。

㉗ 《钦定大清会典事例》卷 35，第 1a 页（总第 5509 页）；卷 47，第 7b 页（总第 5666 页）。

三年，一个所谓的党争案被揭露出来，六部中品秩最高的三位官员牵涉其中，他们分别是吏部尚书孙廷铨、户部尚书杜立德、吏部侍郎冯溥。四辅臣要求这三名官员上奏此事。四辅臣显然对他们的解释很满意，遂放弃此案并免其罪责。㉘ 然而，这一事件连同 1660 年发生的刘正宗结党案，表明四辅臣极担心汉人结党。

与内三院一样，鳌拜在辅政初期对六部几无影响力。1667 年之前，六部尚书中只有阿思哈属于鳌拜集团，而鳌拜集团是在 17 世纪 60 年代后期才在京师官僚中形成。尽管如此，阿思哈担任过数个显赫官职：都察院左都御史（1660—1661），户部尚书（1661—1662），吏部尚书（1662—1666，1667—1669），兵部尚书（1667），镶白旗满洲都统（1667—1669）。㉙

都察院

在京师所有的传统机构中，监察部门受到了四辅臣最无情的对 80

㉘　这一事件的官方记述，见《大清圣祖仁皇帝实录》卷 9，第 3b 页。冯溥的传记，见恒慕义主编：《清代名人传略》，第 243 页；《清史列传》卷 7，第 38a～40b 页。杜立德的传记，见恒慕义主编：《清代名人传略》，第 778 页；《清史稿》卷 256，第 2b～4a 页。孙廷铨的传记，见《清史稿》卷 256，第 1b～2b 页；《清史列传》卷 5，第 43b～44b 页。

㉙　正史史料中没有阿思哈的传记，他在 17 世纪 60 年代所任官职的信息，引自《清史》第 4 册，第 2534～2546 页；《八旗通志》（1795）卷 320，第 17b～19a 页。阿思哈的更多信息，参见《大清圣祖仁皇帝实录》卷 29，第 3b～28b 页。

在 17 世纪五六十年代，部院尚书、侍郎的人员变动（转调、致仕、罢免、亡故）比例格外高。1651—1652、1660—1661、1667—1669 年，官员变动尤为密集，这标志着存在行政上的变革。以 1661 年为例，12 位六部尚书、1 位理藩院尚书和 2 位都察院左都御史中，有 9 位发生了变动。然而，就 1661 年的事例而言，这些改变似乎并不能构成清洗，而是一次行政调整；在所涉及的 15 位官员中，2 位官员致仕，2 位官员亡故，其余 11 人在 1661—1666 年的不同时间段内被再次任命为部院尚书或大学士。（《清史》第 4 册，第 2536 页）1661—1666 年用人政策的更多信息，见附录 2。

待。四辅臣不仅削弱了科道官员的作用，还大幅裁减人员数量。明朝时，给事中和御史履行着广泛职责，包括检视重要的官府公文，监督、弹劾官员，就行政政策和官员行为向皇帝上疏。㉚ 然而，清初的科道官员发现自己处于尴尬的位置上。科道官员，大多数是汉人，不情愿地批评满洲征服者所推行的政策和官员任命，而满洲征服者也并不认可汉人的忠诚观念。㉛

鳌拜辅政时期，科道官员的不作为尤为明显。以康熙二年（1663 年 2 月 8 日—1664 年 1 月 27 日）为例，《清实录》中涉及都察院者仅有如下记载：给事中的奏疏六份，御史的奏疏四份，交付都察院议奏之事一件，关于科道官员人数的上谕一
81 道，科道官员的任命四起。㉜ 给事中李唐裔颇有胆量，批评同僚不愿进言，指出“科道官竟有终年无一疏者”。在列举了种种因御史疏忽而未被惩处的罪愆后，李唐裔请求处分不称职的御史。对于李唐裔的批评建议，四辅臣显然不快，他们对疏中所奏没有采取任何行动，仅仅是以皇帝的名义含糊地批复道：

㉚ 清朝差不多是照搬明朝的监察体制。在清朝的绝大多数时间里，京师并行着两套监察制度：都察院和给事中衙门。都察院的官员设置为：左都御史二人，左副都御史二人，左佥都御史四人。给事中衙门分成六科（各科与六部的各部相对应），每科设都给事中二人（康熙五年，改都给事中为掌印给事中。——译者）、给事中二人。除给事中外，还有御史，每省设二人，京畿道设四人。［贺凯：《明代中国的监察制度》，第 28～30 页；谢保樵：《清代政府（1644—1911）》，第 89 页；布鲁纳特、哈盖尔斯特罗姆：《当代中国的政治组织》，第 75～79 页］

㉛ 清初科道官员的缄默，参见黄培：《雍正时代政治研究（1723—1735）》，第 189～200 页。除了满汉间关系紧张的原因，吴秀良还将清初科道官员不愿奏事归因如下：官阶较低，弹劾官员的证据都是间接得到的，等等。［吴秀良：《清朝的奏事制度（1644—1912）》，第 39 页］

㉜ 《大清圣祖仁皇帝实录》卷 8～19。笔者选择康熙二年为例，是因为这一年《清实录》所载比鳌拜辅政时期的其他年份要详尽得多。

"报闻。"㉝ 鳌拜本人对待科道官员十分严苛。1669 年 6 月，鳌拜被最终清除之时，特别有弹劾他无法容忍批评者的罪名："科道官员条奏，鳌拜屡请禁止，恐身干物议，闭塞言路。"㉞

减少高级监察官员的数量，是四辅臣降低都察院地位的又一种方式。十四道监察御史额缺分别在 1661 年和 1668 年被大规模裁减。㉟ 1665 年，都御史和给事中的数量减半，只有 12 名官员充任，而不是惯例的 24 名。㊱ 四辅臣还通过降低都察院在京师等级制度中的正式地位，表明他们对都察院的轻慢。人们会想起，四辅臣曾在 1661 年时下令，将都察院列于理藩院之后，重建了皇太极对机构的先后排名。

因此，都察院与内阁、翰林院一样，都是四辅臣努力限制传统汉制机构的牺牲品。但这些举动与随后四辅臣将注意力转向考课制度和科举制度的做法相比，就不算什么了。

为满人所用的汉人制度：考课制度与科举制度

康熙帝的辅臣们对改革既有的考课制度和科举制度相当重视。

㉝ 《大清圣祖仁皇帝实录》卷 12，第 6a～b 页。三法司在 17 世纪 60 年代不作为的信息，参见《大清圣祖仁皇帝实录》卷 11，第 24a～b 页。1661 年，四辅臣禁止御史风闻言事。[《大清圣祖仁皇帝实录》卷 1，第 12b 页；卷 2，第 20a～b 页。黄培：《雍正时代政治研究（1723—1735）》，第 196 页]

㉞ 《大清圣祖仁皇帝实录》卷 29，第 8b 页。

㉟ 《钦定大清会典事例》卷 20，第 15a～b 页（总第 5322 页）。

㊱ 《大清圣祖仁皇帝实录》卷 14，第 5a～b、6b 页；《钦定大清会典事例》卷 20，第 19a～b 页（总第 5324 页）。1667 年，给事中的数量再度恢复到 24 人。[《钦定大清会典事例》卷 20，第 19b 页（总第 5324 页）] 此事件的更多信息，参见黄培：《雍正时代政治研究（1723—1735）》，第 193、196 页。

82 这些制度历史悠久，可回溯到一千多年之前，不仅规定了进入官僚机构及在其中得以晋升的标准，还决定了渴望从政的整个汉族精英的生活方式。四辅臣对科举制度和考课制度大幅度修改，对清初汉人官场的规模和性质产生了根本性的影响。

考课制度的改革

作为满洲人和征服者，四辅臣舍弃了历来要求汉人皇帝所行的矫饰的儒家仁爱，对于地方事务，他们首要关注的是赋税和治安。他们力图建立起一套以征收钱粮和维持地方秩序为基础的考课制度，最大限度地加强对各级政府官员的考核。

清朝承袭了明朝复杂的官员考课制度，该制度旨在对京内外官员的操守和能力定期考核。明朝在考课地方官时依靠两套基本制度，即考满、大计。考满制度为每三年对官员的整体行政能力进行的评价，上级官员可借此将下属评定为最（即称职）、平（即平常）、殿(即不称职)。九年后，被评称职者可获晋升，平常者仍持原品，不称职者被降级或免职。大计与考满同时进行，这项制度基于八项考核内容对官员的品行严格考核，八法即：一贪，二酷，三浮躁，四不及，五老，六病，七疲，八不谨。大计和考满的考语先是由各级地方官草拟，继之送往北京处理，称为“外察”。“京察”与之相似，适用于正四品及以下的京官。从三品及以上的京官免于京察，但要求上呈自陈。[37]

---

[37] 明朝和清初的考课制度，参见约翰·瓦特：《中华帝国晚期的知县》，第170～184页；《钦定大清会典事例》卷78，第1a～6a页（总第6095～6097页）；贺凯：《明代的中国政府》，第15～16页。

顺治时期，明朝的考课制度得以保留，几无变更，但四辅臣认为有两点不足。第一，各省的官员考课掌握在当地汉人官员的手中，这就为收受贿赂和徇私枉法提供了大量的机会。四辅臣他们本人并不了解地方情形，对地方官也不熟知，因此不愿相信汉人官员的考评。另外，京察是在四辅臣的直接监控下评定的，因此与考满和大 83
计相比，京察在鳌拜辅政时期不用怎么费心。㊳ 第二个问题是，四辅臣发现承自明朝的考课制度不能够衡量出官员在征收钱粮和维持地方秩序方面的表现。对于正面临严重财政赤字且仍忧惧反清起义的四辅臣来说，钱粮和地方安宁是他们最为关切的（参见附录 4）。

四辅臣改革的第一阶段是在 1662 年，他们废止大计，重建考满制度。在新的考满制度之下，只有那些完成税额、理清所有盗案的地方官才能在每三年考课时予以考虑。没有完成这些事项的官员则要受到惩处，不会受到考满升迁的优待。㊴ 然而，四辅臣对修订后的考满制度并不完全满意。地方官僚群体中的绝大部分仍由品级较低、处于四辅臣直接控制之外的地方官考核。此外，四辅臣需要一套对征收钱粮和整肃治安两方面的表现进行分级式奖惩的考课制度。因此，1665 年初，四辅臣听从议政王大臣会议的建议，完全废除考满制度。㊵

㊳ 鳌拜辅政早期颁布的几道上谕批评了现行考课制度，称它带有官僚主义的复杂性和徇私枉法的倾向性。参见《大清圣祖仁皇帝实录》卷 6，第 23a 页；卷 12，第 7a～8a 页；卷 13，第 9b～10a 页；卷 13，第 12a～b 页。

㊴ 《钦定大清会典事例》卷 80，第 4b～6b 页（总第 6124～6125 页）。

㊵ 《大清圣祖仁皇帝实录》卷 14，第 6b～7a、8a 页；《钦定大清会典事例》卷 78，第 5a～6a 页（总第 6907 页）。四辅臣废除考满制度后，重建大计制度，同时保留了既有的京官考课制度（京察和自陈）。

为取代考满，四辅臣采取了两项举措。第一项，他们十分注重督抚在考课地方官时给出的建议。许多督抚是由四辅臣亲自任命的，大部分也为四辅臣所了解，因此与地方汉官出具的考语相比，他们的考语被认为要可信得多。而且这些年份中的大多数督抚都为汉军旗人。他们身为旗人，成败主要系于满洲的军事组织，因此他们代表着满洲人的意愿，而非汉人官员精英的意愿。[41]

替代已废止的考满制度的第二项举措是四辅臣重新建立起的考
84 成制度，该制度是在宋代发展起来的，晚明再度复兴。与考满不同，考成确立起一套只以钱粮征收和盗案审结为依据、分等级的奖惩制度。1665 年，四辅臣宣布钱粮全完者可晋升一级，连续三年钱粮全完者可再晋一级（也就是共四级）。对于钱粮未能全完者，依照已完纳钱粮的比例相应降职罚俸。如此一来，一位完纳钱粮定额九成的官员将罚俸一年、官降一级。[42] 缉盗一项，允准地方官有两个月的时间提交初步奏报，要在一年之内结案（缉捕、审讯和判决）。如逾期，负责该案的官员将罚俸、降级。[43]

重建考成制度以及对督抚建议的倚重，是迈向行政集权化的重要步骤。在此方面，四辅臣似乎是其后继者康熙帝和雍正帝更为强硬、专制的先导。新的考课制度反映出自 17 世纪晚期至 18 世纪早

---

[41] 鳌拜时期的督抚任命，见第五章“鳌拜辅政与地方官僚政治”一节。

[42] 考成制度中与交纳钱粮数额相对应的奖惩情况，参见约翰·瓦特：《中国行政的理论与实践：历史视角下清代知县的角色》，第 335～337 页；吴秀良：《清朝的奏事制度（1644—1912）》，第 19～20 页；《钦定大清会典事例》卷 173，第 1a～4b 页（总第 7363～7364 页）、第 21a～22a 页（总第 7373 页）。

[43] 《大清圣祖仁皇帝实录》卷 13，第 20b～21b 页；卷 17，第 6b～8b 页。康熙帝将考成制度保留下来并予以发展，考满制度直到 1736 年才被再度引入。（约翰·瓦特：《中国行政的理论与实践：历史视角下清代知县的角色》，第 335 页）

期行政政策的三个普遍特征：集权，倚重于皇帝任命的亲信人员，政治制度的试验。

科举制度的改革

与仅能上溯至宋代的考课制度不同，科举制度在满洲征服者继承的所有传统制度中最为古老，也最受人崇敬。自唐朝开始，科举制度就成为汉人精英统治论的核心。它确保儒家经典作为文化正统而长存，为官员任命提供了最优途径，也是决定汉族上层声望的一个主要因素。因此，任何有损于科举制度的举动必然会激起汉族精英的反弹。然而，在鳌拜辅政时期，四辅臣改变考试内容和取士名额时，却并不理会汉族士大夫阶层的愤怒。[44]

四辅臣发起的一项具有争议的改革是废除八股文。八股文是一 85
种极为形式化的文章，1487 年时被定为科举考试唯一被接受的答卷形式。八股文制度或许可比于西方的公务员考试，后者要求应试者对弥尔顿和莎士比亚的作品中的某些句子进行评论，并且只能用意

㊹　在四辅臣的改革中，引起最少争议的是他们努力消除科举考试中的贪腐。对于满洲人和汉族精英群体中的开明人士而言，舞弊破坏了科举考试的效力和公正。（汉人对科举腐败反应的事例，参见傅吾康：《中国科举制度革废考》，第 19～23 页。）此外，在四辅臣看来，科举考试已经变成了满洲制度，汉人违抗满洲人的命令，他们不能容忍。在顺治朝的会试和乡试中，发生了几起贪腐案件。1644—1661 年，至少有四起此类案件，其中一案的涉案官员或处死或罢免。（张仲礼：《中国绅士》，第 189 页）

因此，在 17 世纪 60 年代，四辅臣颁布数条法令，禁止夤缘赌买、夹带入闱、枪替倩代、场内传递等。[《钦定大清会典事例》卷 358，第 6b～7b 页（总第 9813 页）] 1664 年 3 月 5 日，四辅臣详述了会试的新制度，旨在规避各种可能发生腐败的情况。康熙帝（在这一情境中，实为四辅臣）将在科举考试前亲自召见考官，以确保考官正直诚信，并警告他们若有欺诈，必遭严惩。在考试之前，禁止考官与应试者有任何形式的接触，开考之前不得向任何人泄露考题，所有参与考试管理的官员在考试结果出来后应立即上奏。（《大清圣祖仁皇帝实录》卷 11，第 10a～b 页）

大利商籁体即十四行诗的形式作答。㊺

对于鳌拜时期的四辅臣而言，科举考试的这种文章要求，是汉族知识分子自命不凡的明证。四辅臣搜求的满汉官员是干练的管理者，而非精于学究式格律的行家里手。因此，四辅臣做出的最大胆的举动之一是，1663 年 9 月取消各级科举考试中的八股文。考试形式全然改为：时务策五篇，取题自四书五经的论两篇，表一篇，判
86 五道。㊻ 这一决定背后的原因尚无解释，实际上，官方记载表明，礼部建议废除八股，而四辅臣不过是持中立态度的支持——“从之”。㊼ 然而很有可能是，尽管汉人反对，但四辅臣联合礼部中的满洲官员强硬实行。

保守官员的反对之声随即到来。大部分主要汉族官员都接受过八股文的训练，他们在早年时致力于汉文经典的学习。他们中的许多人对于以自由散文体答卷、不再仅局限于儒家经典的考试难以理解。例如，1665 年，礼部侍郎黄机上疏反对道：

> 不用经书为文，则人将置圣贤之学于不讲，恐非朝廷

㊺ 17 世纪时一些声名卓著的中国思想家，例如顾炎武和黄宗羲，表达了对八股文的轻蔑。以黄宗羲为例，他评论道：“空疏不学之人皆可为之也。”（傅吾康：《中国科举制度革废考》，第 21 页）但是这些明朝遗民对八股文的批判只是汉族精英中的特例，大部分人仍在学习八股文，并且长期致力于此。

㊻ 《大清圣祖仁皇帝实录》卷 9，第 24a～b 页。遗憾的是，包括了考官、考生和考题在内的重要史料《清实录》，仅含有 1664、1667 年两次科举考试的“论”的题目。1664 年的论题取自《论语·宪问》（“修己以敬”），1667 年的论题取自《中庸》（“唯天下至诚为能化”），这些题目与此前并无不同。当然，那些今天无法得见的考生答卷应不是采用八股的写法。（法式善：《清秘述闻》卷 1～2）

㊼ 《大清圣祖仁皇帝实录》卷 9，第 4a～b 页。四辅臣对科举制度的改革，参见《钦定大清会典事例》卷 331，第 2a 页（总第 9505 页）；傅吾康：《中国科举制度革废考》，第 28 页；徐劢：《中华文科试实则》，第 178 页。

> 设科取士之深意。臣请嗣后复行三场旧制，则士子知务实学，而主考鉴别亦得真儒，以应国家之选。[48]

四辅臣决定驳回汉人的批评，1664 年和 1667 年的科举考试都是在新制度之下举行的。然而，康熙帝在 17 世纪 60 年代末期开始扩展其势力之时，他对汉人的抱怨要敏感得多。1668 年，他废止了四辅臣的科举考试改革，重新恢复了八股文。年轻的康熙帝意欲缓和鳌拜时期业已紧张的满汉关系，此举是众多举措之一。[49]

除变革科举考试内容外，四辅臣还通过大幅削减中式名额，以 87
冷落汉族精英。在最高功名的进士考试中，鳌拜时期的名额远远比不上顺治帝时期。以 1652—1661 年为例，每科考试平均有 380 名中式者，每年为 190 名。[50] 对于满洲征服者而言，这么多名额是沿用了晚明的做法，目的是赢得汉族官员阶层的支持。[51] 然而，康熙帝的四辅臣似乎不在意缓和紧张关系，而是对缩减进士群体的规模更感兴趣。从表 2 中的数字我们可看出，在 1664 年和 1667 年的科举考试中，中式名额几乎减半（1664 年时减至 200 人，1667 年时减至

㊽ 《大清圣祖仁皇帝实录》卷 14，第 29a～b 页。

㊾ 《大清圣祖仁皇帝实录》卷 26，第 15b 页；傅吾康：《中国科举制度革废考》，第 28～29 页；《钦定大清会典事例》卷 331，第 2a 页（总第 9505 页）。尽管没有明确证据表明八股文的恢复是康熙帝所为，但从逻辑上似可表明事实即是如此。首先，四辅臣仅仅因为汉族精英的反对而改变主意，这一点令人怀疑。其次，我们可以在后面的章节看到，康熙帝集团 1667—1668 年开始扩展势力，在安抚汉族精英的众多举措中，恢复八股文仅是其中一项。

㊿ 这些数据引自房兆楹、杜联喆：《增校清朝进士题名碑录》，第 xv 页。

(51) 何炳棣：《明清社会史论》，第 172～190 页。

155 人）。[52] 鳌拜辅政时期举行的科举考试，除 1661 年外，1664—1669 年平均每年为 59 人。进士名额锐减，此做法为康熙帝余下的统治时期所沿袭，中式名额从未超过 300 人（1700 年除外，该年中式总数 305 人）。

表 2　　进士人数（1655—1676）

年份	进士人数
1655 年	399
1658 年	343
1659 年	376
1661 年	383
1664 年	200
1667 年	155
1670 年	299
1673 年	166
1676 年	109

资料来源：房兆楹、杜联喆：《增校清朝进士题名碑录》，第 xv 页。

事实上，在清朝的大部分时间里，进士名额大体上低于晚明及顺治
88 朝的数量。[53]

四辅臣减少汉人应试者做官人数的又一种方式，是在 1664 年时废除会试副榜。会试副榜设于 1406 年，数百名没有考中进士但表现

[52] 很遗憾，何炳棣在讨论科举中式者的社会背景时，并没有将 1664、1667、1670 三年的科举考试列入。因此无法基于何炳棣提供的信息来说明自 17 世纪 60 年代起，A 类（那些出身卑微的应试者）是否存在下降的情况。参见何炳棣：《明清社会史论》，第 112～113 页。

[53] 何炳棣：《明清社会史论》，第 111～114、185～186、190、262 页。这种限制进入清代官场最高层的做法，又因另两种因素而进一步加剧了：人口增长以及任命满汉旗人至各省要职。因而，对于科举中式者而言，在康熙朝及以后入仕，比明末和 1661 年之前的清初这段时间要难得多。（何炳棣：《明清社会史论》，第 119～120 页）

良好的举人入副榜，这些人可以授予低级京官职务。如此一来，四辅臣将常规的进士名额缩减大半，就等于消除了更多进士授官任职的可能性，因为顺治朝更多的人可能考中进士。[54]

四辅臣对科举考试内容的改革以及他们为消除科举考试的腐败而做出的努力，必须视作为提高效率而采取的积极举动。然而，限制科举中式名额的政策也清楚地表明了四辅臣对汉族精英持有的严苛而傲慢的态度。很容易想见，四辅臣推行的新名额的做法激起了汉族士大夫阶层的深深敌意。

当我们从总体上检视四辅臣对京师官僚体制所采取的政策时，某些特征看起来十分明显。四辅臣刻意设法提高满洲官员的权威和 89
满洲制度的影响力。内三院官员任命以满洲人为主导的政策以及对理藩院地位的提升都着意此点。议政大臣的任职资格以满洲人为主，

---

[54] 《钦定大清会典事例》卷 350，第 2b 页（总第 9717 页）；商衍鎏：《清代科举考试述录》，第 105 页。在 17 世纪 50 年代晚期和 60 年代早期，四辅臣对举人考试和生员考试进行了大幅度变革。1660 年，乡试员额削减近半，中式者总数为 799 人。这一数字可与 1645 年的员额做比较，1645 年时共有 1 865 人中举。[《钦定大清会典事例》卷 348，第 1a～b 页（总第 9689 页）、第 5a 页（总第 9691 页）；商衍鎏：《清代科举考试述录》，第 76 页] 1668 年时员额再度增加，但仍远低于顺治时期。[《钦定大清会典事例》卷 348，第 5b 页（总第 9691 页）] 至于会试，四辅臣于 1662 年废除了举人的副榜（即乡试副榜。——译者）。[《钦定大清会典事例》卷 348，第 5a 页（总第 9691 页）；商衍鎏：《清代科举考试述录》，第 77 页] 四辅臣还采取措施禁止举人担任实职。据 1664 年颁布的法令，禁止举人担任知县，也不能在生员考试中充任考官。而在顺治朝，这些职位都曾对举人开放。[《钦定大清会典事例》卷 73，第 1a～b 页（总第 6031 页）]

顺治初年，生员的员额相当多，但是在 1658 年，清廷规定大府员额为 20 人，大县员额为 15 人，小县员额为 4～5 人。同样，1658 年时，清廷决定将生员考试定为每三年一次，而不是此前的每三年考试两次的政策。[《钦定大清会典事例》卷 370，第 1a～b 页（总第 9963 页）；张仲礼：《中国绅士》，第 74～75、77～78 页] 何炳棣称，限定生员名额是在 1661 年而非 1658 年。（何炳棣：《明清社会史论》，第 179～181 页）

而四辅臣本人也身在其中，因此对议政王大臣会议的极度倚重，特别是在重大决策方面，也支撑了这一认识。相应地，四辅臣竭力贬低汉人制度，削减汉官的权力，缩小汉族精英的规模。监察机构规模变小，监察官员因其作为而遭斥责。内阁和翰林院均被废除，四辅臣转向内三院这一早期满洲制度。顺治朝中式名额众多的做法被废除了，名额减半。对于汉族精英——从前程似锦的应试者直到大学士——而言，17 世纪 60 年代令人沮丧。

但是四辅臣在京师官僚体制方面所作所为的另一特征是，他们致力于行政事业效率的提高。他们对内务府和理藩院的结构和人员进行了实质性的变革，以满足国家行政的复杂需求。四辅臣推行的科举制度为更可靠地审查应试者的任官与晋升奠定了基础。八股文被废除，代之以一种旨在衡量行政能力而非学究式的文学技巧的考试制度。在此等发展变化中，四辅臣的目标在于建立一个由负责可靠的官员充任的高效官僚组织。

第五章

鳌拜辅政与地方治理

清初，京师和京畿直隶地区是满洲人的中心地。四辅臣在这一 90
地域满怀信心地追寻着满洲的统治和行政效率。在满洲征服精英和八旗军队的支持下，四辅臣对京师官僚体制的结构、官员及运作流程进行了彻底的变革。然而在地方则是另一番情形。表面上，随着清朝征服了明朝的所有省份，用汉军旗人出任各省大员，到了 17 世纪 50 年代，清朝的统治似已建立。但是，这些举措在清朝加强控制的漫长过程中仅是开端而已。八旗军队能够有效地从起义军和明朝遗民手中夺得各省，但是他们人数太少，无法驻防各地。八旗军队可以镇压持不同政见之人和叛乱者，但是不能对整个中华帝国实施日常控制。理论上，各省官员监管各地并使京师知晓地方的发展变化，就可以解决上述问题。四辅臣认识到了这些官员的重要性，尽力委任既能与他们保持交流又能毫无异议地遵从命令的忠诚官员。然而，四辅臣寻找忠诚官员的结果令人沮丧。他们尝试过汉军旗人、汉族官员甚至满洲人的各种组合，但没有寻得满意的答案。

四辅臣对汉人活动的忧惧，令他们对地方官员更无把握。尽管最后一次明朝遗民的行动在 1662 年被镇压（参见第六章），但四辅臣知道汉人精英群体中有很多人对满洲统治者怀有强烈的敌意。辅臣们担心明朝遗民、起义者和海寇散布于各处，以武装起义及不忠、批判的隐秘措辞威胁现政权。当四辅臣处理整个帝国出现的问题时，这些忧虑强化了四辅臣诉诸军事手段的倾向。他们推行的关于地方行政和汉人的政策，反映了其军事背景。他们以强硬的措施使地方官僚就范。在遇到形式更微妙的抗争时，比如印制反满文学作品或是拒不纳税，鳌拜及其满洲同僚就以武力应对，有时甚至紧张到付诸战争的程度。

91 然而，四辅臣的地方政策还有另一面，显然强调的是其满洲遗产。他们意识到，仅凭武力，清朝难以继续统治中国各省。依靠高压进行统治仅能取得一时的效果，且代价高昂（参见附录 4 中与满洲军事战争有关的开支）。但是四辅臣也知道，满洲军事精英不会支持他们在地方政策上回归汉化。因此，四辅臣要通过榜样而非武力进行统治。辅臣们选择的是那些他们所认为在纪律、自立、勇气等满洲价值观念方面堪为示范的地区。通过公开褒奖示范之地并奖掖该地官民，四辅臣似乎是在对满人和汉人说：“此吾等勉力为之者。”

但是与强制手段一样，示范区的办法终因汉人不予接受而失败。满洲统治在京师政策中以及在我们稍后将看到的军事和对外政策中十分奏效。然而在地方，以满洲为导向的策略引起的或是冷漠或是敌对。正是在地方，四辅臣直接遭遇了汉人社会传统这一难以克服的障碍。汉人可以容忍新建的野蛮王朝，但是他们不能接受满洲式的生活方式。

鳌拜辅政与地方官僚政治：寻找忠臣

四辅臣要求各省大员忠诚、有为，这在 1665 年的一道上谕中表露无遗："民生之安危由于吏治之清浊，吏治之清浊全在督抚之表帅。若督抚清正，实心爱民，则下吏孰敢不洁己秉公。"① 四辅臣寻求忠臣，表现出中国历史上长期存在的困境：无论政治制度多么完善，成功管理的必要条件还是要委任顺服且强干的官员。

帝国京师的中央集权与诸省强权个人的地区利益之间的紧张政治关系，一直是中国历史上的重大问题。对一个王朝而言，关键在于实现中央集权与地方分权之间的平衡。如果没有国家制度的强力运作，中国将分裂成数个为军事强梁者所把持的区域，汉唐末年就是如此情形。但是如果不分权给地方官，皇帝将与乡村市镇隔绝，政令不出京师，外面的情形也不得而知。

在清初，特别是在鳌拜辅政时期，中央集权与地方分权间的困 92
境已达到了危机的程度。一方面，大多数满洲人领袖，包括多尔衮、康熙帝和四辅臣在内，都对强化皇帝的权力与权威廑怀在心。不惜权力过度集中，着意将权力掌握在自己手中。前文已述，四辅臣依靠那些他们在其中能有相当影响力的政治机构如议政王大臣会议，来促成上述进程，同时降低内阁、都察院等传统京师机构的作用。另一方面，在 17 世纪的大部分时间中，满洲朝廷遭遇到极端地方主

① 《大清圣祖仁皇帝实录》卷 14，第 19a 页。

义者的威胁。例如，吴三桂等藩王能够统治中国的广阔地区，而无视从北京发出的旨令。简而言之，对于新建立的清朝而言，过度中央集权和过度地方分权的弊病形影不离。

在中国历史上的多数时期，创建并保持向心力量与离心力量之间的平衡是地方大员的首要职责。有清一代，最重要的地方官为总督、巡抚、布政使、按察使、道员以及御史。这些官员肩负的任务对于国家平稳、统一地运行至关重要：征收钱粮，运输粮食，维护地方秩序，审决案件，考核和举荐官员，传递地方信息。国家的长治久安取决于这些职能的正确执行。疲软、贪腐、不忠的地方官员群体会使国家分化成敌对的两极阵营：支持皇帝的京师力量与地方对手。

然而，早期满洲皇帝与四辅臣考虑这些地方大员职位时，面临着人员选择问题。他们可以信任谁？如果将地方行政全然置于汉官精英之手，那么中国会分裂成满洲居主导的京师官僚机构与汉族地方机构。表面上看，人们或许认为满洲官员的任命是合乎逻辑的替代选择。然而，出于几个原因，在清朝的前二十年里，地方官职并没有授予满洲人。很少有满洲官员拥有处理非军事政务的经验，自然也不足以充任全部的地方管理职位。大多数满洲人在处理复杂的法律文书或与当地汉人群体交流时缺乏足够的汉语能力。此外，无法确保满洲地方官会遵从北京上司的命令。满洲人的党争在清初业已出现，将满洲八旗集团和氏族集团引入地方机构必定会加剧此类
93 紧张关系。康熙帝的辅臣们非常了解这一情况。四辅臣自身在 17 世纪四五十年代已卷入政治冲突，并在顺治朝末期形成了自己的派别，他们像防备汉人遗民一样提防着满洲政敌。

在 17 世纪 60 年代的大部分时间里，四辅臣遵循着由多尔衮在

摄政初年所制定的折中举措。多尔衮不信任通常的满汉官员，却极倚重汉军旗人，让他们出任总督、巡抚、布政使、按察使。② 甚至是地方政府中较低层级的知府和州县官，除数量占优的汉族官员之外，多尔衮还任命了一些汉军旗人。③ 从理论上讲，任用汉军旗人是极大的妥协。这些旗人最初是明朝军队中的士兵，在入关之前就已归降，而后编入满洲的军事组织，成为皇太极统治时期所建立的汉军八旗的成员。多尔衮认识到，在入关战争中，他们中很多人都是满洲人表现卓越、忠心耿耿的下属，因此对他们在战争结束后担任行政官员抱有很高期望。此外，多尔衮认为，身为汉人，这些人比他们的满洲同僚更善于处理地方事务，而满洲人对于汉人政府和
汉人本身的认识通常是肤浅的。④ 然而，稍后将看到，满洲人期望 94
这些出身于汉军八旗的文官能够顺从，结果却是令人遗憾的错误

② 多尔衮摄政的前两年（1644—1645），共有 9 人被委以总督之职，其中 3 人为汉族官员，6 人为汉军旗人。1644 年，多尔衮任命了 8 位巡抚，其中 3 人为汉族官员，5 人为汉军旗人。（严懋功：《清代征献类编·总督》卷 1，第 1a 页；《清代征献类编·巡抚》卷 1，第 1a 页）

以山东为例，可以看出多尔衮十分倚重汉军旗人，让他们出任布政使和按察使。1644—1649 年的山东，共有 14 人担任上述两官职，其中 9 人为汉军旗人，仅有 5 人为汉族官员。（《山东通志》卷 51，第 1777 页）所有列明来自辽东或辽阳之人都被认定为汉军旗人。关于在地方志中开列汉军旗人的通行做法，参见史景迁：《曹寅与康熙：奴才与主子》，第 71～72 页；劳伦斯·凯斯勒：《清代督抚的族群构成》，第 495 页。凯斯勒的文章清楚地表明，清初汉军旗人出任督抚的优势，解释了满洲人依赖这些旗人的原因。（劳伦斯·凯斯勒：《清代督抚的族群构成》，第 496～499 页）

③ 1644—1648 年，山东济南府有 5 任知府，其中 3 人为汉军旗人，2 人为汉族官员。（《山东通志》卷 55，第 1865 页）济南府下辖的六个县，这几年间共任命了 24 位知县，其中 17 人为汉族官员，6 人为汉军旗人，1 人只有名字，没有其他信息。（《山东通志》卷 56，第 1893 页）所有列出的来自奉天的官员都被认定为汉军旗人。

④ 清初任命旗员为地方官一事，参见史景迁：《曹寅与康熙：奴才与主子》，第 4～5、70～77 页；劳伦斯·凯斯勒：《清代督抚的族群构成》，第 498～499 页。

估计。

在鳌拜辅政的前七年，任命官员时毫无偏差地遵循着多尔衮式的折中方案。对于1661—1666年担任总督或巡抚的52名官员的分析表明，汉军旗人持续保持着优势（参见附录3）。52位督抚中，45位是汉军旗人，只有7人为汉人。只有一半的督抚考取过科举功名，仅有5人中过颇著声望的进士。汉军旗人没有功名，且主要是效力于异族征服者的武官，他们与汉族士大夫的传统形象相去甚远。

至于督抚的下属，即布政使和按察使，康熙帝的辅臣们相当公平地在汉军八旗和汉人之间任命。考察鳌拜时期地方下层官僚时会看到，汉官人数有所上升，而汉军旗人则下降了。尽管如此，清廷在17世纪60年代时所任命的、数量不多但十分重要的知府和州县官都是汉军旗人（参见附录3）。

四位满洲辅臣秉持多尔衮的折中举措，辅政期间的模式后来在整个康熙朝都占据支配地位。⑤ 确立汉军旗人和汉族官员的组合，为的是确保地方官干练、忠诚，且能为满洲人和汉人所接纳。虽然如此，仍有相当多的证据表明，17世纪60年代的地方官，特别是最高层的大员，远非满洲皇帝之下顺从、勤勉的仆从。这十年间，谕旨频频颁布，地方大员通常是总督、巡抚，因过失而遭严厉斥责。

95 四辅臣与此前的多尔衮一样，设想汉军旗人——这些在入关战争中表现优异的武将——会在满洲人入主中原后继续保持恭顺，但

⑤ 史景迁研究了康熙时期江南地区的地方官，认为："这种分布表明，官员任命是有意管控的，八旗精英占据了大部分高级官职（虽然并非完全排斥汉人）；在中层职位上，八旗精英和汉人精英事实上平分秋色；而汉族官员精英则掌握着大多数低等官职（当然，并非完全没有八旗精英）。"（史景迁：《曹寅与康熙：奴才与主子》，第72页）可以说，笔者的研究进一步证实了史景迁的论断。

他们失策了。入关后，汉军旗人被任命为地方官，他们对满洲人不再如原先忠诚。他们与汉族官员、汉人精英直接接触，不再受满洲将领日复一日的监视。这些汉军旗人不再是武官，而是介于京师满洲人和地方汉人之间，地位模糊。此外，汉军旗人也没有汉人士大夫的自我形象定位。明末，他们被训练为武员，不接受为官正直、顺从这一传统观念。

四辅臣对其地方下属的批评分为三类：不能传递可靠信息，不能正确考核官员，财务弄虚作假。在京的四位满洲统治者担心，他们会脱离地方的实际事务。当地方官在奏疏中没有准确详尽地描述地方事务时，四辅臣十分恼怒。他们对军事奏报尤为苛求。福建总督李率泰有次上疏奏陈战胜海寇一事，被四辅臣斥为所述不备。李率泰在奏疏中奏报其麾下士兵杀死海寇 170 余人，活捉 14 人，另缴获大量武器。李率泰还写道，他因缺乏水手驾驶海寇的船只，遂将之焚毁。通常情况下，四辅臣会对李率泰的奏疏十分满意，但这次明确表示期望获知更多的信息：

> 斩杀贼伙、得获器械、因无撑船之人焚毁等语，系从何来之贼，其贼首为谁。且近地所得船只，焚毁是何缘故。……其战士何以无一被伤者。……著该督严行察明具奏。⑥

李率泰显然从中汲取了教训，在下一份奏陈战事胜利的奏疏中，做了更为全面的描述，包括进攻地点、清朝将领姓名、双方遭逢日期、

---

⑥ 《大清圣祖仁皇帝实录》卷 13，第 11a～12a 页。

敌军损失和被俘的准确数字。⑦

还有一次，四辅臣抱怨奏疏中所述的盗匪之死通常是靠不住的：

96 近见各省题报盗案，多称监毙、淹死、病故、拒捕杀死等项，其留任缉盗各官有诬良为盗、捏报充数者，亦未可知。⑧

鳌拜和其他辅臣已经习惯于简洁真实的战事奏报，对于地方官进呈的程式化且通常含糊的奏疏感到失望。有次，他们降旨斥责疏奏的种种不当：

近见言官条奏，于事理之外牵引比拟，多用浮饰之言。或有将已结之事剿袭充数者，或有挟私纷更国家已定良法者，且本章原令不得逾三百字，今逾额浮词甚多。⑨

康熙帝的四辅臣寻找着京城和地方之间公开的交流方式。当出现地方混乱、战争以及财赋紊乱时，他们期望能立即有奏疏送抵京城。但是在17世纪60年代，要求细致调查和精确奏报的大量政令，表明了京城和地方间的通信联系极不畅通。⑩ 四辅臣像此前或此后的

⑦ 《大清圣祖仁皇帝实录》卷14，第7a～b页。

⑧ 《大清圣祖仁皇帝实录》卷24，第7a～b页。

⑨ 《大清圣祖仁皇帝实录》卷24，第27a页。

⑩ 17世纪60年代存在的调查不充分以及上奏不妥当的问题，参见《大清圣祖仁皇帝实录》卷11，第27a页；卷12，第21a页；卷17，第5b～6a页；卷21，第18b～19b页；卷26，第12b～13b、17a～b页。

许多中国皇帝一样，时常被迫根据歪曲、不充分的信息进行重大决策。

鳌拜辅政时期针对地方官僚的第二大类批评，关切的是他们未能妥善荐举和弹劾官员。前一章考察了考课制度的变革，辅臣们高度重视督抚对所辖地方官做出可靠的评语。修订后的制度，旨在促使地方官在各自的地域内精熟于那些最为四辅臣所称许的事项：征收钱粮和维持地方秩序。考课制度的有效运作完全依赖于地方大员 97
递交的考语，可京城的满洲人对其下属再一次感到失望，从 1665 年 4 月颁布的一道上谕可以看出他们的愤怒：

> 近见各省督抚弹章，只将一二衰老微官塞责。岂所属地方果无贪酷害民之辈？总由姑息徇庇……督抚中有不肖昭著者，即行参处。[11]

四辅臣抱怨的第三个方面是地方最高级官员的贪污腐败问题。在康熙朝前八年的《清实录》中有数起此类贪墨案件。例如，1667 年，山西布政使王显祚因大量挪用常平仓而被罢免，永不叙用。该省巡抚、汉军旗人杨熙，也牵连其中，遭到四辅臣的严厉斥责。[12]有史料显示，同一年，包括福建、广东、江西、湖广诸省督抚在内

---

⑪ 《大清圣祖仁皇帝实录》卷 14，第 19a～b 页。皇帝申饬督抚举荐人员以及他们的奏疏存在问题，这在顺治朝也十分普遍。参见《清史》第 1 册，《本纪》，第 48～56 页。

⑫ 《大清圣祖仁皇帝实录》卷 22，第 5a～b 页。上一任山西巡抚张自德（应是陕西巡抚。——译者）在 1660 年时以同样的罪名遭弹劾。（《大清世祖章皇帝实录》卷 133，第 18a 页；卷 134，第 3a 页）

的数位地方大员都为谋求自身利益而进行商业投机活动。他们凭借自身的声望和权力，能够以较高的价格行销货物，从而损害了小民和其他商贾的利益。[13]

毋庸置疑，这些案件仅仅是鳌拜辅政时期贪污腐败之弊的一小部分。1668 年颁布的一道上谕清晰地指出了辅政时期地方官员贪腐成风，此上谕可能由康熙帝的谋臣而不是辅臣所拟：

> 向因地方官员滥征私派，苦累小民，屡经严饬，而积习未改。每于正项钱粮外加增火耗，或将易知由单不行晓
> 98 示，设立名色，恣意科敛。或入私囊，或贿上官，小民脂膏竭尽，困苦已极。朕甚悯之。[14]

上述情况表明，鳌拜辅政时期，京城与地方的关系存在严重裂痕。若说腐败无能充斥地方官场可能夸大其词了，但可以肯定的是，在许多情况下，地方官的表现，是辅臣们所不能接受的。

四位身处京城的满洲“寡头”，以特有的方式辅政，尝试用种种办法改善地方行政。首先，他们对地方官僚上层实行了数次全面的考课。以 1661 年为例，该年总督和巡抚人员更替极多。该年在任的 24 位巡抚中，2 人被直接罢免；10 人致仕（其中有多人或因面临压

---

[13] 《大清圣祖仁皇帝实录》卷 22，第 7a～b 页；卷 23，第 2a～b 页。

[14] 《大清圣祖仁皇帝实录》卷 26，第 12b 页。康熙帝在 1667 年亲政后颁布了若干上谕，这些上谕显然是令谋臣而非辅臣拟就的。与四辅臣时期颁布的诏令相比，这些诏令更加同情平民百姓所面临的问题。此外，“朕甚悯之”一类措辞的使用，倾向于这是经皇帝而非辅臣认可的。在辅政初期，四辅臣除了在伪造顺治帝遗诏时使用“朕”以表明文件的真实性外，很少使用“朕”这个字。此问题的更多信息，参见本书第八章“皇帝集团的出现”一节。

力而致仕)；其余 14 位，有 8 人留任，另 6 人升任总督。⑮ 总督一职，情况更为复杂。尽管 1660 年时已任总督的 9 位官员（包括河道总督在内）在 1661 年时仍然在职，但是四辅臣却将总督的人数扩增至 20 人。清廷新任命了 11 人，四辅臣也因此能够选任所中意的官员。⑯ 总之，在四辅臣辅政的第一年，他们任命了 21 位督抚，而将 12 位督抚去职。通过这种大规模的调整，四辅臣竭力重塑地方官场。

四辅臣为改善地方行政而采用的另一举措是，大量削减某些职位的人数或将官缺完全废掉。历来被认为是道德守卫者的御史，就是这一政策的牺牲品。四辅臣似乎已不信任作为清朝政策的潜在批 99
判者甚至可能成为国家官僚机构中贪腐分子的御史。因此，四辅臣在 1661 年中接到弹劾御史疏忽本职、贪赃枉法的奏疏后，彻底废除了每省设置一人的巡按御史一职。⑰ 此外，如本书前面章节所述，

⑮ 《清史》第 4 册，第 3014～3015 页。(作者的分类统计，分类数字之和与总数不合。据《清史》记载，这一年的 24 位巡抚中，2 人“罢”；7 人“休致”“病免”“免”“解”；其余 15 位，有 8 人留任，7 人升任总督。——译者)

⑯ 《清史》第 4 册，第 2856～2857 页。亦参见本书的附录 3。

⑰ 巡按御史创设于明朝，在顺治朝的大部分时间里，清廷向每省派出一名巡按御史。这些御史被赋予数项职责，包括弹劾无能或贪墨的地方官、巡历全省以获取有关地方情形的信息、监临乡试。参见《福建通志》卷 107，第 3b 页；商衍鎏：《清代科举考试述录》，第 74 页；劳伦斯·凯斯勒：《清代督抚的族群构成》，第 491 页。早在 1651 年，已有人关注巡按御史贪墨问题。(《大清世祖章皇帝实录》卷 55，第 13a～15b 页）这一官职曾于 1653 年 6 月被短暂废除。(《大清世祖章皇帝实录》卷 75，第 7b～8a 页)

1660 年，浙江巡按御史牟云龙被弹劾侵挪了价值四万两的粮米，后处以斩刑。(《大清世祖章皇帝实录》卷 133，第 11a 页）1661 年初，兵部满尚书阿思哈疏言，巡按御史常有贪墨之举，不能实心详察，也无法毫无偏见地评价官员。(《大清圣祖仁皇帝实录》卷 1，第 12a～14b 页）关于巡按御史的废除，参见《大清圣祖仁皇帝实录》卷 3，第 5a～7a、9b 页；商衍鎏：《清代科举考试述录》，第 74 页；《钦定大清会典事例》卷 335，第 1b 页（总第 9542 页）。《钦定大清会典事例》和《清代科举考试述录》二书将巡按御史的废止时间定为 1663 年而不是 1661 年。

在 1661 年和 1668 年，监察御史被大幅裁撤。辅臣们在处理布政使时也遵循着相似的模式。每省原设布政使二人，1667 年 8 月，几乎所有的省份都减为一人。⑱ 布政使一职，负责监管地方预算与赋税体系，几乎随时随处能够营私舞弊。显然，四辅臣要通过削减官员人数以减少他们的不法问题。

除实行官员考课制度、裁减某些地方官职外，四辅臣为解决地方官的种种问题而采取的第三项也是最为激烈的一项举措是，改变多尔衮的折中方案。1667 年 7、8 月间，议政王大臣、九卿、都察院共同会议所提的建议被采纳，这与早期的地方官选任政策大相径庭。清廷决定，督抚及布按二司理应“不论满洲、汉军、汉人，应拣选贤能推用”。⑲

100 允许满洲人进入地方官僚最上层的决定，至少可以部分解释成为解决忠诚的两难困境的孤注一掷。这种与多尔衮折中政策的背离，揭示出清廷对汉军旗人表现的不满。尽管四辅臣努力在省一级培养忠诚的官员，但汉军旗人的失败却是显然的。四辅臣或许如此推论：任命一些经过精心挑选的满洲人担任地方大员，应该能帮助解决官员的忠诚问题。

然而，在地方任用满洲人也是鳌拜党争的一种表现。虽然鳌拜集团将在后面章节论及，但是鳌拜对地方官僚的利用、渗透须在此处言明。至 1667 年晚期，四位辅臣中的两位，即苏克萨哈和索尼，

---

⑱ 《大清圣祖仁皇帝实录》卷 23，第 5b～6a 页；《钦定大清会典事例》卷 24，第 20a～21a 页（总第 5366～5367 页）；傅宗懋：《清代督抚制度》，第 3 页。

⑲ 《大清圣祖仁皇帝实录》卷 22，第 17b、18b、20a 页；卷 24，第 27a～28a 页。早在 1665 年，已任命满洲人为浙江、山西、山东、陕西诸道监察御史。（《大清圣祖仁皇帝实录》卷 14，第 16a 页）

已经亡故，遏必隆则无法阻止鳌拜。是年，鳌拜将许多最亲密的同党委以京师及八旗各级的要缺。只有地方官免于鳌拜的直接操控。然而，1667 年中，新颁布的任命政策也预示着鳌拜将很快破坏地方官僚体制。在 1668 年的前三个月，鳌拜首次将手下的满洲人委以地方要缺。事实上，所有这些满洲官员都是其派系成员。2 月，鳌拜将正红旗满洲人、时任都察院左副都御史的莫洛任命为山陕总督。3 月，他任命阿塔（原大理寺卿）为山西巡抚，以白清额（原光禄寺卿）为陕西巡抚。⑳

然而，鳌拜任命满洲官员到地方上的试验是短命的。1669 年 6 月，鳌拜被擒拿、监禁，他所提拔的、位列京城或地方官僚体制中的满洲官员均被革职。但是康熙帝继续遵循鳌拜之例，以满洲人和 *101* 汉军旗人担任地方大员。以 1673 年为例，10 位总督中有 3 名满洲人，18 位巡抚中有 5 名满洲人。㉑ 在年幼的康熙帝眼中，鳌拜本人当然是恶人，但是鳌拜的许多政策却是可接受的。

---

⑳ 《大清圣祖仁皇帝实录》卷 25，第 12a、13a 页。尽管缺乏这些督抚的传记资料，但是他们被指认为是鳌拜集团的成员，在 1669 年 6 月 24 日康熙帝颁布的一则上谕中，是如此称述他们的，见《大清圣祖仁皇帝实录》卷 29，第 5b～6a 页。1668 年 3 月，鳌拜还任命满洲人出任山西布政使和陕西布政使。（《大清圣祖仁皇帝实录》卷 25，第 13a 页）这些官员很有可能也党附于鳌拜，但无法找到他们的传记。他们分别是达尔布、阿席熙、色特、穆成额。（色特、穆成额分别升任山西按察使、陕西按察使，见《大清圣祖仁皇帝实录》卷 25。——译者）

鳌拜选择在山西和陕西开始其任命满洲官员的试验，或许是出于两方面的考量。其一，如本章前面所述，在 1667 年发生的侵挪案中，山西布政使涉入其中，并牵连到山西巡抚。无疑，没有比山西更适合进行消除贪污试验的省份了。其二，山西和陕西距北京很近。鳌拜可以密切关注这些满洲官员的举动。劳伦斯·凯斯勒业已注意到，1668—1723 年持续任命满洲人担任陕西、山西督抚。他举例说明，有清一代，只有这些督抚官缺是专门为满洲人保留的。（劳伦斯·凯斯勒：《清代督抚的族群构成》，第 494 页）

㉑ 《清史》第 4 册，第 2865～2866、3022 页。所有在 1673 年担任过巡抚的满洲人，即便只是暂时署理，也都包含在内。

尽管四辅臣特别在意地方官，但可以断定他们未能解决地方官存在的种种问题。这十年间，存在着贪污腐败以及地方与京城间交流不充分的问题。以满洲人出任地方大员是创新之举，但由于前文述及的原因，任命满洲人并不能彻底解决问题。虽然康熙帝在这一点上的确延续了鳌拜的政策，但他还留心那些能解决地方问题的、更为成功的新方法。康熙帝的著名南巡以及他日益依赖包衣作为信息提供人的做法，比鳌拜辅政时期所做的任何尝试都更有创新性。㉒总之，四辅臣被局限在京城，对中国地方发生的许多事毫不知情。

鳌拜辅政与地方精英：极端专制

在鳌拜时期，京城之外发生了两个最出名的事件，即1661年的江南奏销案和1661—1663年的明史案。这两件事值得密切关注，不仅在于它们是满汉冲突的实例，还可将之作为四辅臣时期地方行政所遇问题的案例。

这两件事发生在江南和浙江，17世纪时这里是汉族精英主义的中心。扬州、苏州、杭州等大运河沿岸的商业中心，居住着众多富甲一方的商人以及官员、士人、艺术家。浙江和江南的教育也远胜过其他省份。在康熙朝所有的进士中，超过三分之一都出自上述两省。㉓

㉒ 康熙帝南巡，参见史景迁：《曹寅与康熙：奴才与主子》，第124～157页；康熙帝任用包衣以及使用奏折制度，参见史景迁：《曹寅与康熙：奴才与主子》，第213～254页。

㉓ 何炳棣：《明清社会史论》，第228页。据何炳棣在书中给出的数据计算，在康熙朝4 088名进士中，有1 375名来自浙江、江苏、安徽；也就是说，总人数的34%都来自这些省份。

清初，中部沿海地区也是明遗民活动的中心。这一地区的百姓有理由憎恨满洲征服者。17 世纪 40 年代，满洲人对居住在这些省份的汉人残酷屠杀。以扬州为例，汉人对城中发生的野蛮杀戮和奸淫有着长久的记忆（20 世纪早期，这些记忆被渴望推翻清朝皇帝的汉族革命党人再次唤醒）。㉔ 尽管忠于明朝的汉人与满洲军队在这一地区的厮杀到 17 世纪 40 年代末期时已经平息，但是仇恨仍残留着。许多拒绝以其他方式代替直接军事行动的明遗民，转向更为迂回的反抗形式，如拒绝出仕清廷，转而潜心学问。㉕ 102

在对汉族士大夫的精致生活少有同情的满洲四辅臣看来，浙江和江南最棘手难治。除普遍存在的汉族精英主义和明朝遗民主义，四辅臣对这一地区的猜忌还另有原因。1659 年底，郑成功挥师，沿长江而上，抵达南京附近，几乎占领江南。满洲人将郑氏击溃入海，最终迫其退至台湾（参见第六章），但清廷怀疑这是中部沿海地区的百姓与郑成功势力的串谋。㉖

17 世纪 60 年代早期发生在浙江和江南的事件，构成了满汉之间观念及生活方式的基本冲突。汉人墨守其精英社会和遗民主义，而满洲人则要求绝对顺服，并承认其优越地位。地方官场成了火力的交叉点。㉗

㉔ 扬州之屠，参见王秀楚：《扬州十日记》，第 515～537 页。

㉕ 清初的明遗民问题，参见卫德明：《1679 年的博学鸿儒科》，第 60～66 页。

㉖ 归降郑成功的事例，参见《大清世祖章皇帝实录》卷 133，第 16a～17a、21b～22a 页；《大清圣祖仁皇帝实录》卷 7，第 18a 页。

㉗ 劳伦斯·凯斯勒提出了相当有说服力的意见，认为，在四辅臣采取行动反对江南、浙江的士人和官员时，数名来自北方（直隶、山东、河南、山西）的汉族官员也许是积极的支持者。（劳伦斯·凯斯勒：《汉族士大夫与早期满洲政权》，第 181～182 页）

江南奏销案

1661 年的江南奏销案发生在苏州、常州、镇江和松江，这四个府处于镇江和杭州间的广阔半岛上。事件的中心是大运河边上的苏
103 州（就在太湖的西北）。如果将进士功名作为衡量的标准，江南地区（特别是苏州府和常州府）是清代汉族文人最优秀的中心地区之一。在整个清代，苏州和常州跻身于进士人数最多的四个府之列。㉘

虽然这一地区学术有成，繁荣富庶，但是当地百姓却有足够的理由憎恶清廷。清廷强加给四个府的税额异常高，除正项钱粮也就是田赋与丁银外，还征收各种杂税，另有加派。㉙ 这一地区的百姓也受选官之累。关于不准四府之人担任高级京官的禁令直到 1660 年 6 月才解除。官员选任方面出现歧视的可能原因是，这些地区的明遗民反抗活动在 17 世纪 40 年代时十分强大。㉚

引发江南奏销案的事件是，四辅臣于 1661 年初掌权后发现江南地区拖欠钱粮。1661 年 2 月 21 日，巡按苏松六府御史张凤起疏言，苏、松、常、镇四府严重拖欠钱粮。㉛ 六天后，四辅臣颁布上谕，

㉘ 何炳棣：《明清社会史论》，第 247 页表 36。在顺治朝，江南考取进士者不少于 564 人。（何炳棣：《明清社会史论》，第 228 页表 28）

㉙ 孟森揭示的信息表明，这一时期江南的赋税，尤其苏州、松江两府，大体上是有的省与府的数倍。（孟森：《奏销案》，第 436 页；徐珂：《清稗类钞》第 8 册，第 29 页）

㉚ 《大清世祖章皇帝实录》卷 135，第 8a～b 页。除上述提及的四府外，这一禁令还在杭州、嘉兴、湖州（均在浙江）三府实行。该禁令明确适用于司官；布鲁纳特、哈盖尔斯特罗姆将之定义为："各部侍郎以下的所有官员的通称。"（布鲁纳特、哈盖尔斯特罗姆：《当代中国的政治组织》，第 104 页）《实录》中的条目并没有指出该禁令何时生效；或许可以追溯至清初，当时浙江、江南正激烈地反抗满洲人。

㉛ 《大清圣祖仁皇帝实录》卷 1，第 15b 页。自 17 世纪 50 年代中期起，江南拖欠钱粮的问题一度为国家所关注。顺治朝末期出台了数项措施，惩处隐混钱粮的官员和地方精英。（劳伦斯·凯斯勒：《汉族士大夫与早期满洲政权》，第 184 页）

要对不能完解钱粮的官员进行惩处：

> 钱粮系军国急需，经管大小各官须加意督催，按期完解，乃为称职。近览章奏，见直隶各省钱粮拖欠甚多……必待钱粮完解无欠，方许题请开复升转。㉜

四辅臣将拖欠钱粮之责施加给地方官而非隐混钱粮者。因此，地方官处于鳌拜新政权的强烈压迫之下。㉝ 104

对这种压迫感感受最为强烈的一名江南地方官是吴县（苏州府城位于其境内）新任知县任维初。任维初是山西籍贡生，为人自负，其自大之举最终给他带来了灾难。上任当日，任维初拜谒苏州知府侯余公。至知府衙门的门前，守门人请他下轿步入。任维初恚然不平，答曰："彼亦官也，我亦官也，何以步为?"虽然守门人极为不安，但仍准许任维初乘轿进入府院内，并提醒他说："宁受责，不敢抬进。"知府侯余公听闻此事后，道："新任吴令是一呆者，谒司理高公亦然。高公怒，不与相见。"侯余公随即回署升堂，曰："功令森严，钱粮最急，考成殿最，皆系于此。"㉞

㉜ 《大清圣祖仁皇帝实录》卷1，第17a～b页。

㉝ 1661年3月末，清廷颁布法令，惩处督抚及以下所有拖欠钱粮的地方官。（《大清圣祖仁皇帝实录》卷2，第1b页）

㉞ 上述情节见《哭庙记略》，第1a页。（此处英译的翻译与理解有不准确之处。《哭庙记略》原文为："顺治十七年庚子十二月朔，新任吴令任维初，山西人也，由贡生为学谕，迁秩吴门。莅任之日，谒郡侯余公。至府门，左右请步入。恚曰：'彼亦官也，我亦官也，何以步为?'左右惧，置之于门曰：'宁受责，不敢抬进。'余公闻之笑曰：'新任吴令是一呆者。'谒司理高公亦然。高公怒，不与相见。至署，升堂，开大竹片数十，浸以溺，示曰：'功令森严，钱粮最急，考成殿最，皆系于此。'"——译者）

任维初显然相信了知府的话，由此开始了一场无情的征税行动。他拷打那些不能立即完纳的百姓，试图尽快完成定额。他甚至从常平仓中征用米谷并贩与商人，以充实钱粮。㉟ 江南百姓对任维初的行为愤愤不平，地方社会上层的很多人决意抗争。他们抗争的方式有两种，即后来所称的“哭庙案”和“奏销案”。

哭庙案发生于1661年3月的最初几天，数名重要显赫的人物聚
105 集在苏州文庙，举哀悼念顺治帝。在场者有该省巡抚朱国治。3月4日，一百余名士子聚集在庙前，以著名文人金人瑞和府学教授程翼苍为首。愤怒的士子哭喊不已，将一份声讨任维初、希望将他罢免的揭帖上呈巡抚。包括程翼苍在内的十一名士子因直言而即刻被捕收监。㊱

巡抚朱国治密切关注着哭庙案中的举动，并制造了一场针对江南地区拖欠钱粮者的牵涉广泛的政治事件。朱国治令府县两级官员仔细查核赋税编审册并将拖欠者之名上报。在一些地区——如常州府和嘉定县——地方官和绅衿意识到他们所面临的危险，因此将拖

㉟ 恒慕义主编：《清代名人传略》，第165页；《哭庙记略》，见第1a～b页。

㊱ 哭庙案的描述，参见恒慕义主编：《清代名人传略》，第165页；《哭庙记略》，第1a～b页；徐珂：《清稗类钞》第8册，第67页；劳伦斯·凯斯勒：《汉族士大夫与早期满洲政权》，第185页。金人瑞的传记，见恒慕义主编：《清代名人传略》，第164～166页；陈登原：《金圣叹传》。金人瑞没有考取传统的科举功名，但他在当时是最成功的小说家和剧作家。房兆楹称：“金人瑞抨击清政府的高压政策，甚至主张那些忍无可忍的百姓奋起反抗。对他而言，小说和戏剧是对陈旧传统禁忌的虚伪性的最好刻画。”（恒慕义主编：《清代名人传略》，第164页）顺治帝读过金人瑞的几篇文章，评论金人瑞“此是古文高手，莫以时文眼看他”。（恒慕义主编：《清代名人传略》，第256页）

程翼苍是江南江宁人，1652年考中进士，他在翰林院任职一段时间后，于1656年调任为苏州府学教授。（《哭庙记略》，第2a～b页）

欠的钱粮债务迅速偿清，以免遭到报复。[37] 但是在江南的许多地区，拖欠钱粮仍在继续。巡抚朱国治在送往京城的奏疏中称，共计13 517 名地方绅衿和 254 名吏役仍有拖欠钱粮之罪。朱国治又称士子闹事只是为了规避完纳钱粮，特别是金人瑞，他不仅“震惊先帝之灵”，还是与郑成功相勾结的逆贼。[38] *106*

身在京城的四辅臣收到朱国治的奏疏后，下令对江南地区进行大规模的稽查。1661 年 2 月，四辅臣将拖欠钱粮之责加在地方官身上，至 4 月，他们改变策略，转而归咎于地方绅衿。[39] 相应地，四辅臣派满洲钦差到江南地区抓捕并讯问所有拖欠钱粮、庙前抗争以及此前被指认为在 1659 年投降郑成功之人。[40] 显然，四辅臣将士子示威、逃税、投降郑成功诸事视作彼此关联，所有这些都是对满洲

㊲ 劳伦斯·凯斯勒：《汉族士大夫与早期满洲政权》，第 186～187 页。奏销案的更多信息，参见萧公权：《中国乡村：论十九世纪的帝国控制》，第 599 页；瞿同祖：《清代地方政府》，第 185、331～332 页；萧一山：《清代通史》第 1 册，第 390 页；《苏州府志》卷 88，第 9b～10b 页。朱国治，正黄旗汉军人，贡生。1649—1657 年，他先后担任直隶固安县知县、直隶顺德府知府。1659 年，擢大理寺卿，后调任江宁巡抚。1659—1661 年，朱国治积极抵抗郑成功，上呈数件军务奏疏。（《清史列传》卷 6，第 25a～26a 页）

1661 年 3 月，清廷初步审讯哭庙案涉案人员，任维初自我辩护，称朱国治曾要求他迅速征收钱粮。数种记述说，朱国治对此的回应是，拿出了一道篡改过的命令（编造的日期是在事件实际发生的许多天之前），该命令称，因战争，需即刻征收钱粮。（恒慕义主编：《清代名人传略》，第 165 页；萧一山：《清代通史》第 1 册，第 390 页；《哭庙记略》，第 2a 页；《苏州府志》卷 88，第 9b～10b 页）凯斯勒认为，有充足的理由相信，朱国治是在 2 月 27 日四辅臣所颁上谕的指引下行动的。参见劳伦斯·凯斯勒：《汉族士大夫与早期满洲政权》，第 185 页注 17。

㊳ 《大清圣祖仁皇帝实录》卷 3，第 3a 页。

㊴ 《大清圣祖仁皇帝实录》卷 2，第 3b～4a 页。“绅衿”一词的准确含义及清初与之相关的术语，参见史景迁：《曹寅与康熙：奴才与主子》，第 77～81 页。

㊵ 四辅臣决定进行大规模审讯，参见陈登原：《金圣叹传》，第 65 页；恒慕义主编：《清代名人传略》，第 165 页。

政权的背叛。

满洲钦差于 1661 年 5 月抵达，在南京（选在上述四府之外，以避免进一步的示威集会）设立审讯处。[41] 时年夏天发生的主要事件就是审讯参与庙前抗争的 22 名士子，包括文人金人瑞在内，他因在江南绅衿阶层中声名卓著而成为这一事件中的标志性人物。[42] 金人瑞和其他士子被反复审问拷打。有一次，金人瑞在被鞭打时高呼先
107 帝救他。满洲钦差将此举视作其罪状之一，说道："上初即位，何得更呼先帝？以诅皇躬耶？"[43] 最终，满洲钦差和朱国治认为他们掌握了足够的证据，遂向京城上疏，奏称金人瑞及其余十七人不仅罪在抗税，还密谋造反。1661 年 8 月 7 日，南京目睹了一场大规模屠杀，金人瑞及其余十七人被处斩。下面文字是对此事的形象描述：

> 是时，四面皆披甲围定，抚臣亲监斩。至辰刻，于狱中出罪人，反接，背插招旗，口皆塞栗木，挟而趋走如飞。亲人观者稍近，则枪柄刀背乱下。俄尔炮声一震，则众人之首皆殒。披甲乱驰，众官骇散。法场之上，惟有血腥触

---

[41] 选择南京而非苏州作为审讯之地，参见陈登原：《金圣叹传》，第 65 页。

[42] 程翼苍是苏州府学教授，起初被捕，经过一系列非常事件后被释放。程翼苍在 3 月审讯后被囚，他声称任维初的过分之举是由上级官员的需求促使的，并称任维初"无法避免此事"，从而激怒了朱国治。然而，经过 5 月的全面审讯，江南总督，也是程翼苍以前的学生郎廷佐下令将他释放。出于某种原因，或许是朱国治下令，程翼苍并没有能走出牢房。一些天后，当着被派往南京的满洲钦差的面，总督传唤程翼苍至面前。当问及为何滞留牢房时，程翼苍装傻充愣，说他认为郎廷佐只是想让他离开屋子而不是离开牢房。郎廷佐笑着对满洲钦差说："天下亦有此呆子乎？"满洲钦差上了程翼苍和郎廷佐的当，答道："可疾去。"（《哭庙记略》，第 2a～4a 页）

[43] 《哭庙记略》，第 5b 页。

鼻，身首异处而已。㊹

江南奏销案的影响深远且广泛。江南地区许多人被褫夺科举功名、财产充公。据一项统计，苏州、松江、常州、镇江四府及溧阳县共有 11 346 人被革去生员功名。㊺ 江南地区一些大名鼎鼎的士人和官员因奏销案之故而被斥革职衔。㊻ 浙江有位知府描述了邻省的情形：

> 除降革有司不论外，其乡绅生员之被褫革者，小邑累百，大县盈千。三吴素称衣冠之薮，自经奏销以后，不特冠盖寥寥，县署之门无复缙绅车辙，即学道按临考试，每学不过数人。㊼ 108

由于卷入 1661 年事件的主要官员被斥革，江南百姓确实获得了些许的满足感。任维初在 1661 年末被罢免，翌年被斩于南京。朱国治于

㊹ 《哭庙记略》，第 9a 页。英译引自王靖宇：《金圣叹》，第 36 页。金圣叹的家产连同其他七名不幸士人的家产一同充公，他们的家人被流放到东北宁古塔。（《哭庙记略》，第 5b～10a 页）被处斩的十八人的完整名单见《哭庙记略》，第 10b～11b 页。

㊺ 劳伦斯·凯斯勒：《汉族士大夫与早期满洲政权》，第 187 页。1661 年奏销案中江南汉族精英所受迫害的最好描述，见孟森：《奏销案》，第 438～451 页。孟森列举出数个士人被捕遭受拷打以及被剥夺财产的例子。其中一人是叔元（翁叔元。——译者），他在得到康熙帝的赦免并在顺天府任官之前，已逃亡了十六年。（孟森：《奏销案》，第 441～442 页）惟夏（王惟夏。——译者）被罢去地方官职，所有的官衔和功名均被褫夺，但不久后就得到康熙帝的宽恕并俞允参加 1679 年举行的博学鸿儒科。（孟森：《奏销案》，第 443 页）

㊻ 劳伦斯·凯斯勒：《汉族士大夫与早期满洲政权》，第 187～189 页。

㊼ 吴斋，浙江金华府知府，引自萧公权：《中国乡村：论十九世纪的帝国控制》，第 127 页。

1662 年受到惩处，短暂丁父忧之后，未能官复原职，直到有了新的任命。最终，朱国治在 1673 年的“三藩”之乱中被杀。

但是江南百姓对清朝的怨怼并没有很快消退。持续的敌意促使康熙帝在处理江南事务时采取了特殊的举措。1679 年，康熙帝设立著名的博学鸿儒科，以此争取明遗民及汉人中政见相左者的支持，他对江南地区尤为关注。在考中的 50 人中，有 26 人来自江南，其中 4 人曾直接卷入江南奏销案中。[48] 康熙帝在 1684 年南巡之时游览江南，礼貌又谨慎地对待当地百姓。他祭奠前明帝陵，表彰南京的地方行政，甚至强调每晚研读《尚书》。但是康熙帝对当地百姓仍心存畏惧，他与满洲将领一同待在南京的满城内。[49]

明史案（1661—1663）

四辅臣与汉族精英间的第二次重大对峙发生在距苏州南部仅 100 英里的浙江杭州地区。明史案的挑衅色彩并不如奏销案明显，但是满洲人的反应却同样残酷。前文已述，至 17 世纪 60 年代，中国沿海地区的明遗民已经放弃了在军事上战胜满洲人的希望，转向
109 了更为隐晦的方式。其中一种是毕生致力于学问，拒绝出仕清廷。学问不仅为上层汉人提供了有益的谋生之道，而且诗文中反对清朝、支持明朝的文字，时常为宣泄遗民情绪提供机会。通常，对此类遗民情绪，清廷不予过问，但是在 1661—1663 年的明史案中，身在北京的满洲人却对这些遗民士人的隐秘非议予以打击。

明史案发端于 17 世纪 20 年代成书的《皇明史概》，著者朱国祯

---

⑱ 劳伦斯·凯斯勒：《汉族士大夫与早期满洲政权》，第 194～195 页。

⑲ 史景迁：《曹寅与康熙：奴才与主子》，第 127～128 页。

(1557—1632) 是晚明的高官兼史家。[50] 17 世纪 40 年代，该书尚未刊印的部分由庄廷钺购得，他是浙江南浔富户庄允诚的长子。庄廷钺是生员，取得功名后双目失明，遭遇不幸，但仍潜心学问。[51] 他决定修订朱氏之书，将原稿续写至 1644 年，终稿后，更名为《明史辑略》。

庄廷钺延揽数位文人帮他修订、纂写《明史辑略》。其中一人对明遗民已然绝望，面对庄廷钺的邀请，悲叹道："今幸得不死，奈何不以余生学道耶?"[52] 庄氏最终聚集起十七八位文人从事修书，但是其中鲜有声名卓著者。[53] 只有吴炎、潘柽章两人为人熟知，其声名在很大程度上是由于顾炎武为二人撰写了简短的传记，题为《书吴潘二子事》。在文章中，顾炎武记述了自己拒绝参与此事，并指出《明史辑略》的编修质量很差："方庄生作书时，属客延予一至其家。 110
予薄其人不学，竟去，以是不列名，获免于难。"[54] 不过，顾炎武甚

---

[50] 朱国祯于 1589 年中进士，17 世纪 20 年代初，升礼部尚书兼大学士。1625 年，朱国祯因拒绝与魏忠贤集团合作，致仕回到浙江南浔家中。他去世前几年编写了《皇明史概》一书，此书在他去世的当年（1632）刊印。（恒慕义主编：《清代名人传略》，第 187 页；富路特：《乾隆时期的文字狱》，第 75～76 页注释；《南浔志》卷 42，第 1a 页；孟森：《书明史钞略》，第 141 页；谢国桢：《庄氏史案参校诸人考》，第 423 页）

[51] 庄廷钺（及庄允诚）的传记，见恒慕义主编：《清代名人传略》，第 205～206 页。孟森记述说，庄允诚于 1658 年中进士并供职于翰林院。（孟森：《书明史钞略》，第 143 页）

[52] 陆圻的传记，见《清史列传》卷 70，第 8b 页。后来，陆圻及另两位士人查继佐、范骧否认参与纂修此书，不像其他修书之人一样，他们得以幸免于难。（恒慕义主编：《清代名人传略》，第 18～19、206 页；《南浔志》卷 42，第 1b 页）

[53] 参与修书的文人名单，参见《南浔志》卷 42，第 1a 页。

[54] 顾炎武：《书吴潘二子事》，第 25a～b 页。吴炎、潘柽章的传记，见恒慕义主编：《清代名人传略》，第 606、683 页。另有评论者称《明史辑略》"本不足观"。（孟森：《书明史钞略》，第 142 页）

至考虑过为此书出力，许多才能逊色些的士人确实投身于此，这一事实表明了顺治朝末期允许私修明史的宽松氛围。

1660 年初庄廷钺亡故，这部史书由其父庄允诚完成。尽管定稿质量平庸，但《明史辑略》还是在 1660 年末刊刻成书并在杭州附近的书肆售卖。总体而言，该书记述的是明朝史事，但存在一些直接攻击满洲人的细节。首先，书中在记述早期的满洲皇帝时，直呼其名而不称其谥号，如清太祖就被称为努尔哈赤。此类表述似乎暗指他们仍是蛮夷而非皇帝。其次，该书在提到 17 世纪满洲入关前的史事时，用明朝的年号纪年，而不采用清朝的年号，如 1621 年发生的事件被记为天启元年而非天命六年（满人年号）。最后，孔有德、耿精忠这些杰出的汉军旗人在书中被描述成反叛者。[55]

当《明史辑略》在 1661 年 1 月被送抵京城时，这些细节显然还未引起注意。礼部、都察院可能仅对《明史辑略》粗审一遍，便断定该书“无害”。[56] 如果一些地方官没有利用书稿中出现的轻率之处生事，这部书或许会流通，没有什么麻烦；而这些人扬言，若庄氏不拿出重金息事宁人，就要上告到辅臣们那里去。主要的勒索者有：在浙江担任知府的汉军旗人陈永命，前江南道员李廷枢，浙江归安前知县吴之荣。上述三人，特别是吴之荣，设法讹诈庄允诚数千两白银。庄允诚拒不拿出这笔钱财，吴之荣便上疏京师，奏疏转到了刑部。[57] 吴之荣讹诈不成，便利用满洲辅臣们的猜忌心理，借辅臣

---

[55] 孟森：《书明史钞略》，第 143～146 页；徐珂：《清稗类钞》第 8 册，第 37 页；劳伦斯·凯斯勒：《汉族士大夫与早期满洲政权》，第 182～184 页。

[56] 在通政司官员王元祚的指挥下，这部史书被送至京城。(《南浔志》卷 42，第 1b 页)

[57] 《南浔志》卷 42，第 1b～2a 页；卷 43，第 8b～9a 页。恒慕义主编：《清代名人传略》，第 206 页。

们之手对庄氏恶意报复。

1661 年初，满洲钦差罗多被派往杭州，查抄并焚毁了所有的《明史辑略》。庄允诚被捕，不久后死于狱中。庄允诚及其子庄廷鑨被掘墓焚尸。1662 年初，两位满洲钦差前往浙江审理此案。1662 年 3 月 9 日他们抵达杭州，带着数百名八旗兵及地方驻防兵。他们讯问了乌程县（庄氏所居之地）的所有文武官员，随后抓捕了此地所有庄姓及朱姓之人（前面说过，朱国祯撰写了原稿）。在漫长的审讯之后，1663 年宣布结果。每个与明史案有关的人都被处决。不仅包括编校者，还有刻印者，甚至《明史辑略》的许多买主也身列其中。共有 70 人被处斩；他们的家眷被流放东北，家产被没入官府。当时有人，可能是夸大了有关数字，但表达出浙江和江南地区普遍存在的惊恐情绪："吾闻之庄狱之成，其同日死者至二百余人，其妻子族属之徙边不返者且数倍焉。乌乎，可谓变革以来之一大惨祸矣。"[58] 111

明史案和江南奏销案，在鳌拜辅政时期清廷迫害汉族精英事件中最为出名，其实还存在着其他一些不太为人所知的冲突。1661 年，文人、书法家宋琬被人诬告在山东老家煽动叛乱。宋琬被幽囚狱中，直到 1664 年才洗清罪名并被释放。[59] 1664 年，直隶的杰出学者孙奇逢刊印《甲申大难录》一书，书中包含了那些在 1644 年为抵抗满洲人而死的人的传记。一位赞助此书刊印的知县被短暂收押，

---

[58] 顾炎武：《书吴潘二子事》，第 27a 页。明史案中相关人员的讯问及处决，参见《南浔志》卷 42，第 2b～3a 页；恒慕义主编：《清代名人传略》，第 206 页。审讯明史案的钦差、满洲人罗多，时任镶蓝旗满洲都统（1659—1664）（罗多未任过此职，时任此职者为宗室罗托。——译者），1667 年任工部侍郎，1669 年任河道总督，1671 年任山陕总督。[《八旗通志》（1795）卷 320；《清史》第 4 册，第 2543、2863 页] 1669 年，罗多被称为鳌拜集团的成员，但得以宽免并留任原职。（《大清圣祖仁皇帝实录》卷 29，第 16b 页）

[59] 恒慕义主编：《清代名人传略》，第 690 页。

清廷认定此书并无逆反内容后，这位知县随即又被释放。[60] 三年后
112 的1667年，江南地区有数人编写了一部诗集，清廷因其中有谋逆内容而将这些人抓捕，主要编写者沈天甫被流放。[61]

可见，四辅臣对汉族精英的打击报复，主要集中在从南京到上海再到杭州这三角区域内——这是17世纪中国最富庶、教育程度最高的地区。表面问题是逃税和忠于明朝，然而清廷的残酷却远远超过了此类挑衅行为。这些举动反映出满洲人对汉族精英的深刻猜忌。诚然，逃税是对清朝的威胁，因为这有可能是与郑成功的共谋，但四辅臣的暴力回应却是以一种情绪化而非理性的举动来捍卫满洲政权。

鳌拜辅政时期地方政策中的满洲观念

江南奏销案和明史案无疑表明四辅臣对汉人上层的猜忌。在四辅臣看来，每个受过教育的汉人都是遗民，虽不必然是明遗民，但一定是学问精深的儒家传统的遗民。甚至不需要诸如《明史辑略》一类的明确佐证，四辅臣也心知肚明，许多汉人将他们及其满洲同僚视作“蛮夷”。在文化与民族混杂的清初社会，四辅臣如何才能在

---

[60] 恒慕义主编：《清代名人传略》，第671～672页。

[61] 《大清圣祖仁皇帝实录》卷21，第22a页；徐珂：《清稗类钞》第8册，第37～38页。康熙朝后来又发生了一桩与明史有关的著名案件，此案集中于士人戴名世。如同此前明史案的情节一样，戴名世的主要罪名是，对于1644年之前的明末史事，用明朝的年号纪年。戴名世因编纂此书而被抓捕、处死。（恒慕义主编：《清代名人传略》，第701页）（事实上，沈天甫被处斩。——译者）

这种紧张氛围中创造条件，令人顺从呢？当然，一种答案是凭借强大的军事力量持续监视与镇压。此即四辅臣对于逃税与明史案的反应。但是四辅臣意识到，军事压力在维系帝国时仅是薄弱的基础；如果满洲军事力量被削弱，或者汉人叛贼创建出一支强大的敌军，那么清朝很有可能会崩溃。

因此，四辅臣留心其他可以强化其优势地位的手段。他们设想的社会是，汉人对满洲人的顺从不单单出于畏惧，还应出于对满洲人才能的尊敬，这项才能曾引领满洲人入主中原。四辅臣希望通过奖赏良好行为的制度来灌输这种尊敬之情，而不是一直运用严厉的处罚手段。为此，他们选择了中国沿海的一个典范小镇，要求臣民仿效。

崇明县：四辅臣树立的国家典范

崇明县距离苏州只有 50 英里，苏州象征着四辅臣憎恶所在，而崇明则体现出了他们的武力理想。崇明是一个岛，像木塞一样横在 113
长江的入海处，就在上海的北面。崇明岛地理位置不同寻常，对长江的安全，进而对中国中部许多地区的安全具有重要的战略意义。

17 世纪 50 年代晚期，清军为抵抗郑成功进攻而在崇明县拼死防御。郑成功在 1659 年败绩之前，虽然能沿长江逼近南京附近，但是崇明岛仍旧安全，清军可以阻断海寇的联络和补给线。数名文武官员在顺治末期防守崇明岛时表现出众。他们中有江南总督郎廷佐、江苏巡抚蒋国柱，特别是苏松总兵梁化凤。这些官员得到了崇明县知县陈慎的干练相助以及县里居民的英勇支援。抗击郑成功之役的代价高昂，这从崇明县百姓的人口数可以看出：1647 年的统计是 73 000 户，而到顺治末期，只有 27 000 户。虽然遭受了这些损失，但是崇明县的百姓为保卫自己的城市而勇于与官员和军队合作。百姓的牺牲与军事上的胜利赢得了鳌拜及其他几位辅臣的敬佩。[62]

为将崇明县树立为清朝国家的典范，四辅臣在 17 世纪 60 年代初经常奖掖此地的官员和百姓。梁化凤升任苏松提督，加太子太保衔。[63] 陈慎因没有完纳钱粮被革职，1661 年四辅臣复其官职，令他担任知州。上谕云："崇明县知县陈慎，当贼围攻崇明，坚心守御，全城功大。因拖欠钱粮革去之官著复还，再于此上加一级。"[64] 陈慎
114 在 1661 年 4 月去世后，追赠布政使司衙门中的官职。[65] 陈慎的继任者龚榜没有完纳盐课，因他在该县防卫方面堪称勤勉，四辅臣亦宽恕了他。[66] 对其他官员也是如此，1661 年 9 月的一道上谕褒奖他们："至于崇明守城文武各官，坚心竭力，拒贼全城，深为可嘉，亦应各加世职以示鼓励。"[67]

---

[62] 崇明县的人口调查数据，参见《崇明县志》卷 4，第 34a 页。崇明县官民抵御郑成功一事，参见《崇明县志》卷 8，第 27b～28a 页；卷 7，第 5a～6b、8b～11a 页；卷 14，第 5b～6a 页；卷 12，第 35b～36a 页。江日昇：《台湾外记》卷 10，第 11a～b、18b～19a、19b 页。亦参见蒋国柱和梁化凤的传记，见《清史列传》卷 5，第 20a～b、23a～24a 页。《大清世祖章皇帝实录》卷 83，第 6a 页；卷 112，第 15a 页。

[63] 《清史列传》卷 5，第 23b～24a 页；《大清圣祖仁皇帝实录》卷 4，第 4a～b 页。

[64] 《大清圣祖仁皇帝实录》卷 1，第 18a～b 页。

[65] 《大清圣祖仁皇帝实录》卷 2，第 4a～b 页。（追赠陈慎布政使司右参议。——译者）

[66] 《大清圣祖仁皇帝实录》卷 5，第 15b～16b 页。

[67] 《大清圣祖仁皇帝实录》卷 4，第 4a～b 页。

四辅臣赞扬崇明县的另一种方式是慷慨地豁免钱粮。1661—1665年，由于崇明县民遭受了极大的损失并在军事上有着非凡的表现，该县每年的钱粮都得以蠲免。[68] 其他地区的官员显然有感于这些奖赏，四川道御史劝服清廷“仿照崇明恩例”[69]，对其管辖范围之内的特定地区减免田赋。看来对崇明县的种种奖励似乎没有阐明四辅臣的意图，清廷于1664年颁布了下列规定：“嗣后强贼入城劫掠，同城官革职提问。”[70] 崇明县是四辅臣为清朝国家树立的典范，达不到这一标准则意味着惩处。

通过酬劳当地官民而将崇明县奉为典范，此举在为清朝统治之下的汉人社会建立新规范这一方面可谓创造性的一步。遗憾的是，崇明县的试验是辅政时期一次孤立大胆的尝试。17世纪60年代，崇明县是不和谐的满汉关系中仅见的有着正面意义的点。对于大多数汉人而言，奏销案和明史案更能体现出满洲专制主义要旨，这始于多尔衮时期的屠杀。清军在许多省份都重兵驻防，他们经常欺压当地百姓。[71] 在直隶以及东南沿海地区，依照满洲的军事计划，大量汉人被迫背井离乡。[72] 四辅臣继续严格实行汉人投充满洲人为奴的 115

---

[68] 《崇明县志》卷6，第11a～b页。《大清圣祖仁皇帝实录》卷1，第20a～b页；卷5，第16a～b页；卷8，第6b页；卷9，第11a页；卷14，第11b页。

[69] 《大清圣祖仁皇帝实录》卷2，第15b页。（四川道御史是京官，不是地方官员，也没有辖区，原文解读有误。——译者）

[70] 《大清圣祖仁皇帝实录》卷12，第12a页。

[71] 以广东省为例，藩王尚可喜统率着大量难以管束的士兵，这些人经常偷窃财物，甚至无缘无故杀死当地百姓。此类情形，在17世纪50年代尚可喜攻取广东后就已发生，并延续至鳌拜辅政时期。参见恒慕义主编：《清代名人传略》，第415页。包腊：《满洲人征服广州》，第86～96页。《大清圣祖仁皇帝实录》卷7，第23b～24a页；卷14，第23a～b页；卷19，第11b～13a页；卷26，第1b页。

[72] 迁海令将在第六章中考察，直隶圈换旗地事件见第八章。

制度。[73] 有着这些压迫的充足证据，若说鳌拜辅政时期许多汉人对满洲人的印象良好，人们会提出质疑的。

对意识形态控制的拒斥

将崇明县作为典范，是四辅臣在地方政策中采用非强制手段、仅有的一次尝试。足以令人感兴趣的是，辅臣们甚至没有依靠汉人传统的意识形态控制的方法。通过颂扬官方所认可的行为规范，以前的皇帝都高度重视整个中国社会对此的遵从。科举制度已经迫使知识分子过起了学习和背诵儒家经典、为进入官场做准备的僵化生活。对于百姓也有着完备的意识形态控制方法。其中一种是乡约，借此选出的名流在百姓面前宣读“道德准则”。朝廷也尊敬那些在孝道和其他传统美德方面起示范作用的“乡贤”。

然而，在鳌拜辅政时期，清廷显然没有倚重此类宣传策略。四辅臣未能促进或发展乡约制度。[74] 他们在此方面的失败尤为引人注

[73] 早在满洲入关之前，汉人投充满洲人为奴就已开始，满洲人定鼎北京后，此做法仍在继续。奴隶制是满洲社会经济秩序的一个基本要素，它象征着满洲人优越于汉人。参见马奉琛：《清初满汉社会经济冲突之一斑》，第 340～347 页。17 世纪 60 年代，四辅臣颁布了大量条例，涉及买卖奴隶的合法情况以及隐匿逃人的处罚。[《钦定大清会典事例》卷 129，第 6a～7a 页（总第 6807～6808 页）；卷 156，第 7a 页（总第 7126 页）；卷 1116，第 3a 页（总第 18214 页）。《大清圣祖仁皇帝实录》卷 129，第 6a～7a 页] 有时，汉人为获取财产——此系四辅臣在其颁布的条例内所做的承诺——而串谋将平民百姓诬告成逃人。[《大清圣祖仁皇帝实录》卷 8，第 2a～b 页；卷 13，22a～23a 页；卷 14，第 2a～b 页] 清初使用及滥用逃人法的另一讨论，见罗约翰：《满洲人：清朝的兴起和发达》，第 703～707 页。

[74] 《钦定大清会典事例》一书对 1659—1670 年此问题的记载显然是空白。[《钦定大清会典事例》卷 397，第 1b～2b 页（总第 10332 页）]。乡约和乡贤等办法的背景信息，见萧公权：《中国乡村：论十九世纪的帝国控制》，第 184～220 页。萧公权用史料清晰地证明，对于清朝而言，这些方法都是不怎么有效的宣传手段。但是，正如所揭示的，四辅臣厌恶依靠这些方法，或许取决于价值观的考量而不是它们的效力。

目，因为道德准则的内容是顺治帝在 1652 年颁布“六谕”时提出的，康熙帝对此做了修改，在 1670 年颁布著名的《圣谕十六条》。 116
四辅臣还忽视了乡贤制度。[75] 此外，前面已经论及，四辅臣大幅削减科举考试名额，科举制度作为控制汉族精英的手段也遭削弱。总之，在鳌拜辅政的十年间，几乎所有历来有效的意识形态控制制度都被忽略了。

对四辅臣政策中这一看起来异常现象的解释，可以在四辅臣的价值观念中找到。鳌拜及其他辅臣处于夹缝之中，一面是他们出身的军事价值取向，一面是要统治汉民族，而汉民族珍视儒家传统中的和平价值。四辅臣对汉族精英的猜忌，使他们对于将汉族规范用作国家控制手段的可能性视而不见。康熙帝在致力于满洲遗产的同时也保护汉族精英，四辅臣则与之不同，他们猛烈地抨击汉族精英主义的信条。四辅臣摈弃了儒家道德体系中的大部分内容，同时也排斥了帝国传统中某些专制的方面。

四辅臣已经避开使用以汉族信仰作为思想工具，那么他们为什么不能从崇明县的试验中发展出一套具体的意识形态呢？为什么不能采纳顺治帝遗诏中的一些要点并创造出一套以满洲为主导的圣谕，以便对各地汉族精英及百姓进行宣讲呢？原因之一是，四辅臣主要作为军事家，他们缺乏将观念转化为连贯意识形态表述所需要的形

---

[75] 同乡约情况一样，《钦定大清会典事例》对鳌拜时期的乡贤也是只字未提。第一条规定是 1644 年的，第二条则是 1668 年的，而后者无疑是康熙帝的行为而不是四辅臣的。在第二条规定中，康熙帝注意到，乡贤制度腐化不堪，一个地区的乡贤多达 658 名，他随即要求地方官谨慎地授予这一身份。[《钦定大清会典事例》卷 402，第 1a～b 页（总第 10404 页）；萧公权：《中国乡村：论十九世纪的帝国控制》，第 227 页]

而上的才具。他们反而被一些看法引导，而这些看法主要源于对当时政治、军事的紧急情况所做的回应。但是这并非全部原因，至少四辅臣之一的索尼具有撰写此类表述所必需的语言专长，他对努尔哈赤和皇太极的思想言论十分了解。因此，原因之二是，四辅臣有意识地或下意识地认识到，期待汉族百姓接受满洲人的人生观是徒劳无用的。努尔哈赤和皇太极可以对长城以北乐于接受的臣民进行长篇训谕，而四辅臣不同于努尔哈赤和皇太极，他们的地位仅仅得到八旗中的少数臣民承认。对于四辅臣而言，地方上的汉族人口太过庞大，且汉族的文化传统太过牢固，以致无法将其转为崇信满洲
117 的意识形态。四辅臣因此在地方政策中陷入了僵局。他们对汉化的反感达到了鄙夷专制主义汉化形式的程度。但是四辅臣执着于满洲统治，除了使用武力控制汉族百姓外，实际上已别无他途。

第六章

鳌拜辅政时期的军事政策

到目前所见，很显然，四辅臣在制定政策时独出心裁、果断有力，有时又残忍无情，总是极力要保护满洲人的利益和满洲人的价值观念。可以说，这些特征概括了他们的京师、地方政策以及军事政策。他们结束了顺治时期业已开始的几场战争，最为显著者是平定朱由榔（明桂王）和郑成功的战争。特别是在平定郑成功的战争中，四辅臣是聪明的谋略家：先是将百姓撤离海岸线，防止郑成功的军队获取物资，然后联合荷兰商人建立舰队，克服了清朝海军力量的弱势。 118

然而，尽管在战术上有着这些突破，四辅臣在整体军事策略上却相对保守。在军队的规模和结构方面，他们甘愿延续前人的规划。他们也没有发动任何新的大规模战争。虽然认识到了 17 世纪 60 年代时，吴三桂等藩王日益对清朝的经济和军事造成威胁，但是四辅臣试图以非军事手段抑制他们。收服厄鲁特蒙古、抗击东北以北的沙俄、击败台湾郑成功的继任者、平定“三藩”这些重大的军事战役都留给了康熙帝。

起初，看似矛盾的是，四辅臣自身是坚毅的军事领袖和军事价值观念的强硬支持者，但他们却为继任者留下如此之多的军事重担。他们在军事上的克制表现其实自有原因。首先，四辅臣掌权之时，清朝在经济和军事方面消耗殆尽。入关战争开销极大，已经严重消耗了国库（参见附录 4）。八旗军队自 17 世纪初便几乎不间断地征战，征服之战已经极大地消耗了兵力。四辅臣顾及这些问题，或许认为开启新的扩张战役是鲁莽的。

其次，四辅臣将他们自己视作永久保留满洲传统之人，而不是新秩序的创立者。四辅臣集团当权之时，避免调整八旗制度的规模
119 或结构，因为他们认为这是入关之前的神圣遗产。同样地，四辅臣认为他们的任务是奉行早期满洲领袖创立的军事指导方针，继续此前的战争直到结束，而非开始新的战争。

造成四辅臣军事保守主义的最后一个原因，可以从他们出身于满洲行伍中找到。1661 年辅政之前，他们都曾担任过将领，但未做过统帅。他们的军事成就，表现为非凡的个人功绩和战场上的战略决策。然而，努尔哈赤、皇太极、多尔衮已经规划了入关战争的战略框架。没有鳌拜、遏必隆、苏克萨哈、索尼等这些满洲军事将领的功绩，入关战争可能不会成功；但是全部计划的行之有效必须归功于他们的长官。因此，成为辅臣后，这四位满洲人具有战场上的英勇与才能，但缺乏前人的军事眼光。

军队结构与武职官场

对于八旗制度，四辅臣兢兢业业地遵循着顺治时期的先例。他

们将清军兵力大致维持在与17世纪50年代同等的水平上。他们倚重相同类型的将领，以指挥重大军事征讨。他们在任命军事人员时遵循着一套建立已久的规程，任命那些忠于清廷，特别是忠于满洲皇帝的武官。

八旗制度是“淳朴旧制”的核心，这一点四辅臣在顺治帝遗诏中业已指明。① 一方面，四辅臣随心所欲地试验着汉人的京师与地方的种种制度；另一方面，他们避免干预八旗制度的规模和结构。对上述模式唯一一次重大改革发生在1666—1667年，当时鳌拜将自己所在的镶黄旗迁至直隶北部的最好的土地之上。但由于圈换旗地事件是鳌拜党争的衍生物，不是四辅臣集体决策的结果，因此最好还是在后面章节探讨鳌拜集团时再予以考虑。

八旗的结构和规模

八旗制度的基本结构，在1661年四辅臣掌权之前久已形成。皇太极统治时，在努尔哈赤时代的满洲八旗之外，又扩充了汉军八旗和蒙古八旗。这二十四旗的基本组织单位汉语称佐领（满语称 *120*
“牛录”）。清初，依据所在地域分布和职能不同，主要分为三类佐领。第一类是提供了绝大多数作战兵力的外佐领。外佐领驻扎在直隶京畿地区，领取常规的饷银和岁米，以供养自己及其家庭。战时，清廷动员一些外佐领，送往战场，由特别的将领指挥。第二类佐领是驻防佐领。驻防佐领处于内地的各驻防城市和

① 梅谷认为，努尔哈赤时期创立的满洲八旗制度，起源上或可最早追溯到明朝边疆地区的军事制度。（梅谷：《满洲统治的起源》，第64～67页）而大卫·法夸尔的研究表明，八旗制度产生于满洲人和蒙古人所共有的部族结构。（大卫·法夸尔：《满洲之蒙古政策的起源》，第204～205页）

东北地区，担负的职责是守卫各大城市、重要的边境地区以及具有战略意义的交通路线。此外，驻防佐领有时也参与重大的军事战役。第三类是附属于皇帝及皇族的包衣佐领。包衣佐领在京城履行行政职责，同时也充任皇帝及皇室的侍卫。此类佐领很少被委任为作战力量，大多数的军事作战都由外佐领和驻防佐领完成。②

在辅政初期，四辅臣不仅保留了这一基本结构，还保持着顺治末期所设定的外佐领的数目标准。佐领的总数在 17 世纪急剧增长，但大规模的增长只发生在某些时期：1601—1614、1634、1642、1667—1674、1683—1684 和 1695 年，这些时期均需为重大军事行动准备好八旗兵力。鳌拜时期的前几年是其中的过渡期，此时佐领的总数保持着相对稳定。1661 年时满蒙汉外佐领共有 617 个。1661—1666 年，只新增了 6 个，外佐领的数量达到了 623 个（八旗兵增长了 600～1 200 人）。然而，在辅政的最后两整年（1667—1668），产生了 26 个新佐领，总数增至 649 个。扩充八旗军队规模的趋势一直持续到 17 世纪 70 年代，到了 1675 年，约有 799 个外佐领（比 1666 年增加了 176 个）。③

我们如何解释作战部队的数量在经历了 1661—1666 年的微小增
121 长后，于 1667—1675 年骤然上升？可能的解释是，康熙帝在明珠、米思翰等部分谋臣的支持下，为了做好平定“三藩”之乱（爆发于

② 佐领的这些细致划分，参见房兆楹：《一种对早期满洲军事力量中兵力的估算方法》，第 203～204 页；布鲁纳特、哈盖尔斯特罗姆：《当代中国的政治组织》，第 323～326 页；史景迁：《曹寅与康熙：奴才与主子》，第 2～18 页。

③ 这些数字引自房兆楹：《一种对早期满洲军事力量中兵力的估算方法》，第 208～209 页表二。房兆楹的数据源于《八旗通志》（1739）卷 3～16。

1673年）的准备，做出了扩充八旗兵力的决定。首次显著增长发生在1667年，年轻的皇帝也于同一年开始亲政。虽然四辅臣可能已经做出了用满洲军队打击吴三桂及其他藩王的重大决定，但是如此大胆的举动与他们在通常情况下的保守军事政策相去甚远。因此，四辅臣很可能是打算将作战兵力大致维持在17世纪50年代的同等水平上，其想法是保持在统一战争中所取得的成果而不是开始新的军事行动。

17世纪60年代的军事指挥结构

顺治和鳌拜辅政时期，在中国沿海及南部地区的军事作战中，清军的将领一般有三类：（1）特派将领；（2）藩王；（3）地方的文武官员。

第一类将领是受命带领作战部队从北京赶赴战场的高级官员。此类将领通常是从最高级别的八旗将领（二十四旗的都统或副都统）、皇帝的军事助手（领侍卫内大臣、护军统领等），间或从高级京官（六部尚书或侍郎）中选出。他们只在特定的战争期间才获得任命，战争一结束就带兵返回。这些特派将领在实际作战时足以平衡藩王和地方官的地区利益，但不能长久地留在京外，避免成为清朝的地方威胁。

第二类为藩王，他们是由朝廷任命，在既定的战场中监管全部军事行动的汉军旗人。在顺治朝，此类将领如吴三桂、尚可喜、耿继茂等受封王爵，被派往中国南方的不同地区暂居，并指挥镇压明朝遗民及叛乱分子。17世纪50年代末期，这些藩王，特别是吴三桂，手下聚集了大量军队，并在所辖省份内取得了相当大的军政事务掌控权。

清初的第三类将领由地方各级文武官员组成。总督经常帮助做
122 出战略决策，提供补给，向北京传递战事消息。总督很少亲自指挥大军，但通常在决定战役进程方面有着极大的影响力。前文已经说过，八旗驻防军队由满洲将军和满洲都统统率，也提供兵力，这是在外佐领之外。绝大多数的重要军事行动由八旗军队完成，绿营的汉人军队有时提供增援。这些汉人军队由提督及总兵率领，后两者通常由汉人武官而非旗人担任。

可能令人好奇的是，在责任委派给数类将领和数个兵种之后，协作式的军事战争如何成为可能？事实上，在 17 世纪五六十年代，清廷很难对敌人发起统一的攻击。将领之间的恩怨、策略上的分歧以及沟通的缺乏，都束缚着满洲人的军事行动。此外，将领和士兵的人数众多，清廷开销甚巨。1660 年，户部官员抱怨道：

> 国赋不足，民生困苦，皆由兵马日增之故。江南省旧设有督、抚、提督、水陆总兵官及江宁驻防满兵。近又于京口设立都统及左右二路总兵官，共增兵一万六千名，又增凤抚标兵一千五百名。④

开支庞大且混乱不堪，但军事职权的多重任命却是有意为之的。四辅臣遵循着这一程序，以防止将领在某一既定区域全权掌控军队。虽然吴三桂等藩王是潜在地方主义的最明显案

---

④ 《大清世祖章皇帝实录》卷 136，第 21a 页。

例，但是任何拥有足够军事实力的满汉将领都有可能向满洲政权挑衅。结果，四辅臣为了削弱地方分裂的威胁而甘愿牺牲军事协作。

旗人的科举功名

考虑到四辅臣偏爱武职官员，人们会以为他们授予旗人进士功名的政策也是极慷慨的。在顺治朝，许多满洲、蒙古、汉军旗人通过参加常规的科举考试而获得进士功名。⑤ 此外，清廷在 1652 年和 1655 年还进行了专门的满洲进士考试，考满语且仅限于满洲人。17 世纪 50 年代，有 98 名满洲人和蒙古人以及 58 名汉军旗人获得了常规的进士功名——这比 1667 年考取进士功名之人的总数还要多一名。⑥ 123

但是，四辅臣的举动有些令人难以捉摸，他们完全废除了授予旗人常规进士功名的做法。纵观辅政时期的九年，没有一个旗人获得进士功名，也没有为旗人专设的进士考试。⑦ 对此有两种解释，似乎能说明四辅臣的异常态度。首先，在清初，满洲、蒙古和汉军旗人的任命，在很大程度上是基于他们的才能和忠诚，而不是拥有的科举功名。并无证据表明清初功名在身的旗人比那些没有

⑤ 还有专门的翻译考试，给予那些能够满蒙文互译或满汉文互译的人进士功名。17 世纪 60 年代初，清廷废止了这一考试。[《钦定大清会典事例》卷 363，第 2a 页（总第 9876 页）；徐劢：《中华文科试实则》，第 213 页]

⑥ 17 世纪 50 年代考取进士的旗人，参见史景迁：《曹寅与康熙：奴才与主子》，第 75～76 页；商衍鎏：《清代科举考试述录》，第 119～120 页；房兆楹、杜联喆：《增校清朝进士题名碑录》，第 10～21 页。

⑦ 房兆楹、杜联喆：《增校清朝进士题名碑录》，第 24～30 页。

功名的旗人会优先得到官职。⑧ 其次，谋求科举功名特别是进士功
124 名，就要求花费数年致力于记诵汉文经典并精通书法。科举考试是一种致力于才智却无益于身体的生活。显然，鳌拜等四辅臣拒绝让一些最好的武官去过汉人士大夫阶层的柔弱、精细的生活。

鳌拜辅政时期的军事任命

纵观17世纪及18世纪早期，包括鳌拜辅政的十年在内，满洲皇帝及辅臣们寻求既忠诚又能干的军事人才。康熙帝的四辅臣坚守着这些任职资格。在入关战争中，这四位满洲人因在战场上取得了非凡的个人功绩而得以扬名。这让人想到鳌拜在辽东湾的皮岛亲自率兵攻打明军，取得了以少胜多的辉煌胜利。在辅政时期，四辅臣期待高级武官能有同样的奉献精神和个人领导能力。在下发兵部的上谕中，四辅臣明确表明了他们的期望：

> 近见各省奏报，凡有贼寇，用兵扑剿，皆系千、把总等官领兵前往，提督、总兵、副将、参将、游击等官，率兵前

---

⑧ 从本书表A（附录3）所列信息，显然可以看出，只有极少数被选任总督或巡抚的汉军旗人拥有科举功名。在所研究的52名官员中，只有5人为进士，其中并无汉军旗人。52人中只有20人拥有功名。

17世纪60年代，清廷强调军事训练和武举考试。武举考试与常规的科举考试制度并行，考试时间与常规的科举考试相同。鳌拜辅政时期，文、武进士比例大体是三比二。（张仲礼：《中国绅士》，第124页；商衍鎏：《清代科举考试述录》，第189页）上一章提到，17世纪60年代，鳌拜帮助训练武进士考生的军事技能。（商衍鎏：《清代科举考试述录》，第201页；《大清世祖章皇帝实录》卷136，第1a页）

1661年，四辅臣还订立了八旗官学的新规，每名学生入学要征得佐领及以上官员以及所有将要毕业的学生的认可。获准入学者限于纯粹武官的子嗣，文官的子嗣不在其中。同一法令还规定，八旗官学的课程由满汉文学习和骑射训练组成。[《钦定大清会典事例》卷394，第2a～b页（总第10302页）]

> 往者甚少。我朝向来用兵，皆由主帅躬亲战阵指授，故能战胜攻取，所向无不克捷。今直隶各省提、镇等官，凡遇寇警，不亲身领兵前往，差委末弁，此系相沿故明陋习。⑨

为确保忠诚与才干，四辅臣采取了数种办法。首先，在八旗中，最高官职的任命要严格审查。鳌拜时期，任命为总兵、副将、满洲将军、满洲都统的官员经常处于丢官罢职的危险中。四辅臣掌权后的头几年，这些官员流动格外频繁。⑩ 在任命新的武职官员时，四辅臣坚持主张考虑数名候选人，而最终的选择是基于这些人的军事经验和军事成就做出的。⑪ 此外，四辅臣倚重满洲人充任八旗的高 125
级职位。尽管在地方官僚政治中，汉军旗人通常被用来消除满洲人和汉人之间的隔阂，但是四辅臣认为，八旗中的高级职位由满洲官员担任最为有效。大多数被任命为满蒙八旗都统及满洲驻防将军的官员都是满洲人。一些满洲人甚至被选任为汉军旗都统。⑫

---

⑨ 《大清圣祖仁皇帝实录》卷 17，第 15a～b 页。

⑩ 鳌拜时期这些官职的任命一览表，参见《八旗通志》（1795）卷 320、323、326、329。何炳棣注意到清初高级武职官员的流动，武官群体不同于文官群体，前者的社会流动性极高。17 世纪晚期，许多重要武官的出身并不显赫，太平天国运动期间也是如此。（何炳棣：《明清社会史论》，第 217～218 页）

⑪ 《大清圣祖仁皇帝实录》卷 11，第 9b～10a 页。1662 年，四辅臣批准了请求地方武官每两年考核一次的奏疏。（《大清圣祖仁皇帝实录》卷 6，第 31a 页）

⑫ 《八旗通志》（1795）卷 320、323、326、329。难以找到鳌拜时期高级武官的民族出身的准确数据。权威的传记资料并没有提供关于这一时期所有高级武职官员的信息。尽管所列的人名本身就表明了官员的出身（例如，图尔拜善明显是满洲人或蒙古人，而李显贵可能是汉军旗人），但是我们不能在此基础上贸然进行数量估算。

我们利用可用的传记资料，可以知道满洲八旗都统似乎都是满洲人（这些人中只有穆臣一人没有相关的传记信息）。相似地，在蒙古八旗的都统中，八人中有七人为满洲人，余下者郭尔秦或为满洲人或为蒙古人。在汉军八旗中，有四位都统为汉军旗人，一位为满洲人，其余三位为李显贵、柯永蓁、佟壮年，他们可能都是汉军旗人，但是笔者无法找到相关的传记信息。

保证八旗军队忠诚的最后一项努力是，鳌拜将数名追随他的官员委以重要武职。辅政初期，鳌拜正是在八旗统治集团的内部建立起其派系的核心的。1661—1666 年，在鳌拜将大部分追随者简放到京城及地方的关键官职上之前，鳌拜集团中至少有十名成员在八旗中担任高级官职，还有数人担任不止一个关键武职职位，担任都统者七人，副都统者四人，领侍卫内大臣者两人，还有四人担任满洲驻防将军。

鳌拜的兄弟穆里玛，被任命为镶黄旗满洲都统，1663 年时率满洲军队成功镇压李来亨叛乱。鳌拜的另一兄弟巴哈，被任命为领侍
126 卫内大臣。鳌拜之子纳穆福，从 1663 年开始担任领侍卫内大臣，直到 1669 年康熙帝下令罢免。辅政后期在六部中担任尚书的玛尔赛、噶褚哈、济世三人在 17 世纪 60 年代早期皆任都统。罗多、希福（与索尼之兄同名，不要彼此混淆）没有上面所提及的鳌拜的党羽那样显赫，但也分别担任都统和副都统。* 1661 年初，作为钦差的罗多被派往浙江，监督没收并焚毁颇有争议的《明史辑略》一书，这在上一章已有讨论。⑬ 鳌拜早期集团中的两名成员刘之源及其子刘光，在这位野心勃勃的辅臣的众多追随者中，是仅有的汉军旗人。刘之源担任镶黄旗汉军都统及统领镇江驻防军的大将军。刘之源于 1665 年致仕，刘光接任了其父的两个官职。⑭

---

* 罗多未曾担任都统或副都统，疑作者将之与宗室罗托混淆，参见第五章注㊽的译者注。——译者

⑬ 划定这些官员为鳌拜集团的成员，因为《大清圣祖仁皇帝实录》（卷 29，第 6b～18b 页）即如此记述。这些官员的传记信息，引自《八旗通志》（1739）和《清史》中的官员名单，以及《八旗通志》（1739）、《清史稿》、《清史列传》、《国朝耆献类征初编》中的传记部分。

⑭ 刘之源的翔实传记及其后所附简短的刘光传记，见《清史列传》卷 5，第 14a～16a 页。

由上面可知，1667 年之前，鳌拜集团中的主要成员包括八名满洲人和两名汉军旗人。尽管鳌拜集团在 1667、1668 年显著扩展，但是在辅政时期的前几年，鳌拜追求个人权力的基础建立在八旗统治集团之上。他所进行的官员任命，使他在满洲军事组织也就是八旗中有相当大的影响力。五位满洲都统当然都是议政大臣，很可能在议政王大臣会议上给予鳌拜一种虽非决定性但仍是强有力的支持。此外，鳌拜能够从这些高官显爵的追随者中选出一些人作为特派将领，指挥派往中国南方的八旗军队。简而言之，鳌拜委任派系成员担任关键武职，不仅增加了他的个人权力，还有助于消灭潜在的不忠和地方主义。

然而，鳌拜八旗小圈子的扩展在清初并非前所未有的现象。如前所述，皇太极、多尔衮、顺治帝都通过对忠诚下属委以关键武职的方式，来实现自我保护。⑮ 中国因地区利益、族群矛盾、遗民活动以及个人敌对而四分五裂，军事权力在上述环境中成为主导的凝聚力量，在这样的时代，掌控八旗对于清朝，对于任一特定政权的安全而言都是根本条件。

鳌拜辅政时期的统一战争

顺治朝结束之时，中国名义上已全部处于清廷的控制之下，但 127
是根除内部军事威胁的努力却一直延续到 17 世纪 60 年代。在入关后的这些统一战争中，主要战役包括：在东南沿海和台湾地区平定

---

⑮ 恒慕义主编：《清代名人传略》，第 1、216～217、256 页；科拉迪尼：《清初的民政》，第 135 页。

郑成功及其继任者，在中国西南地区及缅甸追剿朱由榔，以及在中国中部和南部镇压一些小规模叛乱。

在这些均始于顺治时期的军事行动中，四辅臣依靠的许多人员和基本的满洲战略都与 17 世纪四五十年代的无异。藩王连同八旗将领、地方官以及从北京特别派出的武将，一同在这些战役中充当指挥官。四辅臣还遵循着一套在多尔衮时期业已采用的策略：占领并巩固主要城市，控制关键的交通路线，控制基本的供给来源，以及缓慢且安全的大规模军队移动。在鳌拜辅政时期的军事策略中，仅有的显著创新，是迁海令及 1663 年与荷兰舰队的短暂结盟。因此，大体而言，鳌拜时期并没有采取一种新的、更具进取性的军事行动，而是沿着顺治朝设定的方针延续了此前的军事行动。

东南沿海的巩固：福建

努力将中国整个沿海地区置于清朝完全控制之下，是顺治末及康熙初最艰巨的军事行动。郑成功及其家族、部下都是聪明且执着的对手。与清朝的其他任何主要军事对手不同，郑氏集团拥有庞大的舰队，能迅疾地将军队在沿海基地间转移。对清朝而言，郑氏舰队的移动性，加之军队的英勇作战，使得广东至山东的整个沿海地区面临危险。无疑，满洲人对陆地作战十分熟悉，但对海上作战几无经验。四辅臣意识到满洲海军力量的不足，便努力将郑氏集团驱离中国沿海地区及沿海岛屿。四辅臣试图通过谈判诱使郑氏放弃据守台湾，除在 1664 年进行了一次流产的远征外，他们避免以军事行动收复台湾。

我们在探讨鳌拜时期清军与郑氏集团的战争之前，必须简要回顾郑氏家族在此前数年的命运。郑成功的势力在1654—1659年臻于鼎盛。这一时期，郑成功在中国大陆福建南部正对着的厦门岛建立起基地。郑成功招募了一支庞大的军队（或许远远超过10万人）， 128
在福建沿海地区建立起七十二镇，并仿照京师朝廷的模式设立了包括六部在内的行政管理机构。1658年，郑成功以另一名拥有兵力的遗民张煌言作为盟友兼主要将领，开始向清朝发动大规模攻击。郑、张二人的联合舰队沿海岸线快速北上，攻下福建、浙江及江南的数座城镇，到1659年夏末，他们溯江而上，进逼南京。人们应该记得，顺治帝对郑成功的推进十分恼怒，据说他用剑砍坏了宝座。然而，南京之役的结果是遗民军队惨败，郑成功被迫撤至厦门的军事基地。⑯

郑成功固守厦门，在舰队及成千上万士兵的保护下，继续对满洲人构成直接威胁。1660年6月，清军对郑成功在厦门的军队驻地发起进攻，但是这位遗民将领凭借训练有素的士兵及在厦门经营多年的防御，阻击了清军的行进。四辅臣于1661年2月掌权后，对顺治朝后期发生的战役记忆犹新，打败郑成功是最优先考虑之事。四辅臣决心将郑氏驱离中国沿海，为达此目的，他们似乎愿意尝试任何一种战略。

四辅臣首先采用且是最出名的一项措施，是颁行于辅政初年的

---

⑯ 郑成功的人生及军事成就，参见恒慕义主编：《清代名人传略》，第108～110页；江日昇：《台湾外记》卷11，第1a～24a页；卫思韩：《中荷贸易与外交编年史（1662—1690）》，第48～57页。郑成功与据守台湾的荷兰人的战争研究，参见博克舍：《郑成功的攻台之役及其取代荷兰占领台湾（1661—1662）》，第16～47页；甘为霖：《荷兰统治下的台湾》，第383～482页；唐纳德·金：《国姓爷合战》，第53～75页；卫思韩：《中荷贸易与外交编年史（1662—1690）》，第82～89页。

迁海令，旨在阻止沿海地区的汉人与郑氏控制之下的遗民及海盗进行贸易。在这一政策之下，在广东、福建、浙江诸省的沿海区域，某种程度上还有江南和山东，百姓被迫内迁，沿海地区的人员内撤数英里。同时，清廷颁布严厉法令，禁止与郑氏海盗进行任何贸易。百姓、商人、官员中有违反此项禁令者，即仍在沿海居住或从事贸易者，将以谋逆罪论处。[17]

迁海令的起源可追溯到 17 世纪 50 年代中期，当时郑成功对中国沿海地区的威胁日重。郑氏集团主要的经济供给来源是与汉族商
129 人及百姓的贸易。[18] 因此，1656 年 8 月，清廷禁止山东、江南、浙江、福建、广东诸省的一切沿海贸易。上谕称："有将一切粮食、货物等项与逆贼贸易者……不论官民，俱行奏闻正法。"[19] 然而，从海岸线撤离的计划是黄梧在几年后提出的，黄梧曾是郑成功麾下将领，1656 年败于满洲人，随后出仕清廷。[20] 到了顺治末，黄梧上疏称，如果将中国沿海地区的百姓迁入内地，消除所有可能的沿海贸易，那么郑成功的军事力量将被削弱。[21] 1660 年，由兵部尚书苏纳海带

---

⑰ 《明清史料》丁编第三本，第 257a 页。亦参见傅乐淑：《中西关系资料编年史（1644—1820）》，第 28～30 页。下令迁海的真正上谕并未被收录到任何一种权威的史料（《大清圣祖仁皇帝实录》《钦定大清会典事例》《明清史料》等）中。费恩在书中给出的时间是 1662 年（费恩：《明忠臣郑氏记》，第 121 页）。

⑱ 郑成功依靠沿海贸易以为补给一事，参见卫思韩：《中荷贸易与外交编年史（1662—1690）》，第 55～56 页。

⑲ 《明清史料》丁编第二本，第 155a～b 页；《大清世祖章皇帝实录》卷 102，第 10a～12a 页。14 世纪后期明廷已经颁布过沿海贸易的禁令，15 世纪中期为抵抗日本海盗的威胁，再颁禁令。[卫思韩：《中荷贸易与外交编年史（1662—1690）》，第 13～15 页]

⑳ 黄梧的传记，见谢国桢：《清初东南沿海迁界考》，第 584 页；恒慕义主编：《清代名人传略》，第 355 页。

㉑ 这份著名的奏疏，见《江南通志》卷 11，第 17b～18b 页。亦参见谢国桢：《清初东南沿海迁界考》，第 565～567 页。

领的满洲钦差一行，被派往东南沿海地区视察防御工事，回程后认为黄梧提出的迁离沿海人口的计划可以实施。[22]

四辅臣听从了钦差的建议，在 1661 年或是 1662 年初采用了这一政策。清廷派出满洲上层官员，与地方官一起撤离沿海百姓。[23]最大规模的撤离发生在福建，17 世纪 50 年代郑成功曾以此地作为政权的基地。广东和浙江沿海地区的大量百姓也被撤离。在山东和 *130* 江南，只有一些地区彻底地实施了迁海令。然而，似乎是为显示颁行该政策的公正性，四辅臣将崇明岛上的许多百姓内迁江南。[24] 背井离乡的百姓遭受数不尽的苦痛，福建尤为突出。1663 年，这一政

㉒ 满洲钦差，参见谢国桢：《清初东南沿海迁界考》，第 567～568 页。苏纳海的传记，见《清史列传》卷 6，第 6b 页。伊里布的传记，见《清史稿》卷 265，第 1a 页；江日昇：《台湾外记》卷 11，第 18b 页。谢国桢认为，17 世纪 40 年代，鳌拜本人也被派去查核防御工事并执行迁海事宜："我朝定鼎，差内阁满洲大臣苏纳海、鳌拜议沿海建墩台，贼至烽火为应，以便守御，徙民内地，以杜奸宄接济台湾之患。"（谢国桢：《清初东南沿海迁界考》，第 591～592 页）笔者未能证实这一点。如果此事为真，那么迁海令必定可以追溯更早，鳌拜本人可以被视作该政策的开创者之一。

㉓ 1662—1663 年，派往中国沿海地区的钦差包括苏纳海、伊里布、席图（兵部侍郎）、科尔坤（吏部侍郎）等人。（谢国桢：《清初东南沿海迁界考》，第 591～592 页）参与执行此令的关键汉军旗人有福建总督李率泰、广东藩王尚可喜。在中国沿海地区，几乎每个地方大员都以某种方式参与此项命令的执行。例如，参见周有德（1664—1668 年任山东巡抚，1668—1670 年任两广总督）的传记，见《清史列传》卷 7，第 9a～10b 页；许世昌（1661—1666 年任福建巡抚）的传记，见《福建通志》卷 140，第 15b 页；卢崇峻（1661—1665 年任广东总督）的传记，见《国朝耆献类征初编》卷 190，第 42b 页；刘秉权（1667—1675 年任广东巡抚）的传记，见《国朝耆献类征初编》卷 151，第 1a～4b 页。

㉔ 实行迁海令的地域差异，参见谢国桢：《清初东南沿海迁界考》，第 582～593 页；《大清圣祖仁皇帝实录》卷 9，第 8a～b 页；《福建通志》卷 86，第 10b～20a、38a～b 页；《浙江通志》卷 96，第 1723 页。这一政策在崇明县的实施，参见《崇明县志》卷 14，第 4b～5a 页。巡抚许世昌尽力照料从崇明县迁此的百姓一事，参见《苏州府志》卷 68，第 35a 页。

策刚生效不久，福建已有超过 8 500 名撤离者死亡。[25] 有福建百姓在叙述被迁离人群所承受的磨难之后大声疾呼："民何以存活乎？"[26]

尽管百姓遭受痛苦，但在辅政期的大多数时间里，迁海令仍然实行着。直到 1668 年末，两广总督周有德上疏说，已经建立了足够的军事驻防，无家可归的百姓应该重新安置，回归故园。[27] 康熙帝的答复，既关切百姓福祉又关心兵力的维持：

131 著都统特晋等与该藩、总督、巡抚、提督会同，一面设兵防守，一面安插迁民，毋误农时，致民生失所。[28]

然而，与委派满洲人出任高级地方官的情况一样，康熙帝又一次没有完全拒绝辅臣的政策。1678 年，郑经（郑成功之子）麾下的海盗威胁着中国沿海地区，福建沿海的居民被再次迁离，禁止贸易的法令也得以强化。[29]

迁海令实际上是否有效抗击了郑氏家族仍是一个问题。历史学

---

[25] 《大清圣祖仁皇帝实录》卷 7，第 19b 页。

[26] 《福建通志》卷 87，第 15b 页。在此期间，身在福建的荷兰使臣诺贝尔(Constantine Nobel，中国史籍记载为"老磨军士丹镇"。——译者）观察到，那些重返家乡而被抓的人又都转至福州。在这里，男丁被处决，妇女、儿童为奴。［卫思韩：《中荷贸易与外交编年史（1662—1690）》，第 154 页］对于因迁海令而导致的苦难，清廷的确予以一定的弥补。1661 年，受影响省份的总督和巡抚奉命亲自考察，为无家可归之人寻找土地和屋舍。（《大清圣祖仁皇帝实录》卷 4，第 10b 页）被迁离的百姓可免于交纳田赋和丁银。［《大清圣祖仁皇帝实录》卷 6，第 17a～b 页；卷 12，第 10b 页；卷 14，第 23b～24a 页。《钦定大清会典事例》卷 268，第 1b～2a 页，（总第 8631～8632 页）］然而，江日昇认为，尽管有朝廷法令，但是大多数被迫背井离乡的百姓既无田地又无屋舍，遂成为流民。（江日昇：《台湾外记》卷 11，第 19b 页）

[27] 迁海令和贸易禁令的弛禁，参见卫思韩：《中荷贸易与外交编年史（1662—1690）》，第 351 页；江日昇：《台湾外记》卷 13，第 4b～6b 页。

[28] 《大清圣祖仁皇帝实录》卷 27，第 16a 页。

[29] 《大清圣祖仁皇帝实录》卷 72，第 19b～20a 页；卷 77，第 12b～13a 页。

家谢国桢评论道，由于郑氏仰给于台湾的经济资源，并且其势力在首次迁海后又持续了二十年，因此该政策“累吾国东南沿海一带之民实深，而无甚大害于郑氏亦明矣”㉚。尽管郑氏持久据守台湾是既成事实，但谢国桢没有考虑到的是，四辅臣也许并非想通过迁海令使郑氏陷入饥馑或是归降。该政策很可能旨在对沿海贸易禁令提供保障，并阻止郑氏在中国大陆建立起永久基地。从这一角度考虑，迁海令还是有效的。1661 年，由于百姓从海岸线撤离的举动使此前通过沿海贸易获得的供给大大削减，郑成功遂决定带领其舰队中的一大部分撤到台湾。郑成功在做出这个决定时，询问了忠实盟友张煌言的意见，张氏推断“将来金、厦两门亦不可守”㉛。从 1661 年 4 月到 1662 年 2 月这九个月* 的时间里，郑氏军队包围了荷兰在台湾热兰遮城的驻军。在围困荷兰人期间，郑成功的军队因缺乏大陆的供给而几近饿死。㉜ 但是最后，荷兰人投降并撤回到巴达维亚，郑氏在其后二十年间成为台湾之主。

1662 年中郑成功去世，这严重削弱了郑氏家族的军事统一。自相残杀接踵发生，长子郑经获胜；郑成功的另一子及其两位兄弟归降满洲人，带走了许多士兵。㉝ 然而，这些背叛行为并没有完全消

㉚　谢国桢：《清初东南沿海迁界考》，第 596 页。

㉛　魏源：《大清圣武记》卷 8，第 6a～b 页。亦参见卫思韩：《中荷贸易与外交编年史（1662—1690）》，第 96～97 页。

*　原书如此。1661 年 4 月到 1662 年 2 月共十一个月。——译者

㉜　唐纳德·金：《国姓爷合战》，第 59、172 页；杨英：《从征实录》，第 185～187 页；沈云：《台湾郑氏始末》，第 52 页。

㉝　郑成功死后的嗣立危机，参见恒慕义主编：《清代名人传略》，第 111 页；卫思韩：《中荷贸易与外交编年史（1662—1690）》，第 99～101、128～129 页。郑成功的撤退也导致了另一个不幸的后果：其父郑芝龙及家族中在 17 世纪 50 年代被囚于北京的其他成员皆遭处决。（恒慕义主编：《清代名人传略》，第 110～111 页；唐纳德·金：《国姓爷合战》，第 63～66 页）郑芝龙的生平，参见博克舍：《郑芝龙的兴衰》，第 401～439 页。

132 除郑氏对沿海地区的威胁。郑经经营着金门、厦门两岛的原有根据地，郑氏军队偶尔还占领福建沿海一带的村镇，如定海和萧城。[34]

郑氏集团甚至在1662—1663年倒戈事件发生及迁海令实行后继续危及福建，这一事实或许可归为三个原因。第一，满洲人没有足够的兵力占领福建的所有村镇，更不用说中国整个沿海地区。因此，郑氏军队能在清军撤离后返回沿海村镇。第二，清军缺乏一支强大的舰队，因此很难破坏郑氏在沿海岛屿上的基地。第三，迁海令和沿海贸易禁令从未彻底执行过。荷兰商人称，在地方官如福建巡抚许世昌的支持下，福建的一些沿海地区有百姓重新居住。这些官员不仅从售卖渔业、贸易执照中获利，甚至自己也在私下里参与沿海贸易。[35] 在鳌拜时期，在京满洲人的利益与地方官的自身利益之间的冲突阻碍了这一政策的实行。

尽管清廷或许忽视了这些违反迁海令和沿海贸易条例的行为，但是意识到了增加福建地区的兵力、确保海军力量以应对郑氏持续威胁的必要性。因此在顺治朝的最后几年，清廷在中国沿海地区的军事压力集中在福建一省。军事指挥权分授给不同的将领。几乎每一次，四辅臣都是继续依靠那些在1655—1660年被指派到福建作战的将领。参与此役的最重要的地方官是福建总督李率泰。李率泰是

---

[34] 1662年末至1663年初，厦门和金门的主要将领是郑经的叔叔郑泰、郑鸣骏。然而，两人于1663年初倒戈，之后郑经亲自接管这些部队。［恒慕义主编：《清代名人传略》，第111页；卫思韩：《中荷贸易与外交编年史（1662—1690）》，第154～158页］

[35] 清廷无力在福建沿海巡查以及百姓重回沿海地区，参见卫思韩：《中荷贸易与外交编年史（1662—1690）》，第121～123页。耿继茂、李率泰、许世昌、黄梧、尚可喜秘密从事沿海贸易，并通过专门的商人进行运作。［卫思韩：《中荷贸易与外交编年史（1662—1690）》，第201～202、228～229、277～282、295～298、307～310、328、398～399页］

非同寻常的汉军旗人，担任清廷将领及地方官长达三十年之久，17 世纪 50 年代他在针对郑成功之役中表现突出。虽然李率泰没有被明 133
确委派统率清军，但是在 17 世纪 60 年代早期的沿海行动中，许多计划都是由他负责的。㊱

除李率泰外，还有两人在福建省级层面上起着重要作用。这两人是耿继茂和黄梧，他们得到了特殊爵秩，在中国东南地区行使着相当大的独立权力。在 17 世纪 50 年代，耿继茂与尚可喜一起指挥了追剿朱由榔的残酷一役。1660 年，被封为平南王的耿继茂调至福建，将精力投入到抗击郑氏家族的战争中。耿继茂麾下约有 10 000 名士兵，其中 3 000 名是他自将的士兵，另外 7 000 名则是绿营兵。㊲而黄梧曾是郑成功部下，1656 年归降满洲人后，封为海澄公。前面已经说过，黄梧提出将迁海令作为抵御郑成功的战略武器这一想法。鳌拜时期，黄梧驻守福建，为战争出谋划策并指挥战役，以确保沿海地区及近海岛屿的安全。㊳

清廷不希望对郑氏作战的指挥权完全由地方官员掌控，遂派遣数位高级武官统率从京城派往福建的八旗军队。宗室身份的都统罗托担任这支外佐领作战部队的将领，由户部尚书车克、领侍卫内大臣达素、镶白旗满洲都统索浑协助。派出这支由京城文武官员统率的专门军队，是四辅臣努力征服地方主义威胁的绝好例证。他们命

㊱　李率泰的传记，见恒慕义主编：《清代名人传略》，第 484～485 页。17 世纪 50 年代末李率泰在福建的活动，参见《清史列传》卷 5，第 27b～28b 页。

㊲　耿继茂的传记，见恒慕义主编：《清代名人传略》，第 415 页；《清史稿》卷 240，第 7a～b 页。亦参见曹凯夫：《“三藩”反对满族统治的叛乱（1673—1681）：背景及其意义》，第 66～67 页。

㊳　黄梧的传记，见恒慕义主编：《清代名人传略》，第 355 页；谢国桢：《清初东南沿海迁界考》，第 584 页。

令这支远征军的指挥官们与地方官协同作战，仔细巡查沿海地区的驻防兵丁和防御工事。[39] 将领们或许已在私下里接到指令，密切监视地方官员以及耿继茂、黄梧等人的活动。

除增兵福建及选择合适将领外，清廷还要确保一支舰队以对抗
134 郑氏在金门和厦门的岛屿基地。满洲人用两种方式克服其海军兵力的缺陷：编组小规模的舰队，与荷兰舰队暂时结盟。清军舰队创建于 17 世纪 60 年代早期，主要由郑氏将领归降时清廷所缴获的船只构成。虽然没有找到这支舰队总体规模的准确数字，但据说，郑经的叔父在 1663 年初归降时将 180 艘船只移交给清朝。[40] 四辅臣选择以施琅指挥舰队，施琅此前曾是郑氏麾下的海军将领，在 1646 年时叛降满洲人。施琅通过在郑氏政权中效力并自学海军战略，获得了关于海战的大量知识。施琅在 17 世纪 60 年代的战役中担任主要海军将领，并在 17 世纪 80 年代初平定台湾的战役中扮演着重要角色。[41]

一支装备有武器的荷兰商人船队的援助也促使满洲人在 1663 年末进行远征，以夺回金门和厦门。1662 年初，荷兰商人被郑成功驱除出台湾，他们失去了中国附近的贸易基地，因此强烈渴望报复郑氏家族。通过与清廷结盟，荷兰人得以复仇，还期望满洲人能允许他们在中国沿海地区进行自由贸易。此外，荷兰人希望，与清朝结盟后最终能将台湾收回，使其成为荷兰人的商业中心。[42]

㊴ 委任这支征讨军队的诏令，见《大清世祖章皇帝实录》卷 138，第 22a～23a 页。

㊵ 《大清圣祖仁皇帝实录》卷 9，第 25b 页。

㊶ 施琅的传记，见恒慕义主编：《清代名人传略》，第 653 页。卫思韩指出，施琅曾受到黄梧的提携。[卫思韩：《中荷贸易与外交编年史（1662—1690）》，第 245～246 页]

㊷ 17 世纪的中荷关系及 1663 年缔结联盟的背景，参见卫思韩：《中荷贸易与外交编年史（1662—1690）》，第 58～187 页。

四辅臣掌控下的清廷，纯粹是出于战略考虑而与荷兰结盟，他们打算仅做有限的让步以满足荷兰人对贸易的渴求。1663 年初，荷兰从巴达维亚派出一支由博特（Balthasar Bort）率领的十七艘船只组成的舰队（440 支枪及 2 500 多名水手和士兵）。博特在巴达维亚时奉命，确保能与中国进行自由贸易并夺回台湾。舰队于 1663 年 9 月抵达福州，博特与耿继茂、李率泰之间长达两个月的谈判随即开始。耿继茂、李率泰含糊其词地对荷兰的贸易权利做出让步，以作为清廷与荷兰舰队结盟的回报，但是他们不愿帮助荷兰夺回台湾。耿、李二人知道，贸易特权是四辅臣和朝廷的专属权力，因此他们不能在此事上做出正式的让步，这使情势进一步混乱。荷兰人没有意识到福建官员的行为并无朝廷的认可，便于 1663 年 10 月同意结盟。㊸

增派兵力，挑选合适将领，组织清朝海军，与荷兰结成联盟， 135
等等，一切准备妥当，1663 年 11 月，清廷与郑氏军队的实际交战可以说平淡无奇。耿继茂、黄梧和帝国将领统率之下的八旗军队由施琅舰队运送至厦门、金门沿岸。荷兰船舰以炮火轰击岛上堡垒，清军登岸并屠杀郑氏士兵及岛上居民。据称，约有 18 000 名郑氏士兵投降。月底，郑氏溃败，余部撤离，并驶向台湾。㊹

㊸ 1663 年的荷兰使团及促成联盟的谈判，参见卫思韩：《中荷贸易与外交编年史（1662—1690）》，第 163～168、181～187 页。1662 年及 1663 年初，荷兰要缔结一个相似的联盟。四辅臣允准此联盟，给予荷兰每年或每两年来华贸易的权利以及在福州建立贸易港的权利。但是此诏令到达时，荷兰舰队已开往了巴达维亚，很明显，依规定，需要新的诏令，以允准此类让步条件。[卫思韩：《中荷贸易与外交编年史（1662—1690）》，第 161～162 页；《大清圣祖仁皇帝实录》卷 8，第 21a 页]

㊹ 魏源：《大清圣武记》卷 8，第 9a～b 页。1663 年 11 月发生的攻占金门、厦门之役，参见卫思韩：《中荷贸易与外交编年史（1662—1690）》，第 188～202 页；江日昇：《台湾外记》卷 13，第 13b 页；《福建通志》卷 119，第 1a～b 页。

在 17 世纪 60 年代的余下几年及 70 年代早期，郑经及其军队驻守台湾，没有冒险侵袭中国沿海地区。1664 年中，施琅率领中荷联合军征讨台湾。施琅被特授为“靖海将军”，起航前往台湾。但是舰队因天气恶劣而被迫返航。[45] 在此次无果的远征之后，四辅臣满足于保持已取得的战果，并试图通过谈判渠道促使郑经投降。辅政后期，清朝使者三次前往台湾同郑经谈判。但是郑经坚持只有满足三个条件才能向满洲人投降：（1）允许他仍留驻台湾；（2）清朝承认台湾为朝贡国；（3）不强迫其臣民剃发留辫。由于这些条件等同于承认郑经的台湾是与朝鲜或安南一样的王国，因此四辅臣和清廷拒绝了他的提议。[46]

因此，作为遗产的一部分，四辅臣给康熙帝留下了相对安全的东
136 南沿海。但是四辅臣未能将战争进行到底：征服台湾，消灭郑氏家族。郑氏因内部仇杀和逃亡而遭严重削弱，鳌拜时期有着摧毁郑经军队的极好时机。17 世纪 60 年代中期，中国其他地方的所有主要战争都业已取得完全胜利，四辅臣本可以指挥着无比强大的兵力远征台湾。

东南沿海地区的底定：广东

17 世纪 60 年代，福建沿海的军事行动，使得中国东南地区的

---

[45] 恒慕义主编：《清代名人传略》，第 653 页；卫思韩：《中荷贸易与外交编年史（1662—1690）》，第 188～202 页；《大清圣祖仁皇帝实录》卷 12，第 26b～27a 页；罗约翰：《满洲人：清朝的兴起和发达》，第 406～407 页。清廷在 1666—1668 年再次考虑了征讨台湾的问题，但是四辅臣不再令舰队驶向台湾。施琅于 1668 年亲自上疏，请求清廷派出一支征讨军队，但是四辅臣对此事没有采取任何行动。[恒慕义主编：《清代名人传略》，第 653 页；卫思韩：《中荷贸易与外交编年史（1662—1690）》，第 301 页]

[46] 卫思韩：《中荷贸易与外交编年史（1662—1690）》，第 350～351 页。1662 年为促使郑经归降而做的交涉努力，参见卫思韩：《中荷贸易与外交编年史（1662—1690）》，第 129～130 页。

其他军事事件黯然失色，但是将广东完全置于清廷控制之下的努力仍一直延续到鳌拜时期。明桂王朱由榔于 17 世纪 50 年代初从广东撤离后，该省的主要威胁来自一群被称为“蜑寇”的土著居民。蜑寇生活在往来于珠江三角洲河流汊港的船只上。17 世纪 60 年代，蜑寇数次聚结，在头人的带领下劫掠珠江三角洲的乡镇。㊼ 尽管广东当局强制推行贸易和航行禁令以镇压蜑寇，但通常以失败告终，因为缺乏足够的兵力巡查广东各条水道。㊽

虽然蜑寇对朝廷本身并没有构成威胁，但是他们的持续暴动危害到清廷在广东的权威。根除蜑寇威胁的主要人物是广东藩王尚可喜。在鳌拜辅政之前，尚可喜已经牢牢控制了广东的行政事务和军政事务，以“平南王”为名发号施令。1663—1669 年，尚可喜带领数支军队镇压蜑寇叛乱。在随后的一些战役中，成千上万的当地居民遭屠杀，更多人投降。到鳌拜十年辅政期的末期，蜑寇终被平定。㊾ 同北部的耿继茂和西部的吴三桂一样，尚可喜也证明了他对清朝军事很有价值。

镇压朱由榔（明桂王）

清廷与郑氏家族、蜑寇在东部地区大战之时，朱由榔及其支持者在西南地区坚持不懈地对抗着清军的无情攻伐。与针对郑氏的不 137
寻常的军事行动相比，平定朱由榔之役遵循着满洲传统的陆战模式。

㊼ 一些记载说，蜑寇与郑成功结为同盟，并声称支持复明。此事及蜑寇的总体情况，参见萧一山：《清代通史》第 1 册，第 406～407 页；恒慕义主编：《清代名人传略》，第 635 页；傅乐淑：《康熙年间葡萄牙的两个来华使团》，第 78 页注释。

㊽ 傅乐淑：《康熙年间葡萄牙的两个来华使团》，第 78 页注释。

㊾ 萧一山：《清代通史》第 1 册，第 406～407 页。《大清圣祖仁皇帝实录》卷 15，第 6b 页；卷 16，第 11a～b 页。

清军在十六年间（1646—1661）穿越中国南方的山地与峡谷追击朱由榔。在战争的每个阶段，清军将领将城市、交通运输路线和供给来源置于自己的统治之下，凭此巩固新占领的地域。清军通过这种方式缓慢地向西推进，跨越广东、广西、湖广、贵州和云南诸省，防止朱由榔向东或向北逃逸。到 1659 年，朱由榔无法在中国境内立足，遂向南撤至缅甸。

朱由榔是明万历帝（1573—1620 年在位）之孙，对清朝而言则是最后一个来自明朝的主要挑战。1646 年，他接受桂王的封号，在广东建立明廷，自立为帝（年号永历）。在随后几年与清朝的交战中，朱由榔因连连战败而数度迁都。然而，朱由榔却拥有可以使他幸存并公开反抗满洲人多年的优势：他是明朝帝位的最后一位重要承继者，可以吸引许多忠于明朝的军事将领的支持。中国沿海地区的遗民领袖，包括郑成功和张煌言在内，都与朱由榔的活动关系密切，与他本人保持着定期联系，并接受了明朝桂王赐予的头衔和爵位。[50] 其他一些独立的军事领袖，特别是从前支持张献忠农民军的李定国，在顺治时期也投入到明桂王的事业中。然而，到 17 世纪 50 年代末期，由于朱由榔被迫与东部的遗民军事领袖分离，其军队联盟在清廷的压力下开始崩溃，兵力大为折损。朱由榔于 1659 年撤退到缅甸时，身边仅剩下约 1 500 名亲随及李定国军队的军事支持。[51]

---

[50] 恒慕义主编：《清代名人传略》，第 41、108～109 页。

[51] 朱由榔的生平及他参与的战事，参见恒慕义主编：《清代名人传略》，第 193～195 页；罗约翰：《满洲人：清朝的兴起和发达》，第 306～379 页；哈威：《缅甸史》，第 196～201 页；吴伟业：《鹿樵纪闻》卷甲，第 93～103 页。李定国，参见帕森斯：《明末农民战争》，第 168～207 页；恒慕义主编：《清代名人传略》，第 489～490 页。

虽然平定朱由榔的最后一战发生在鳌拜辅政的第一年，但是最终的胜利则要归功于顺治时期任命的官员及采用的策略。1657—1662 年，受封为平西王的吴三桂在平定朱由榔的战役中是清军的首要将领。1657—1659 年，吴三桂在各级地方官的支持下，率兵从四川南下经由贵州，在云南府占领了明朝在中国的最后一个大本营之 138 后，最终迫使朱由榔向南逃往缅甸。向明桂王发动的最后进攻始于 1661 年初，此时吴三桂挥师缅甸西北部，在此处遭遇到了李定国的军队。清军在昔卜城击败李定国后向阿瓦（曼德勒附近）进军，朱由榔及其追随者自 1659 年 5 月到达便被缅甸人软禁于此。1662 年初，吴三桂最终在阿瓦附近驻扎，缅甸人于 1662 年 1 月 22 日将朱由榔及家眷、追随者交给吴三桂。朱由榔和他 14 岁的儿子被送回云南府后，吴三桂以弓弦绞杀之。[52] 纵观这场追剿明桂王的战役，吴三桂不仅指挥若定，为军队的行动制定了基本策略，还通过频繁，通常是机密性的奏疏使清廷知晓他的行动。[53]

在追剿朱由榔的最后战役中，吴三桂得到了一支于 1660 年从北京派出、由爱星阿率领的特别军队的援助。爱星阿承袭公爵，任领侍卫内大臣，他奉命前往西南地区配合吴三桂的行动，并帮助监管追剿朱由榔的整场战役。爱星阿代表着另外一类特殊将领，他们在某场特定的战役期间被委派领兵，并对藩王的地方主义野心予以一

---

[52] 1659—1662 年追剿朱由榔的最后一役，参见恒慕义主编：《清代名人传略》，第 194～195、878～879、490 页；江日昇：《台湾外记》卷 12，第 2b～3b 页；沈云：《台湾郑氏始末》，第 53 页；《明清史料》丙编第十本，第 994a 页。

[53] 《大清世祖章皇帝实录》卷 134，第 18b～20a 页；《大清圣祖仁皇帝实录》卷 3，第 7b～8a 页。吴三桂向北京进呈的关于镇压李定国之役的密本，其中一例可见《明清史料》丙编第十本，第 997a 页。

定抑制。[54]

1662年春，俘获并处死朱由榔的消息传到北京，四辅臣欣喜地颁布上谕，并下令告祭努尔哈赤和皇太极以庆祝此事。朝廷表彰吴三桂和爱星阿的功绩，二人均加官晋爵。对于四辅臣而言，战胜明桂王标志着伟大的满洲入关战争的最后一役，他们的宣告预示着一种圆满感：

> 139 此诚天地祖宗之鸿庥，薄海内外之大庆也……疆圉从此奠安，闾阎获宁干止，是用诏告天下，以慰群情。於戏！武烈维扬，式惬观成之意。[55]

与追剿朱由榔和抗击郑成功这两场重要战役相比，鳌拜时期的其他战役要逊色得多。甚至是下文将要探讨的1663年镇压李来亨之役，也是一场相对短暂、打击分散叛乱者的行动，而这些叛乱者对清朝的安全几乎不构成威胁。因此在四辅臣的眼中，明桂王之死标志着清朝从征服时期到和平统治时期的重要转折点。四辅臣与康熙帝的信念显然不同，后者认为只有清廷取得对“三藩”、漠西蒙古、俄国哥萨克骑兵以及台湾郑氏遗民的胜利，满洲征服才是圆满的。

---

[54] 爱星阿的传记，见《清史列传》第4册，第48b～49b页；恒慕义主编：《清代名人传略》，第898页。任命爱星阿率军前往西南地区的上谕，见《大清世祖章皇帝实录》卷139，第16a～17a页。其他几位下属将领及地方官也为此役做出了重大贡献。例如，四川总督李国英在出谋献策、率军领兵以及向北京朝廷和战场将领传递军事信息等方面极有影响力。（《清史列传》卷78，第30a页）

[55] 《大清圣祖仁皇帝实录》卷6，第14b～15a页。

镇压李来亨叛乱

李来亨在几名叛乱领袖中最为出名，这场叛乱遂以其名命名。叛乱发生于 17 世纪 50 年代初，蔓延到中国中部和西南部地区。因此次大规模叛乱的地理位置之故，它也被称为西山寇叛乱。

此次活动可以追溯到两个极为不同的源头：李自成起义以及朱由榔的遗民抵抗。李来亨叛乱是这些早期暴乱的不寻常的延伸。据说李来亨本人是李自成的后代，其追随者中的其他人如郝摇旗，从前是李自成的下属。李自成失败后，李来亨召集了一支庞大的队伍（据估计有上万人）并与明桂王结盟。李来亨在为桂王奋战之时，还在遗民将领孙可望的麾下担任主将。当孙可望从明桂王处分裂出去并于 1657 年投靠满洲人时，李来亨也断绝了其与遗民活动的往来，独立进袭四川。17 世纪 50 年代晚期及 60 年代初期，随着叛乱蔓延到湖广和四川且最北至陕西，几个独立的军事将领与李来亨结成同盟。反叛者组成了松散的联盟，在这些省份中突袭一个个城镇，随 *140*
后退至山中的大本营。[56]

1663 年之前，清廷方面由地方大员率领小股驻防军队，零星地抗击西山寇。四川总督李国英勇于设法扑灭叛乱，其事例也为湖广和陕西的其他官员所效仿。[57] 但是李国英认识到他的努力是

---

[56] 李来亨的传记，见王夫之：《永历实录》卷 15，第 1a～2b 页。郝摇旗的传记，见王夫之：《永历实录》卷 15，第 2b～3a 页。

[57] 《清史列传》卷 78，第 30a～b 页；《湖北通志》卷 69，第 1788～1789 页；萧一山：《清代通史》第 1 册，第 403～404 页。17 世纪 60 年代初，其他地方官为应对李来亨叛乱所做的努力，参见《湖北通志》卷 121，第 2917～2918 页。《大清圣祖仁皇帝实录》卷 8，第 7b～8a、9a 页；卷 9，第 1b、22a、25a 页。

不够的，随于1662年向北京上疏，提议向叛军发起全面进攻。[58]四辅臣于1663年9月20日批准李国英的请求，派出一支庞大的八旗军队“前往征剿”。四辅臣挑选鳌拜之弟、都统穆里玛统率大军。[59]

进攻李来亨叛军始于1663年末，第二年几乎都在打仗。穆里玛的远征军与所涉四省中文武官员掌控下的地方军队合作。与二十年前对抗李自成和张献忠一样，清军逐步将叛军击退回后者在山中的避难之地。到1664年夏，西山寇已经遭受了一系列失败，数千人被杀或被迫投降。满洲士兵残酷地屠杀了许多被俘虏的叛军。李来亨的主要部下郝摇旗在战乱中被杀死，而李来亨自己被迫撤回到湖广西部的山中。1664年夏末，穆里玛军队将李来亨及其余部困于山中。李来亨无法逃脱，下令点火，随后投身火中。据一份夸张的报告，李来亨的家人及部下三万士兵都效仿李来亨，跳入火中。[60]清军最后抵达叛军的营帐之时，差不多只余灰烬，这场叛乱遂被扑灭。[61]

西南地区的部族叛乱

从某方面来看，平定西山寇之乱是非同寻常的军事行动，因为
141 藩王中无一人直接参与。而在云南和贵州这些南方省份，吴三桂发

---

[58] 《清史列传》卷78，第30a页。

[59] 《大清圣祖仁皇帝实录》卷9，第26a页。

[60] 王夫之：《永历实录》卷15，第1a～2b页。

[61] 镇压李来亨叛乱的最后一役，参见王夫之：《永历实录》卷15，第1a～2b、2b～3a页。萧一山：《清代通史》第1册，第403～404页。《四川通志》卷82，第7a～8a页。《大清圣祖仁皇帝实录》卷11，第4b～5a页；卷13，第4a～b页。

现自己正忙于大举镇压苗民及其他非汉少数民族的部族叛乱。这些地方叛乱有许多是由部族首领领导的，他们接受清廷授予的土司之衔，统治着一片特定的地理区域，与清朝保持着半封建的关系。1664 年，土司安坤奋起反抗云南的地方政府，叛乱蔓延到云南、贵州的其他土著部落。在叛乱被镇压前，吴三桂的部下及两省地方政府所辖之兵与安坤及其追随者之间的交战持续了近一年。安坤叛乱是最为棘手的一个，在整个 17 世纪 60 年代，吴三桂一直受到类似叛乱的困扰。然而，到鳌拜辅政时期结束之时，吴三桂坚持不懈的努力及地方官的援助，促使中国南部和西南部的大部分地区的部族首领归降。[62]

吴三桂在军事上的成功逐渐促使他将四川、云南、贵州的一些分立地区纳入其个人控制范围。然而，吴三桂在这些被征服地区采用的是汉人管理地方的常规制度。通过改土归流，清廷将此前依靠土司制度进行统治的地域划分成府、州、县，并任命汉官为知府和州县官。[63] 尽管土司在数个地区得以继续保留，但是吴三桂实施的改土归流进程为清朝在西南地区的扩展铺平了道路。事实上，到鳌拜辅政十年的末期，清朝控制中国西南地区的唯一的主要

---

[62] 安坤起义以及 17 世纪 60 年代云南、贵州两省发生的其他部族叛乱的概述，参见萧一山：《清代通史》第 1 册，第 404～406 页。其他记载，见《云南通志稿》卷 103，第 36b～39b 页。《贵州通志》卷 21，第 38a～b 页；卷 24，第 5a～6b 页。在 17 世纪 60 年代，吴三桂向北京进呈了数份奏疏，报告镇压部族叛乱的军事行动。（《大清圣祖仁皇帝实录》卷 10，第 7b 页；卷 11，第 6b、16b～17a 页；卷 18，第 2a～b、7a 页）

土司制度在清代中国的作用，参见何伟恩：《中国向热带进军》，第 226～240 页。

[63] 《钦定大清会典事例》卷 32，第 16b～17a 页（总第 5476～5477 页）；《大清圣祖仁皇帝实录》卷 18，第 7b 页。吴三桂建议采用这一变革方法的奏疏，参见《大清圣祖仁皇帝实录》卷 15，第 15a～b 页。

障碍恰是吴三桂本人。

17 世纪 60 年代的吴三桂及“三藩”

在上一节，我们看到了藩王在 17 世纪 60 年代的军事战役中所起的重要作用。这三位藩王——耿继茂、尚可喜、吴三桂——都曾是非凡的军事将领，在清军征服南方沿海地区以及长江以南的广阔
142 地域时，提供了相当多的支持。然而到 17 世纪 60 年代中期，随着这些年的大多数战役取得了胜利，藩王日益被视为军事和经济上的“累赘”而非“宝贝”。顺治末期和康熙早期，随着这些朝廷指派的藩王取得了相当大的政治、军事控制权，其封地几乎成为独立的地方割据势力。身在北京的满洲辅臣们认识到“三藩”日益构成威胁，试图通过各种非军事手段削弱藩王的权力。

最有权势且最有名的藩王是吴三桂。到 17 世纪 50 年代末，吴三桂已在云南和贵州的地方事务中说一不二。此外，在鳌拜辅政时期，吴三桂不仅开始在上述两省，还在四川、湖广、陕西、甘肃诸省任命主要文武官员。清廷勉强承认了这一任命权，这使得中国近一半的区域落入吴三桂的掌控之中。到 1660 年，吴三桂统率着一支约 7 万人的军队，由 1 万名其自将的作战士兵、48 000 名绿营兵以及 12 000 名降清将士组成。经济方面，吴三桂在西南地区建立起一个经济帝国。吴三桂除收到朝廷拨付的国家收入（到 17 世纪 60 年代末，每年约有 2 000 万两银子），还自己征税，垄断盐业生产及金铜矿开采。如同与荷兰和东南亚商人秘密进行贸易的尚可喜、耿继

茂一样，吴三桂同西藏商人有着大量的交易往来。此外，在 1673 年“三藩”之乱爆发很久之前，三位藩王，特别是吴三桂，在他们各自的封地内俨然已是皇帝。[64]

“三藩”对清朝的繁荣安定日显威胁，但是对他们只有少数的公开抗议。1660 年 7 月，户部就供养吴三桂所带来的财政负担上奏说：

> 云南平西王下，官甲一万员名，绿旗兵及投诚兵共六万名，又有八旗满兵。需用粮饷甚多，以致各省挽输困苦
> 至极。合计天下正赋止八百七十五万余两，而云南一省需 143
> 银九百余万，竭天下之正赋不足供一省之用。[65]

数月后，四川道御史杨素蕴大胆上疏，批评朝廷允许吴三桂自行选任官员：

> 臣阅邸报，见平西王恭请升补方面一疏……奉差部曹亦在其内，臣不胜骇异。夫用人，国家之大权，惟朝廷得主之。[66]

---

[64] 吴三桂军事力量规模的信息，参见《大清世祖章皇帝实录》卷 136，第 21b～22b 页；卷 138，第 3b 页。曹凯夫：《“三藩”反对满族统治的叛乱（1673—1681）：背景及其意义》，第 65 页。吴三桂任命地方官的权力，参见《大清圣祖仁皇帝实录》卷 6，第 29a 页；卷 7，第 24b～25a 页；卷 12，第 21a 页。吴三桂的地位要远远高于省级大员，比耿继茂、尚可喜的地位优越得多。例如，卫思韩指出，耿继茂、李率泰在许多方面地位相当，他们之间的关系类似于总督和巡抚的关系。［卫思韩：《中荷贸易与外交编年史（1662—1690）》，第 187 页］

[65] 《大清世祖章皇帝实录》卷 136，第 22a 页。

[66] 《大清世祖章皇帝实录》卷 142，第 18b～19a 页。杨素蕴因大胆直言遭罢免。1673 年吴三桂谋反，杨素蕴因此前发出过的警示，得到朝廷的承认而官复原职，最终官至巡抚。（恒慕义主编：《清代名人传略》，第 893～894 页）

尽管有这些警示，四辅臣和清廷在 17 世纪 60 年代早期时仍不愿限制吴三桂的权势。此种导向之下，唯一有意义的举措发生在 1665 年，在兵部尚书和四辅臣的命令下，吴三桂麾下约有 9 000 名士兵遭遣散。在鳌拜辅政的后几年，吴三桂的军队约由 6 万人组成（仅比追剿朱由榔之役中最激烈的阶段少 1 万人）。[67] 1661—1666 年，四辅臣似乎忽视了吴三桂自行委任官员之事。[68]

然而，随着康熙帝在 1667—1668 年逐步亲掌大权，对“三藩”的强硬立场开始显现。前文已述，皇帝下令大幅增加外佐领的数量。很显然，康熙帝在 17 世纪 60 年代末正欲发起一场大规模的攻击，藩王很可能就是靶子。吴三桂或许因害怕新建制的佐领是用来对付自己的，他请求致仕，以此试探皇帝的反应。吴三桂上疏，“以目疾求解云、贵两省事务”，北京方面于 1667 年 7 月 8 日收到这一奏
144 疏。[69] 7 月 20 日，康熙帝赞成吏部之议，俞允吴三桂致仕：

> 应将该藩所管各项事务，照各省例，责令该督抚管理。其大小文官，亦照各省例，臣部题授。上谕从之。[70]

尽管吴三桂最终在 1667 年末官复原职，但是对吴三桂致仕请求的暂时接受暗示出朝廷对藩王的新的强硬表态。吴三桂的奏疏是在

---

[67] 《大清圣祖仁皇帝实录》卷 15，第 12b～13a 页。

[68] 然而在 1660 年，即鳌拜辅政的前一年，吏部尚书提议，四川、湖广、广西、云南、贵州诸省的官员任命应是暂时性的。此类官员可能由吴三桂任命，要在两年后进行审查。此议得到了顺治帝的赞成。（《大清世祖章皇帝实录》卷 134，第 2a～b 页）

[69] 《大清圣祖仁皇帝实录》卷 22，第 10a 页。

[70] 《大清圣祖仁皇帝实录》卷 22，第 11a～b 页。

试探朝廷的反应，而清廷对其致仕请求的接受，也是一次对他能否在劝诱之下和平致仕的探测。1667 年 11 月，吴三桂清楚表明他并非真的要致仕，因为他允许数名下属，包括总督卞三元，向清廷请求将他留任。实际上，吴三桂的追随者所提出的请求相当于他的最后通牒：或是继续容忍他在西南地区的势力，或是彼此兵戎相向。显然，年轻的皇帝和他的谋臣认为，清廷还缺乏足够的军事、经济力量同“三藩”即刻开战，因此他们避开了最后通牒。但是康熙帝在答应卞三元等人请求的同时，又颁下旨意，以吴三桂身体虚弱为由，使其致仕请求悬而不决：“若令王复理事务，恐其过劳，以致精力大损。如边疆地方遇有军机，王自应料理。”[71]

康熙帝还设法限制吴三桂任命地方大员的权势。1668 年初，云南巡抚致仕，吴三桂提议以追随者林天擎担任此职。都察院及九卿如惯常一样，同意了吴三桂的荐举。然而康熙帝大胆拒绝了吴三桂指定的人选，反而任命通政使李天浴担任巡抚。康熙帝在上谕中称：“林天擎系平西王下人员，见今王住云南，林天擎不应推此缺，著李 *145*
天浴为云南巡抚。”[72]

---

[71] 《大清圣祖仁皇帝实录》卷 24，第 8a～b 页。参见莫安仁：《康熙统治下的时代与要事》，第 25 页。

[72] 《大清圣祖仁皇帝实录》卷 25，第 3a 页。李天浴只担任了三年的云南巡抚（1668—1671），后丁忧去职。身为巡抚，李天浴努力根除贪腐，名声卓著。有传记将李天浴的任内描述为“无敢犯法者”。（《畿辅通志》卷 226，第 7984 页）

林天擎进士出身，籍贯直隶，曾任河道总督（林天擎未任过此职。——译者），1662 年至 1665 年任南赣（江西）巡抚。（严懋功：《清代征献类编·巡抚》卷 1，第 6a～b 页）之后，1668 年，林天擎任湖广巡抚，一直担任此官到 1670 年因病致仕。（《清史》第 4 册，第 3018～3020 页；《大清圣祖仁皇帝实录》卷 25，第 12a 页）尽管《实录》中没有表明这一任命是出于吴三桂之请，但将林天擎任命为湖广巡抚很有可能是对吴三桂的让步。

到了 1668 年，康熙帝对待吴三桂的立场要比四辅臣强硬得多。四辅臣对此事勉为其难，或有两种解释。一则，他们也许认为帝国的财富已经所剩无几，兵力也已耗竭，无法挑战吴三桂。甚至是康熙帝在 1673 年决定派兵平“三藩”时，清廷中也有相当多的反对者，这些官员认为此次冒险行动风险太大。其二，四辅臣因藩王皆是非凡的军事将领而由衷敬重，因此他们对征讨从前的战友犹豫不决。四辅臣或许断定，尽管藩王给北京的清廷带来了一些麻烦，但对王朝实无威胁，他们可想出权宜之计而不必诉诸武力。总之，四辅臣在处理藩王特别是吴三桂的问题时小心谨慎，这是显而易见的。四辅臣在应对藩王时行事保守，就像他们在推行关于军事策略和军事管理的大部分政策时所表现的一样。清朝经济的种种问题以及四辅臣出身背景的局限，致使他们在许多军事事务中优柔寡断。

第七章

鳌拜辅政时期的对外政策

这是关于四辅臣集团共同政策的最后一章，将考虑三个问题：17 世纪 60 年代对耶稣会士的迫害，辅政时期的朝觐与朝贡关系，鳌拜辅政期间的东北地区（包括中俄关系）。这些问题彼此关联，因为它们清楚地显示出四辅臣对待域外之人的态度，并从总体上强化了我们之前就四辅臣集团的政策所做出的普遍性结论。 146

四辅臣对耶稣会士的迫害使我们再次想起此四人对江南、浙江两地的汉族精英实施的恐怖行动。这些耶稣会士与持有异见的学子和遗民士人一样，厌烦双重污名：受到顺治帝的青睐，且又似乎要颠覆满洲政权。而四辅臣对待朝觐者与朝贡国的方式似乎又是其军事政策的直接延展。他们渴望巩固并防卫既有的帝国边境，但是又不愿冒险越过此前既定的边界进行军事扩张。同样，四辅臣竭力保护东北地区的上游河段免遭俄国入侵，同时避免与俄国军队大规模开战。在东北政策中，四辅臣又表现出为寻求政府效率和管控东北而进行制度创新的意愿。

鳌拜辅政时期对耶稣会士的迫害

17 世纪 60 年代，四辅臣迫害包括汤若望、南怀仁等著名神父在内的耶稣会士，这或许是辅政时期最出名的事件。当时耶稣会士所写的许多记述中，四辅臣因开展反对耶稣会士的活动而被描绘成心胸狭窄的顽固者，几乎皈依天主教的顺治帝则被视为开明的统治者。然而，尽管他们持有这样的偏见，但是其中的部分记述为研究辅政时期迫害耶稣会士之举的背景和性质提供了一些可靠的信息。

满洲人及汉族精英怀有的反耶稣会士的潜在敌意导致了迫害的发生。汉人担心外来人士的出现或许会危害其社会地位及传统文化。另外，满洲人则担心倾覆性势力的增长将
147 会削弱其对中华帝国的掌控。这些忧虑因为耶稣会士在满洲入关战争的关键时期各保其主而加剧。在鳌拜辅政时期，在京的某些汉人和穆斯林利用了这些潜在忧虑，一场全面反耶稣会的运动随之发生。

率先对耶稣会士表现出敌意的是汉人而不是满洲人。早在 17 世纪一二十年代，耶稣会士乃外来人士，他们在士大夫阶层中不断增长的影响力以及奇异的宗教信仰，招致了汉族上层特定人群的敌意。这些年间，在华的耶稣会士遭受了近似于鳌拜时期那样的宗教迫害。许多耶稣会士被抓捕、拷掠，然后被流放到澳门。数个传教团体被摧毁。①

造成汉族精英怀疑耶稣会士的另一个原因是，后者在明朝最后

① 邓恩：《一代巨人：明末耶稣会士在中国的故事》，第 109～161 页。

几十年间与改革派成员有所关联。一些与耶稣会士交好的汉人以及最著名的耶稣会皈依者，包括徐光启、李之藻、杨廷筠等人，都是东林党或其他改革派的成员。② 耶稣会士与晚明党争相关联的事实令人疑虑。任何方式的党争，无论进步与否，历来都被视为政治结构中最主要的缺陷以及王朝衰落的征兆。

此外，在满洲入关战争期间，耶稣会士所扮演的角色必然会引起满洲人和汉人的怀疑。由于不确定的未来的政治形势，各耶稣会士分别效忠于明朝遗民、起义军和征服者。在 17 世纪 30 年代，汤若望帮助明朝建置军队并使用大炮抵御清军侵袭。而他本人则于 1644 年效忠满洲人，在多尔衮摄政时期还担任钦天监监正。其他耶稣会士则支持汉人起义军或明朝遗民。一些耶稣会神父加入明朝自立称帝的朱由榔的广东政权。皈依天主教之人在朱由榔的政权中担任高级文官，并在 17 世纪四五十年代继续为明朝事业打拼。其他耶稣会士，如利类思和安文思，在中国西南地区效忠于残暴的汉人起义者张献忠。天主教士在朝代变换之际的多重效忠在汉人和满洲人的心中留下了疑问。③

对耶稣会士的敌意到顺治帝统治时期仍然存在。前文已述，顺治帝对年长的耶稣会神父汤若望渐生好感，据说会花很长时间与汤若望不拘礼节地交谈。④ 对于未来的四辅臣而言，他们的政治权力 148

② 耶稣会士与明朝各派系的联系，参见邓恩：《一代巨人：明末耶稣会士在中国的故事》，第 43、199～205 页。

③ 耶稣会士在 17 世纪三四十年代所扮演的角色，参见邓恩：《一代巨人：明末耶稣会士在中国的故事》，第 316～346 页；杜赫德：《中华帝国全志》卷 2，第 79～80 页。

④ 邓恩：《一代巨人：明末耶稣会士在中国的故事》，第 347～354 页。

在17世纪50年代后期有所下降，顺治帝与汤若望的交往似乎进一步表明，相比于同族将领，顺治帝更看重的是域外人士和文官。四辅臣将耶稣会士视为宦官和佛教徒的同类，认为是这些人将顺治帝的注意力从满洲军事谋臣的身上转移开来。

聂仲迁是法国耶稣会士，1651—1660年在华，留下了一段四辅臣对待汤若望等耶稣会士的态度的简要记述。聂仲迁说，顺治帝驾崩后，四辅臣立即召汤若望来到满朝文武面前，令他表明忠心。但是当汤若望发现这一仪式是在他认为的“偶像”面前举行时，就拒绝在异教神像面前发誓、在宗教信仰方面做出让步。汤若望的勇气和决绝态度打动了四辅臣，他暂时被允许保留顺治帝赐予的官衔和特权。不过聂仲迁也注意到，四辅臣特别是苏克萨哈，仍疑心汤若望，总体上对耶稣会士充满敌意。在鳌拜辅政初期，清廷颁布谕旨，命令专门的钦差大臣遍历各省，调查耶稣会士及团体，并将信息传回北京。⑤

如果没有意在反对天主教者杨光先这一“催化剂”的出现，四辅臣对耶稣会士的怀疑以及汉族上层的潜在敌意或许永远不会变为真实的迫害活动。杨光先个人的仕宦生涯建立在鼓动偏见和捍卫清洗事业的基础上。杨光先年轻时易暴怒，其父认为他不适合为官，遂禁止他参加科举考试。然而，尽管其父做出努力，但是杨光先仍对政治感兴趣，1637年上疏批评明朝最后一位皇帝所宠信的几名官员。杨光先假定自己会被处死，因此带了一口棺材进京。但他并未被处死，遭鞭责后流放辽东。后来，满洲人于1644年掌权，杨光先获准返回中原，在顺治朝的大部分时间里，他都住在南京。

从17世纪50年代后期开始，杨光先通过攻击在京的耶稣会士

---

⑤ 聂仲迁：《鞑靼统治时代之中国历史》，第69～71、111页。

这一新路径谋求出人头地。钦天监中的穆斯林妒忌担任较高官职的耶稣会士，而杨光先在反耶稣会的活动中，便在这些穆斯林中寻求同盟。1657 年，心怀不满的穆斯林领袖吴明烜控诉汤若望天文观测结果不准。其后，杨光先与吴明烜合作，企图赶走耶稣会神父。⑥ 149

他们反对耶稣会士的活动，在 17 世纪 60 年代初有所强化并最终取得成效。在鳌拜辅政时期的前四年，四川、湖广、江西、山东都发生了迫害耶稣会士事件，都是地方官指控耶稣会士传播有害教义，为谋反之人提供避难场所，而这经常是受到了和尚的煽动。在 1661—1664 年这些省份的迫害活动中，许多耶稣会神父被抓捕讯问，教堂和传教设施遭到破坏，成百上千的汉人皈依者被监禁、折磨，有一些还被处死。⑦

然而，京畿地区直到 1664—1665 年才发生了严重的迫害事件，此时杨光先正享受着辅政时期更为有利的形势，并在反对耶稣会的运动中获得了支持。1664 年，杨光先刊印了著名的反耶稣会宣传册，名为《不得已》。杨光先在书中解释说，汤若望“本如德亚国谋反正法贼首耶稣遗孽”。⑧ 据此，杨光先认为汤若望及其追随者是作为渗透者来到中国的，意欲挑起叛乱。

---

⑥　杨光先和耶稣会士被迫害的许多信息，见恒慕义主编：《清代名人传略》，第 889～892 页。

⑦　1661—1664 年各省对耶稣会士的迫害，参见聂仲迁：《鞑靼统治时代之中国历史》，第 61～84 页；费赖之：《在华耶稣会士列传及书目》，第 253 页。

⑧　杨光先：《不得已》卷 1，第 4a～7a 页。英译文引自傅乐淑：《中西关系资料编年史（1644—1820）》上册，第 35 页。下文杨光先《不得已》一书信息的有关译文，均转引自此书上册，第 35～36 页。

一种资料记载，耶稣会士在 1658 年时还遭到控告，罪名是故意为顺治帝和孝献皇后所生的年幼亲王的丧礼选择了一个不祥的日子。（恒慕义主编：《清代名人传略》，第 891 页）

杨光先的《不得已》一书引起了满洲四辅臣和清廷的恐惧。此书出版后不久，在京的耶稣会士，包括汤若望、南怀仁以及与他们同在钦天监的数名汉族同僚，都被抓捕、监禁。对耶稣会士的审判历经了漫长的时期，从 1664 年的秋季、冬季到 1665 年的春季。[9] 在数月的时间里，耶稣会士被刑部官员反复讯问，他们要对异教学说和演算有误的指控进行申辩。对于传教士特别是已经中风的汤若望来说，审判十分严酷。在此过程中，耶稣会士一度通过预测日食，
150 试图证明其演算能力。吴明烜和南怀仁一同进行预测，当日食来临时，距吴明烜的预测已过去了 30 分钟，而南怀仁的预测则是准确的。尽管如此，四辅臣和其他官员依然不予采信，审讯仍在继续。

1665 年 4 月 30 日，四辅臣在议政王大臣会议所做决定的基础上宣布了最终裁决。他们要对汤若望和钦天监的七名汉官处以可怕的凌迟之刑，南怀仁、利类思、安文思会被处以鞭刑并流放。[10] 然而，5 月 1 日，北京发生了地震。四辅臣和受惊吓的太皇太后将地震解释为上天对判决不满，因此减轻了对耶稣会士案件的处罚。5 月 17 日的上谕撤销了对全体耶稣会神父和大部分汉官的判决。但是其中钦天监的五位汉官未得到减刑，被斩首。[11] 四辅臣允许耶稣会士留在北京，但是其后四年（1665—1669）标志着耶稣会在华传教事业的重大挫折。教堂等被查封，所有住在内地的传教士被放逐到

---

⑨ 1664—1665 年的审讯记述，参见恒慕义主编：《清代名人传略》，第 891 页；邓恩：《一代巨人：明末耶稣会士在中国的故事》，第 362～363 页；费赖之：《在华耶稣会士列传及书目》，第 173～176 页；亨利・博斯曼：《南怀仁——北京钦天监的指导者（1623—1688）》，第 224～230 页；聂仲迁：《鞑靼统治时代之中国历史》，第 100～181 页；皮埃尔・约瑟夫・德・奥尔良：《鞑靼人两次征服中国史》，第 59～69 页。

⑩ 《大清圣祖仁皇帝实录》卷 14，第 27a～29a 页。

⑪ 《大清圣祖仁皇帝实录》卷 15，第 1b～2a 页。

澳门。在这些年里，杨光先和吴明烜管理着钦天监。

然而，到17世纪60年代末，康熙帝开始怀疑钦天监推算的准确性。1668年底，康熙帝派南怀仁审查由杨光先和吴明烜制定的历法。南怀仁检视历法，举出了若干错误。这一问题最终在1669年1月底的另一场日食预测较量中得以解决。南怀仁再次给出了最准确的推算，4月17日，他官复原职，任钦天监监副。⑫ 随后，1669年，杨光先和吴明烜被提审，并因推算失误、支持鳌拜集团而受到审判。吴明烜被处以鞭刑，而杨光先则仅因年老而免除死刑。⑬ 他在同一年晚些时候死去。

康熙帝在1669年牢牢掌控朝政后，恢复早先的政策，与在京的耶稣会神父关系友善。他与南怀仁、张诚等耶稣会士关系密切的故事众所周知。但同时，康熙帝继续对耶稣会的在华传教事业持怀疑态度。事实上，他进行著名的南巡活动的原因之一就是对京外的天 151
主教传教团体进行非正式监视。1703年第四次南巡时，康熙帝因发现了此前从不知悉的一些传教团体而心绪不安。⑭

17世纪60年代的朝觐、朝贡关系与中西关系

由于军事权力和对外交涉权力集中掌握在四辅臣手中，因此17

⑫ 南怀仁官复原职一事，参见《大清圣祖仁皇帝实录》卷27，第24a～b页；卷28，第6a～b页。恒慕义主编：《清代名人传略》，第891页。

⑬ 《大清圣祖仁皇帝实录》卷31，第4a～5a页；恒慕义主编：《清代名人传略》，第891页。

⑭ 史景迁：《曹寅与康熙：奴才与主子》，第134～138页。

世纪 60 年代的军事与对外政策之间具有相当大的连贯性。四辅臣对外政策的某些特征尤为值得注意。首先，也是最重要的，四辅臣渴望安全，能够抵御外部势力对清朝的威胁。从本质上看，这实际上是四辅臣的一项“等待政策”，他们避免超出边境的军事冒险，即避免越过在二十年前的战役中所确立的边界，并试图通过密切的军事侦察保持这些边界。其次，四辅臣遵循着经典的汉人模式，仅允许外人随同赴京的使团前来贸易。贸易是四辅臣掌控之下的一种具有说服性的手段，与康熙帝不同，他们并不把商业交往当作本朝财政的一项来源。最后，四辅臣在各个方面都坚持遵守相关规定。早在努尔哈赤统治时期，满洲人在其蒙古政策中就采用了这一朝觐手段。在皇太极统治时期，随着理藩院的创设，蒙古和朝鲜需要派出朝觐（朝贡）使团。入关后，满洲人发展出双轨制对外政策，由理藩院和礼部（1658—1661 年除外）分别管理，这两种制度在很大程度上依赖于朝觐（朝贡）使团。因此，朝觐（朝贡）在满洲人处理对外关系中是一项相沿成习的惯例，四辅臣忠实地维持着这一惯例。

17 世纪 60 年代的内蒙古

17 世纪中叶，清廷与蒙古的关系基本上限于生活在东北地区西部和内蒙地区的蒙古诸部。在 1644 年满洲入关后的前十年，这一地区的蒙古族已经归降清廷。在理藩院的推动下，这些蒙古人被编入一种基于八旗制度的臣属关系。[15] 满洲人借由这一制度确立了蒙古诸部的边界，并对各部首领的承继行使批准权力。在八旗组织之下，

---

⑮ 八旗制度在蒙古诸部的应用，参见梅谷：《满洲统治的起源》，第 96～98 页；大卫・法夸尔：《满洲之蒙古政策的起源》，第 204～205 页。

蒙古人需要宣誓效忠清廷，有时还在满洲战争中充当辅助人员。152
1644 年之后，大多数蒙古部落定期派遣朝觐使团赴京。⑯

四辅臣寻求与其蒙古盟友的紧密关系，但也谨慎地防止这些部落危及朝廷的安全。在辅政时期，朝觐使团是清朝联络、控制这些蒙古人的主要手段。例如，理藩院每年要监管数个由察哈尔派向北京清廷的朝觐使团。此类朝觐使团强化了清廷对蒙古各部的优越地位，并为清廷提供了长城以外政治、军事发展状况的相关信息。同时，四辅臣颁布章程，旨在防止蒙古使团对满洲统治构成威胁。蒙古朝觐使团中的所有成员在穿过长城各关口之前，需要得到清廷的应允。蒙古人不能进入内地进行贸易，除非他们随朝觐使团一同前来。此外，所有指明用于贸易的物品都需在边境地区接受检查并登记。而蒙古人在京城时则处于严格的监视之下，特别是他们所购之物受到了严密监控。如果一位蒙古人希冀购买大量武备，那么他需要向理藩院呈报。⑰

四辅臣还通过派遣钦差同蒙古各旗首领举行盟会的方式，尽力维持蒙古诸部的秩序。1666 年，皆为蒙古人的理藩院尚书喀兰图、侍郎绰克托，被委派与科尔沁蒙古的首领及东北西北部四十九旗的其他部落首领会盟。两年后，理藩院的两位侍郎绰克托、达哈塔奉命与察哈尔蒙古会盟。⑱

---

⑯ 清初主要的蒙古部落联盟，参见霍渥斯：《蒙古史（9—19 世纪）》卷 1，第 388～487 页；拉铁摩尔：《满洲的蒙古人》，第 57～59 页。田山茂在《清代蒙古社会制度》一书中全面探讨了蒙古诸部及各旗。

⑰ 17 世纪 60 年代颁布的蒙古条例，参见《边裔典》，见《古今图书集成》第 209 册，第 26b～27a 页。亦参见《钦定大清会典事例》卷 627，第 1a～b 页（总第 13329 页）；《大清圣祖仁皇帝实录》卷 5，第 22a～b 页。

⑱ 《大清圣祖仁皇帝实录》卷 18，第 13a 页；卷 25，第 16b 页。喀兰图的传记，见《清史稿》卷 235，第 4a 页。

与新疆和西藏的关系

在17世纪晚期、18世纪早期之前，清朝与蒙古人及西藏人联系较少。17世纪60年代，四辅臣保持着清朝在东部边界及东南边界的兵力，但是他们却无法像后来康熙帝的统治那样，着手向新疆
153 和西藏地区进行军事活动。17世纪60年代，清朝与西部蒙古部落之间仅有的军事冲突，是吴三桂麾下的军队与一些渗透进云南西北部丽江府的孤立的蒙古部落之间的几次小冲突。⑲ 至于西藏，其与清朝的关系因1652年五世达赖喇嘛的进京之行而得以强化，但在鳌拜辅政时期，清廷对西藏的兴趣似乎逐渐减弱。

在辅政时期，满洲人与东部蒙古诸部及西藏的关系，总体上由边境省份的文武官员所主导。这些官员肩负着保卫王朝边境、对各部落活动保持警惕以及向清廷传递信息之责。例如，1667年，山陕总督卢崇峻向四辅臣呈报了他在听闻蒙古叛乱的传言后所采取的防范措施：

> 向因墨尔根等部落恋牧内地，且有逃番蛮敬口称各头目欲于八月进兵，臣即亲赴庄浪以防意外。随据总兵官孙思克报称，游牧番人俱搬出原处住牧，又有上年差往西藏之喇嘛回称，达赖喇嘛遵旨传各台吉申饬不许生事。各台吉俱遵奉朝廷敕谕，真心向化，遣人赍认罪马牛羊千只，

⑲ 《云南通志稿》卷103，第39b～41a页。中亚的蒙古诸部在噶尔丹崛起之前并未对清朝构成主要威胁，参见傅礼初：《1368—1884年的中国和中亚》，第192页；李铁铮：《西藏的历史地位》，第33～35页。

随喇嘛来进。据此，西番归诚已实，满汉官兵应请撤回。[20]

在鳌拜辅政时期应对边境问题的通常做法中，这份奏疏是饶有趣味的事例：对帝国边境进行强有力的防卫，但是危机一旦解除便立即 154
撤回清军。

与亚洲其他国家的朝贡关系

亚洲的其他国家，包括朝鲜、琉球、安南、暹罗，对满洲人几乎不构成军事威胁，四辅臣通常是通过朝贡制度来处理清廷与这些国家的外交关系。在礼部的管理下，所有这些国家在17世纪60年代都定期派遣朝贡使团（朝鲜人每年在中国新年进贡）。四辅臣在任职期间相当严格地执行了朝贡条例，其中有多项始于明代。清廷小心翼翼地将朝贡使团限制在一定规模，还煞费苦心地检查其文书以确保使团的身份真实。[21] 尽管四辅臣有时允许这些亚洲国家进贡一些清朝条例所不允准的物品作为贡物，但是他们通常禁止非朝贡贸易。[22]

辅政时期，清朝与这些位于南面和东面的大多数朝贡国的关系

---

⑳ 《大清圣祖仁皇帝实录》卷24，第13b～14a页。

㉑ 卫思韩：《中荷贸易与外交编年史（1662—1690）》，第272～273页。

㉒ 《大清圣祖仁皇帝实录》卷11，第3b页。鳌拜辅政时期，"非系贡期，概不准其贸易"这则最强有力的声明颁布于1668年5月。（《大清圣祖仁皇帝实录》卷25，第22a页）《实录》中此条目说：允许荷兰和暹罗于1664年时来华贸易一次，但是两国都背离了前面引述的规定。参见费正清、邓嗣禹：《清代的政府：三项研究》，第140页。

四辅臣坚守"非系贡期，概不准其贸易"的规定，原因之一是希望将禁止海上贸易的策略作为抵御郑氏的武器。四辅臣或许还没有像普通汉人那样对重商主义怀有偏见，如果没有郑氏在沿海地区的威胁，他们很可能放宽商业禁令。此事件以及清初在总体上的重商主义，参见卫思韩：《中荷贸易与外交编年史（1662—1690）》，第23～24页；马克·曼考尔：《简析清代朝贡体系》，第85～89页。

相对平稳。一个显著的例外是安南。1666 年，四辅臣敕谕安南国王，谴责安南人向侵袭广东沿海地区的海盗提供避难场所甚至是物资。四辅臣在敕谕中表明，如果不将海盗移交清廷，便会发动战争。敕谕最后说：

> 今特此敕谕，尔其祗遵。即察出杨二、杨三、黄明标并其家口及冼彪妻子等，解送两广督臣处交收，且察处潘辅国助逆抗拒情罪，如不将贼犯拿解，不处分尔之属官，恐生兵端，尔其筹之。㉓

155 显然，安南国王交出了这些海盗。后来，四辅臣与安南以及与东亚、东南亚的其他任一朝贡国都几无纠纷。㉔

与荷兰和葡萄牙的关系

与亚洲朝贡国相比，荷兰和葡萄牙引起了北京方面相当大的关注。㉕ 从满人的角度来看，即便这些西方商人没有对清政权构成实

㉓ 《大清圣祖仁皇帝实录》卷 19，第 4a～b 页。

㉔ 《实录》中没有更多提及这些海盗，这一事件似乎已经得到解决，因为两年后安南获准可定期派遣朝贡使团。(《大清圣祖仁皇帝实录》卷 26，第 7b 页)

17 世纪 60 年代，朝鲜的朝贡贸易也出现了一些困境。1663 年，一位朝鲜使臣带来了一些布料，但在抵达北京前没有登记在册。尽管这名使臣获允在北京停留，但使团的贸易权利被取消。(《大清圣祖仁皇帝实录》卷 8，第 4b～5a 页) 1664 年，一份关于禁止朝鲜人在东北地区采挖人参的文书送到朝鲜国王手里。(《大清圣祖仁皇帝实录》卷 11，第 13b～14a 页)

㉕ 清初中葡关系的时代背景，参见博克舍：《十六世纪中国南部行纪》，第 xix～xxxvii 页；张天泽：《1514—1644 年的中葡贸易》，第 32～141 页；卫思韩：《中荷贸易与外交编年史（1662—1690）》，第 16～21 页。顺治时期中葡贸易的史料，参见傅乐淑：《中西关系资料编年史（1644—1820）》上册，第 6～9 页。中荷关系的时代背景，参见卫思韩：《中荷贸易与外交编年史（1662—1690）》，第 58～187 页。

际威胁，那也带来了滋扰。荷兰人和葡萄牙人并不受制于朝贡体制，仅仅是敢于寻求无限商业特权的外国人。若允许此两国人与清廷进行非朝贡贸易，不仅将破坏朝贡体制安排所含有的上下等级关系，而且还会向亚洲的其他国家打开经商的闸门。

这些外国人的各种行为使得满洲人不愿同荷兰人和葡萄牙人进行这样的贸易。晚明时期，像耶稣会神父一样，葡萄牙商人为明军抵御满洲征服者提供了军事援助。此类军事援助，特别是在制造和使用大炮方面，引起了满洲人对这些外国人所持的和平意图的疑虑。㉖ 此外，在 17 世纪 50 年代，荷兰人同清廷的死敌郑成功谈判，从郑成功处取得了贸易许可，作为回报，偿付钱粮和军事物资。㉗而且，荷兰人袭击浙江、福建沿海城镇，特别是 1655 年洗劫普陀山，这些让满洲人想起西方人在明朝时所犯下的暴行。㉘

四辅臣对中国沿海地区的政策以及他们反耶稣会的运动将新的 *156*
狂热情绪注入满洲人对荷兰和葡萄牙的怀疑之中。辅政时期的前几年，葡萄牙人发现他们受制于沿海贸易禁令。尽管耶稣会士汤若望于 1662 年设法说服了四辅臣，澳门人口无须迁入内地，但澳门驻军还是增加了一倍，且清廷每月只有数次将粮食运至澳门。㉙ 在狂热分子杨光先的推动下，四辅臣反耶稣会士的运动强化了满洲人反对

㉖ 卫思韩：《中荷贸易与外交编年史（1662—1690）》，第 21～22 页。

㉗ 傅乐淑在《中西关系资料编年史（1644—1820）》（上册，第 21～22 页）中引述了杨英《从征实录》一书的内容。卫思韩指出，1663 年派往中国的荷兰舰队接到命令，如果与清朝联盟无法达到目的，荷兰可能就会联合金门、厦门两处的郑氏叛军，抵抗清朝及驻留台湾的郑经。［卫思韩：《中荷贸易与外交编年史（1662—1690）》，第 163～167 页］

㉘ 卫思韩：《中荷贸易与外交编年史（1662—1690）》，第 269～270、305～307 页。

㉙ 傅乐淑：《康熙年间葡萄牙的两个来华使团》，第 75～79 页；包腊：《满洲人征服广州》，第 230 页。

所有在华西方人的举措。整个 17 世纪 60 年代，葡萄牙商人和荷兰商人发现他们与清代中国原本的有限联系进一步受到限制。让我们分别看看鳌拜时期的荷兰人和葡萄牙人。

荷兰在 1663 年时已经加入了此前提及的与清朝缔结的军事联盟中，目的是获得沿海贸易权。最初，四辅臣乐于酬谢荷兰的效力，这并非平等双方在履行协议，而是帝国感激外夷援助的一种表示。1664 年初，清廷在一道上谕中允许荷兰每两年贸易一次；1664 年 7 月，清廷为酬谢荷兰在 1663 年提供的军事援助而给予其银、缎等礼物。㉚ 然而，这些对荷兰的商业让步仅仅适用于朝贡贸易，并不准许其在沿海公开贸易。荷兰商人恼怒了。1664 年底，清朝靖海将军施琅没有实施已议定的中荷联军夺取台湾的方案，荷兰人无比愤怒。尽管 1664—1665 年荷兰人继续与福建地方政府秘密贸易，但是他们的自由贸易以及恢复其在台地位的梦想破灭了。㉛

1665、1666 年，随着反耶稣会运动的声势日渐浩大，四辅臣对荷兰人采取了严苛的政策。清廷从北京派遣巡察官员，以确保沿海贸易禁令的贯彻执行。荷兰船只在中国水道上行驶，须有官员陪同。荷兰人沿闽江而上驶向福州时，每次都被迫取得特别的通行证。㉜ 最终，1666 年 3 月，四辅臣以“往来频仍，异时恐生衅端”为由，

㉚ 傅乐淑：《中西关系资料编年史（1644—1820）》上册，第 33 页。四辅臣在 1664 年初决意给予荷兰贸易之权的背景情况，参见卫思韩：《中荷贸易与外交编年史（1662—1690）》，第 223～226 页。1664 年 7 月给予荷兰的物质酬劳，参见《大清圣祖仁皇帝实录》卷 12，第 15b 页。

㉛ 卫思韩：《中荷贸易与外交编年史（1662—1690）》，第 238～261、310～314 页。

㉜ 卫思韩：《中荷贸易与外交编年史（1662—1690）》，第 264～265 页。

取消了两年一次的贸易权利。[33]

荷兰很震惊，将此视作满洲人对 1663 年谈判协议的背叛，他们再次与清廷交涉，以解决问题。1667 年，荷兰向北京派出了一个由巴达维亚官员、议员范胡伦（Pieter van Hoorn）带领的外交使团。范胡伦在巴达维亚议会的指示下，试图通过在北京谈判来寻求自由贸易，议会还给予他一万两白银，用于贿赂官员，以获得商业上的让步。范胡伦使团于 1667 年 6 月到达北京，并在京城停留了两个月的时间。[34] *157*

说到范胡伦使团的主要意图——关于自由贸易的谈判，荷兰方面彻底失望了。清廷并未将该使团视为专门的外交使团，而是视作朝贡代表团。《实录》中只是简短地提到了范胡伦使团，时间是 1667 年 7 月 7 日："荷兰国噶喽吧王油烦吗绥极差陪臣进贡方物，宴赉如例。"[35] 清廷将其归为朝贡使团，仅以惯常礼仪待之，同时允许他们在京中售卖多余的礼物。他们获准朝觐皇帝，但是却没有得到与皇帝、四辅臣或是负责贸易权一事的其他高级官员私下交谈的机会。

范胡伦使团行动失败了。荷兰东印度公司等待了十七年，清廷最终解除了沿海贸易禁令。这些年间，荷兰仅存的沿海贸易由独立

㉝ 《大清圣祖仁皇帝实录》卷 18，第 6a～b 页。

㉞ 下面所有关于使臣范胡伦的信息，除另有说明外，均引自卫思韩《中荷贸易与外交编年史（1662—1690）》一书第 349～391 页的出色描述。卫思韩指出，荷兰使团在北京引起了清廷相当大的兴趣。两位辅臣鳌拜和遏必隆以及康熙帝本人，都检视了荷兰送给他们的货物和动物。年轻的皇帝对荷兰马匹尤为着迷，而鳌拜则对能否购买荷兰货物更感兴趣，他派出一名宦官去询问荷兰是否想出售衣料或珊瑚。范胡伦为避免违法贸易，称巴达维亚当局禁止他出售任何货物。

㉟ 《大清圣祖仁皇帝实录》卷 22，第 10a 页。名字的音译引自傅乐淑《中西关系资料编年史（1644—1820）》上册第 40 页。亦参见《钦定大清会典事例》卷 503，第 4a～5a 页（总第 11763～11764 页）。

于荷兰东印度公司的商人完成，而此交易限制在广州，且不能常去。当康熙帝收复台湾并于 1684 年最终解除沿海贸易禁令时，荷兰对与中国贸易的兴趣已经衰减。特别是，尼德兰地区对中国丝绸的需求已经减少，更加高效的英国东印度公司可以在欧洲大陆上出售中国商品，其售价低于荷兰人的价格。㊱

158 与荷兰人相比，葡萄牙人在鳌拜辅政时期的经历更为痛苦。不同于荷兰人，葡萄牙缺乏一支能提供给满洲人的武装舰队，以此获得满洲人在贸易上的让步。此外，葡萄牙人在澳门的居住地是许多来华传教士的大本营，在满洲人迫害耶稣会士期间经常遭到攻击。17 世纪 60 年代中期，清廷再次考虑将迁海令施用于澳门。葡萄牙人要留居澳门，只能向两广总督卢兴祖行贿 2 万达克特*。卢兴祖得到了朝廷的批准，葡萄牙人保留澳门居住地，而葡萄牙人坚持认为除非贸易限制取消，否则不会给付贿银，此举激怒了总督。对此，卢兴祖关闭了关闸门（Kuan-cha gate），这是澳门前往广东其他地方的必经之路。㊲ 广东巡抚王来任同情葡萄牙人的处境，上疏描述了澳门的形势："每几日放一关，其一切用物，皆借奉禁稽查，留难勒扰，不许出。计县与澳共口数万，断绝往来生业，坐食致困，愁苦难言。"㊳

澳门的情况令人绝望，葡萄牙人要求果阿当局向北京派遣特使，向清帝要求航海权利并能自由前往内地。1667 年，果阿派出萨尔达

㊱ 17 世纪七八十年代的中荷关系，参见卫思韩：《中荷贸易与外交编年史（1662—1690）》，第 406～558 页。

* 达克特，ducat，旧时欧洲各种金币或银币名，尤使用于意大利或荷兰，一战后退出流通。——译者

㊲ 傅乐淑：《康熙年间葡萄牙的两个来华使团》，第 77～79 页。

㊳ 江日昇《台湾外记》一书中引文的翻译，见傅乐淑：《中西关系资料编年史（1644—1820）》上册，第 40 页。

尼亚（de Saldanha），他与九十名随从于该年 11 月抵达广州。不幸的是，萨尔达尼亚因中国官方程序要求而在广州滞留了三年；其间，他不得不依靠澳门的有限供应来供养自己及助手们。使团于 1670 年抵京时，鳌拜集团业已垮台，反对耶稣会士的运动不再继续，沿海贸易禁令得以缓和。由于大多数难题已经减缓，因此耶稣会神父利类思和南怀仁建议萨尔达尼亚不要再抱怨澳门此前的情形。因而，关于葡萄牙人的贫乏处境，这位葡萄牙特使只向康熙帝诉说了一次，年轻的皇帝对此回复道："朕知道了。"㊴

鳌拜辅政时期与东北地区

在许多方面，四辅臣的东北地区政策为我们考察他们的整个政策提供了合适的切入点。东北地区是四辅臣的故乡，在 17 世纪 60 年代时得到了特殊的关注。东北地区在政治、经济、军事方面充满大量挑战，这对四辅臣而言是艰难的考验，从中也揭示出四辅臣作为政治家的一些特征。 *159*

四辅臣和康熙帝都将东北地区视为由两个完全不同的部分组成，二者在民族、文化以及自然地理方面迥异。东北地区的最南端，由现在的辽宁省（旧时称奉天或辽东）组成，以汉人居住为主，是汉

㊴　傅乐淑：《康熙年间葡萄牙的两个来华使团》，第 87 页。萨尔达尼亚使团的总体情况，参见傅乐淑：《康熙年间葡萄牙的两个来华使团》，第 79～87 页。

这部分没有涉及中俄外交关系，鳌拜辅政时期，并无俄国使团在京。浦尔费里叶夫（Perfilieff）和阿尔宾（Albin）使团于 1660 年离京，而下一个俄国使团直到 1669 年 10 月才抵京。

族文化和汉族农业经济的最北端。东北南部地区的象征性界限是明朝栽种、清朝复建的著名的柳条边。柳条边从鸭绿江口起，在盛京北部呈半圆形分布，然后距离海岸线数英里向南，直至山海关。在1644年攻占北京之前，努尔哈赤和皇太极已在该地区开展了军事行动。因此清初的统治者，包括四辅臣在内，认识到东北南部地区的战略价值，将这一地区置于强有力的军事监管之下。但是四辅臣也认识到了，从经济上和文化上来看，东北南部地区是汉族传统的延伸区，他们还极力将这一地区纳入常规的地方管理之中。

柳条边以北直至黑龙江这一片广袤的区域，稀疏地居住着通古斯语族诸部及蒙古游牧部落。在满洲人入主中原之前的很长时间里，他们已将东北北部的许多地区纳入治下。康熙帝和他的辅臣们也致力于维系满洲人对东北大部分地区的控制。在东北北部地区，四辅臣面临着两大问题。首先，有必要建立某种类型的政府机构以保持对诸部落的控制。东北北部地区民族构成多元，加之汉人定居者（毛皮商贩、人参采挖者以及政治流放者）的到来而使情况更为复杂，四辅臣被迫建立起一套可行的政治制度以便管控和统一。其次，四辅臣在东北北部地区面临着来自俄国哥萨克的军事挑战，后者意在寻求贸易并进行劫掠。

东北南部地区的政治制度

17世纪三四十年代，东北南部地区曾是满人入主中原的集结待命之地。皇太极在都城盛京扩展八旗官僚体制，发展议政王大臣会议，创设新的民政管理机构（包括六部、内三院和理藩院）。但是随
160 着1644年入关，盛京的官僚机构移至北京，只留下一位驻防将领管

理东北的全部地域。1653 年，由于整个辽东地区被划定为辽阳府(1657 年后改称奉天府)，清廷遂在东北南部地区创设了一个行政机构“胚胎”。1658—1659 年，盛京成为清朝的第二都城，并复设了六部中的三部（礼部、户部、工部)。㊵

四辅臣于 1661 年掌权之时，继承了东北南部地区的简略行政机构，有一些满洲官员任职，但职责不清。为整顿上述形势，四辅臣发展了此地区的政府机构。首先，他们设立了奉天将军一职。新设的奉天将军取代了此前的驻防将领，对整个东北南部地区的民政和军政事务负有最终责任。奉天将军被指定为兼管奉天府尹事务大臣，并管理奉天旗务及盛京各部。㊶ 在鳌拜辅政时期以至整个清初，所有的奉天将军都是满洲人。这项新制度与中原诸省常见的督抚设置截然不同。在督抚体制之下，民政和军政权威被委与两人，即巡抚和总督，他们的权力交叉，行为彼此监督。清初的大多数督抚都是汉军旗人，满洲人极少。而奉天将军一职将所有职责集于一位满洲人之手。四辅臣通过设立这一官职，认可了东北南部地区的特殊战 *161*

㊵ 清初东北南部地区政治、军事的管理进程的信息，见《盛京通志》卷 19～20；罗伯特·李：《清代历史中的满洲边疆》，第 59～77 页。盛京地区正黄、正白两旗满洲佐领的任命在顺治帝统治时期已经开始。参见《盛京通志》卷 20，第 17a～18b 页。

㊶ 参见罗伯特·李：《清代历史中的满洲边疆》，第 61～63 页。1662 年增设盛京刑部，1691 年增设盛京兵部，但盛京官僚机构中一直没有设立吏部。参见《盛京通志》卷 4，第 89～90 页；杜赫德：《中华帝国全志》卷 4，第 89～90 页。

罗伯特·李认为，盛京五部的存在易于抑制奉天将军的权威，因为它们的职责甚多重叠，且盛京各部侍郎既从属于京城的六部尚书，又从属于奉天将军。（罗伯特·李：《清代历史中的满洲边疆》，第 61～63 页）这当然指的是 17 世纪后半叶及整个 18 世纪的情形，笔者没有发现任何鳌拜时期的证据可以支撑这种观点。从各种迹象来看，盛京各部显然扮演着从属的角色，17 世纪 60 年代的奉天将军属于主导人物。

略价值，并通过集权于满洲人之手的方式保护该地区的安全。[42]

其次，对东北南部的政府机构进行改革，四辅臣在奉天将军一职之下发展出一套常规的中原地方政府体制。前文提到过，在鳌拜辅政之前，东北地区中唯一与传统地方政府相类似者即是奉天府。在东北南部地区的其他主要城市，包括铁岭、锦州、宁远、广宁、河西，地位最高的是位武职官员，通常由佐领担任，统率八旗驻防军并负有保护地方秩序之责。[43] 1662年1月，奉天府尹张尚贤上疏称这项制度不如人意。张尚贤特别注意到人口编审执行不当，东北南部地区只有少部分百姓缴纳赋税。作为补救方法，张尚贤建议按照地方行政机构的常规模式，将东北全部地区划分为府州县。[44] 四辅臣与吏部商议后采纳了张尚贤在奏疏中提出的建议。盛京被指定为奉天府首县*。东北南部地区的其他重要城市则变为府与州县的治所。与中国的其他地区一样，汉人和汉军旗人被委任到知府、知县等新

㊷ 鳌拜辅政时期任命的奉天将军和副都统的官员名单，见《盛京通志》卷20。亦参见杨宾：《柳边纪略》，见《辽海丛书》，第117册，第7a～b页。1657年，清廷在盛京任命了一位副都统。三年后，吴库礼被派往盛京，带昂邦章京之衔，1662年他被任命为首位奉天将军。吴库礼在1662年接受头衔之前是否履行着与奉天将军相同的职责，尚不清楚。对奉天将军权力与职任的仔细分析，见罗伯特·李：《清代历史中的满洲边疆》，第63～71页。

㊸ 顺治和康熙两朝奉天府尹的名单，参见《盛京通志》卷20，第19a～b页。17世纪50年代，奉天府之下设海城、辽阳两县。参见《盛京通志》卷20。

1644年之前，东北南部各城处于明朝卫所体制的管理之下。1644年之后，清廷废除了上述大多数城市的卫所体制，代之以佐领统辖下的八旗驻防制度。东北南部地区地方政府演进的事例，参见《铁岭县志》卷3，第8a～10b页。

㊹ 《大清圣祖仁皇帝实录》卷5，第17a页。

* 康熙三年（1664）设立承德县，为奉天府首县。——译者

设官职上。[45]

清廷一直保持着这项确立于辅政时期的政治制度，直到 1907 年，清廷为改行督抚体制而将奉天将军一职裁撤。[46] 通过将权力集中在一位满洲出身的奉天将军之手，四辅臣强调了他们对东北南部地区安全的关注。而通过将地方行政机构纳入常规地方政府的范围，四辅臣不仅认可了这一地区的汉化，还加强了对诸如钱粮征收等运作的集权控制。 *162*

东北北部地区的政府控制

与东北南部地区民族单一的情况不同，东北北部地区居住着通古斯语族、蒙古族诸部，或是有着混合起源的部族。[47] 17 世纪前四十年，努尔哈赤和皇太极统治之下的满洲人或通过征服或通过交涉，与这些部族中的大部分结成了联盟。那些臣服于满洲征服者的部族通过如下若干关系与清朝统治者联系在一起：封建军事联盟、与满洲皇室联姻、编入八旗、朝觐使团。[48] 尽管存在着这些关系，但清

---

[45] 《大清圣祖仁皇帝实录》卷 11，第 23a 页；卷 12，第 10b 页。《钦定大清会典事例》卷 23，第 1b 页（总第 5347 页）；卷 30，第 2b～3b 页（总第 5441～5442 页）。《盛京通志》卷 20；卷 35，第 1b～2a 页。东北南部各地的这种变化情况，参见《辽阳县志》卷 18，第 9b 页；《盖平县志》卷 1，第 47a 页；《沈阳县志》卷 2，第 2b 页。

让我们以锦州府为例，来看看新设的地方官职的任命情况。鳌拜辅政时期，锦州府有一位知府，是来自直隶的汉族官员。这些年间，清廷在锦州府下辖的三个县共任命了十位知县。在这些知县中，五位是汉族官员，五位为汉军旗人。(《盛京通志》卷 42)

[46] 布鲁纳特、哈盖尔斯特罗姆：《当代中国的政治组织》，第 384～386 页。

[47] 东北地区的民族构成，参见欧文·拉铁摩尔：《满洲的蒙古人》，第 32～35 页。

[48] 罗伯特·李：《清代历史中的满洲边疆》，第 24～58 页。

初统治者仍担心东北北部诸部落可能会脱离清朝的控制，像满洲人挑战明朝那样挑战清朝。清朝必须设立一些永久机构以确保本朝控制的延续。

清朝对东北北部地区加强控制的另一诱因，是俄国哥萨克在黑龙江流域及松花江流域的出现。俄国从16世纪末开始向西伯利亚边境进行军事和商业扩张，1613年罗曼诺夫王朝的建立加速了这一进程。随着俄国哥萨克兵团向东挺进，他们在伊尔库茨克、鄂霍茨克、涅尔琴斯克（尼布楚）等城镇建立起带有防御工事的据点（城堡）。借由这些防御工事据点，俄国的军事冒险者带领远征军进入荒原，寻求与当地部落进行贸易。17世纪四五十年代，数股俄国远征军沿着黑龙江和松花江深入到东北北部地区。一支由哥萨克骑兵哈巴罗甫（Yarka Pavlov Khabarof）带领的远征军沿上述两条河流逐村洗
163 劫，从当地人手中偷盗粮食和货物，对反抗的部落民众大肆残杀。1654年，从西伯利亚派出的由斯捷潘诺夫（Stepanof）带领的另一支远征军，沿着哈巴罗甫的路线，继续在东北北部地区进行劫掠。[49]

顺治初年，清朝将绝大部分八旗兵力投入到入关战争中，因此东北北部地区的军事力量有所削弱。直到17世纪50年代初，清廷为抵御俄国侵犯、增强对东北北部地区的军事控制付出了巨大努力。1652—1656年，八旗兵的几支分遣队前往黑龙江流域，在此处与哥萨克数度交战。这些八旗兵阻止了俄国的推进，但是他们无法取得决定性的胜利，或是将哥萨克骑兵赶回在西伯利亚的大本营。因此，清廷于1657年在边境城市宁古塔（今称宁安）建立起永久性的清军

---

[49] 参见马克·曼考尔：《中国和俄国：1728年之前的外交关系》，第9～64页；陈兆奎：《17世纪的中俄关系》，第1～45页。

驻地。担任此职的将领是镶蓝旗满洲人沙尔虎达。1658 年，沙尔虎达率领驻军击退俄军。哥萨克骑兵遭受重创，撤退至涅尔琴斯克（尼布楚）城堡。[50]

沙尔虎达死于 1659 年，其子巴海继为宁古塔总管。巴海很快就证明自己是有才能的军事领袖。1660 年，巴海的军队与俄国远征军在松花江和黑龙江的交汇处发生冲突。巴海向北京呈递的奏疏称：

> 我兵追袭，贼弃舟登岸败走。斩首六十余级，淹死者甚众，获妇女四十七口，并火炮、盔甲、器械等物。[51]

1660 年清军获胜之后的数年间，俄国入侵减少，四辅臣的注意力转向巩固清朝对东北北部地区的控制。

1662 年，四辅臣任命巴海为宁古塔将军，与南面的奉天将军权 164
力相同。巴海在担任宁古塔将军期间（1662—1681）采取了数项重要举措，用以将东北北部地区牢固地置于清朝的支配之下。宁古塔强大驻军的新建，加强了满洲人对该地诸部的监管，也使清朝能够对部落反叛和外国入侵迅速做出反应。此外，巴海采用了清廷将蒙古各部编入八旗的模式，将这一制度应用于东北北部诸部。由巴海

---

[50] 陈兆奎：《17 世纪的中俄关系》，第 41～45 页。宁古塔驻防的发展，参见傅乐淑：《中西关系资料编年史（1644—1820）》下册，第 426 页注释 40；杨宾：《柳边纪略》卷 1，第 2a 页；戈尔德：《俄国在太平洋的扩张（1641—1850）》，第 38～49 页。17 世纪 50 年代宁古塔的发展以及中俄双方冲突的官方记载，参见《大清世祖章皇帝实录》卷 68，第 24a 页；卷 119，第 4b～5a 页。

[51] 《大清世祖章皇帝实录》卷 138，第 16a 页。巴海的传记，见恒慕义主编：《清代名人传略》，第 14～15 页；《清史稿》卷 249，第 2a～3a 页；《国朝耆献类征初编》卷 267，第 3b～5a 页。很明显，巴海在书写上述奏疏时隐瞒了驻防兵的大量折损，其后他被削夺世袭男爵以示惩戒。（恒慕义主编：《清代名人传略》，第 14 页）

编入八旗系统的部落被组编成常规佐领，它们被期待着能在东北地区发生战争时为清朝提供军事帮助。这些部落接受了“新满洲”之名，强调了它们与清朝的密切关系。四辅臣还将宁古塔指定为接待东北北部诸部朝觐使团的首要城池。四辅臣要求各部使团前往宁古塔，此举不仅确保了清廷与当地首领之间的定期联系，还防止了使团携带贡品入京，因为他们有可能会对京城的安全造成威胁。[52]

辅政时期加强清朝对东北北部地区控制的另一项重要举措，是鼓励汉人向这一地区移民。顺治和鳌拜辅政时期，汉人政治犯都是被流放到东北北部地区。此外，在17世纪60年代，如果汉人选择移居东北，那么清政府将给予其土地、种子和耕牛。还有一些汉人因商业原因前往东北地区，贩卖小商品、猎取毛皮或是采挖人参。没有准确的统计数字可用于判定清初汉人向东北地区移民的情况，但是迁居数量似乎相当大，且大量的汉人居所都建在宁古塔和吉林等城镇附近。

四辅臣想在东北地区增加汉族人口，显然是因为经济和军事的原因。出于扩大朝廷财政收入的考量，他们希望在东北北部地区发展农业和商业活动。从军事角度来看，汉人在东北地区的定居也是一个有利条件。俄国人于1668年发动进攻时，东北地区所有六十岁以下的汉族流人都被调动起来，而所有定居的汉人则奉命提供物资。[53]

---

[52] 东北北部地区的新满洲的发展情况以及蒙古诸部的朝觐关系，参见罗伯特·李：《清代历史中的满洲边疆》，第41～58页；恒慕义主编：《清代名人传略》，第14页；《大清圣祖仁皇帝实录》卷11，第9a页。

[53] 吴振臣记述了1668年时汉人为抵御俄国进攻而做的准备，这一记载的英译，见傅乐淑：《中西关系资料编年史（1644—1820）》上册，第41～42页。清初鼓励汉人迁居东北地区一事，参见罗伯特·李：《清代历史中的满洲边疆》，第78～79页；何炳棣：《明初以降人口及其相关问题（1368—1953）》，第158页。1668年，康熙帝转变这一政策，进一步禁止汉人向东北地区移民。[罗伯特·李：《清代历史中的满洲边疆》，第78～115页；何炳棣：《明初以降人口及其相关问题（1368—1953）》，第157～159页]

四辅臣加强满洲人掌控东北北部地区的方法，除上面提及的诸项外，还延续了顺治时期的征战以阻止俄国前进的策略。鳌拜辅政时期，巴海先后于 1665 年和 1668 年两次率领驻军从宁古塔出发，沿松花江和黑龙江而上，击败了数队俄国哥萨克骑兵。[54] 不过，虽然清朝取得的这些胜利有助于延缓俄国入侵，并为各当地部落提供安全保障，但是在 17 世纪 60 年代，东北北部地区的军事行动实际上是一种牵制性行动。四辅臣没有对俄国哥萨克骑兵主动进攻过。直到 17 世纪 70 年代末及 80 年代初，满洲人才开始了一场将俄国人完全驱逐出黑龙江流域的全面战役。1676—1684 年，康熙帝向东北地区派遣大量兵丁，为水战而训练水师，并将东北地区的指挥部移往吉林（比宁古塔更接近西伯利亚边境）。随后，清军于 1685—1686 年移驻黑龙江流域，迫使俄国人从雅克萨和尼布楚据点撤退。俄国人最终同意与中国人谈判，谈判的结果就是著名的《尼布楚条约》(1689)。 *165*

四辅臣在其东北政策中表现得很有活力，但他们的成绩与康熙帝相比，又一次相形见绌。然而，在历史学家看来，四辅臣对其故乡的政策，似乎可以作为他们制定政策的通用方式。对待外国人的多疑，保卫边境时的好战，发动对外战争时的保守，捍卫满洲人利益时的顽固，以及改革政治制度时的创造性，所有这些性格特征在其制定东北政策时都十分明显。

---

[54] 陈兆奎：《17 世纪的中俄关系》，第 45～46 页；戈尔德：《俄国在太平洋的扩张（1641—1850）》，第 53～56 页；傅乐淑：《中西关系资料编年史（1644—1820）》上册，第 39～43 页；杨宾：《柳边纪略》卷 1，第 12a 页。

第八章

党争与鳌拜辅政时期的终结

166 前面几章，我们将四辅臣作为一个集体予以关注，通过检视他们 1661—1666 年的主要政策来判断四辅臣集团的特征。然而，四辅臣集团只是 17 世纪 60 年代主导清朝政治的三个强大派系中的第一个。我们看待党争问题时，“派系”（faction）一词用于指称一个政治小集团，其明显特征是表达相似的态度并（或者）致力于相似的目标。这一词汇将被应用于所有此类集团，不管它们的成员是满洲人、汉人，或是二者兼有。无论它们的组织是正式的还是非正式的，是合法还是不合法的，都可以应用“派系”这一词。尤其是，“派系”一词并不意味着善与恶，而是描述一种特殊的政治现象。① 那么，循此定义，17 世纪 60 年代的三个主要派系是四辅臣集团、鳌

---

① 倪德卫对党争（factionalism）一词在中国历史上的使用情况以及对清初党争的发展状况有着出色的讨论，参见倪德卫：《和珅及其弹劾者：18 世纪的思想意识与政治行为》，第 218～232 页。

拜集团以及索额图—明珠集团。

鳌拜集团在 17 世纪 60 年代中叶迅速崛起，到 1667 年，鳌拜本人通过将家族成员及其追随者任命到重要官职的方式，能够消除其他辅臣的影响，操控京官与军事人员。与四辅臣集团——鳌拜是其中重要的一员——不同，鳌拜集团并不企图代表满洲共同体更广泛的利益，而是专注于实现小团体大胆又自私的抱负，这一小团体由鳌拜的支持者组成。

人们或许想知道，鳌拜和他的党羽期望从派系活动中得到什么。可能的答案是，鳌拜期望在一段相当长的时间里代替皇帝管理清帝国。鳌拜在其追随者的帮助下，想要实现芮玛丽所称的“皇帝的角色”：“相较于作为个人，中国皇帝作为一种功能总是更为重要。一位在礼仪上为人接受的皇帝和一个有才能的官僚集团进行合作就足够了。”② 鳌拜希望年轻的康熙帝能够怠惰数年，甚至是长久如此，他力图得到一位皇帝拥有的全部威望和权力，所缺少的只是皇帝的头衔而已。这是一场危险的赌博，但如果成功了，这就是一场会带 167
来巨大经济、政治回报的赌博。

对于鳌拜和他的追随者而言，不走运的是，康熙帝不只是在礼仪上被人接受的人物，甚至还是一个孩子时，他就已经开始展现出非凡的领导才能。17 世纪 60 年代末，作为一位强有力的清朝继承人，他挺身而出。康熙帝依靠以索额图和明珠为首的一小群支持者，开始申说自己的权势并展示自己的领导能力，他在努力安抚持有异议的汉族臣民时，也继续保护满洲传统。在 17 世纪 60 年代的最后几年，北京朝廷主要处于鳌拜集团和索额图—明珠集团之间的激烈

② 芮玛丽：《同治中兴：中国保守主义的最后抵抗（1862—1874）》，第 50 页。

争夺中。清廷的领导权与未来生死攸关。

四辅臣集团的分裂与鳌拜集团的先兆（1665—1666）

在 1667 年鳌拜集团全面崛起前很长一段时间，四辅臣集团内部已显露出紧张的关系。鳌拜企图成为同僚中的第一人，在协助其他辅臣共同制定政策的同时，也增加个人权力。前文已述，到 17 世纪 60 年代中叶，鳌拜已经将数位家人和党羽任命到八旗的官位上。两项重大的发展变化极大地加速了四辅臣集团的分裂及其向鳌拜集团的转变：1665 年索尼的孙女被册立为康熙帝的皇后，1666—1667 年的圈换旗地事件。

孝诚皇后

本书研究的重点一直是四辅臣的政策，自绪论起，我们几乎没有机会谈到紫禁城内的发展变化。太皇太后孝庄在 1661 年初帮助四辅臣伪造顺治帝遗诏之后，便不再直接干预朝廷事务，而是倾注于年幼的康熙帝。在康熙帝的生母孝康皇后于 1663 年 3 月逝世后，孝庄便担负起抚育、教导康熙帝之责，当时康熙帝只有九岁。孝庄对政务有着决策的权力，这对康熙帝本人产生了直接的影响。以这种角色，太皇太后通过间接，通常是迂回的渠道对清廷政治施加自己的影响。例如，在 1663 年孝康皇后崩逝时，她免除了这个小男孩送丧到东北地区及立即介入政治的责任，她宣布："念上冲龄，荷宗社
168 之重，不便远离紫禁亲送梓宫……上虽勉遵慈谕，仍哭踊不辍。"③

③ 《大清圣祖仁皇帝实录》卷 8，第 13a～b 页。

但无疑，在将皇帝留在北京这一表面理由的背后，是太皇太后想防止四辅臣和其他大臣将皇帝带离她的掌控。

太皇太后的一项重要特权是在皇后的选择上为皇帝提供建议。人们或许会想起，在顺治时期，皇帝没有理睬他母亲的建议，而将孝献作为他的皇后。然而，康熙帝与乃父不同，他严格遵守着汉人的孝道。1665 年 10 月，太皇太后提议索尼的孙女是合适的配偶；1665 年 10 月 16 日举行了大婚，这个年幼的女孩即孝诚皇后。此次婚约或许是奉太皇太后之命写就，盛赞这位新皇后的同时也间接褒扬了她的家族：

> 世德钟祥，崇勋启秀，柔嘉成性，宜昭女教于六宫。贞静持躬，应正母仪于万国。兹仰承太皇太后懿命，以册宝立尔为皇后。④

通过安排这桩婚姻，太皇太后孝庄对北京的政治世界造成了深刻影响。首先，她代表皇帝本人发声，清楚表明对索尼的宠信要超过其他辅臣。前文已述，四辅臣中，索尼在军事、行政事务方面最有经验，对清朝面临的复杂难题也最为清醒。而且，索尼很早就主张归政于康熙帝。⑤ 在 1667 年的一道上谕中，这位年老的辅臣被挑选出来作为清王室最杰出的臣仆，这时距离索尼去世还有几个月的时间：

> 辅政大臣伯索尼在太祖高皇帝时，授为内秘书院，毘 *169*

---

④ 《大清圣祖仁皇帝实录》卷 16，第 17a 页。

⑤ 《实录》有一条记载，1667 年皇帝亲政时，索尼请求皇帝采纳此奏。（《大清圣祖仁皇帝实录》卷 23，第 4a 页）

勉效力。在太宗文皇帝时，任以内外大事，悉能果断，殚厥忠诚。及太宗文皇帝宾天时，重念皇祖恩遇，坚持忠贞之心，不惜性命，克勤皇家。在世祖章皇帝时，亦任以内外大事，竭尽纯笃。世祖章皇帝宾天时，以其勋旧大臣，夙秉忠贞，堪受重托，遗诏俾令辅政。恪遵顾命，毕殚忠忱，夙夜靖共，厥职茂焉。⑥

其次，孝诚皇后的册立标志着索尼家族和康熙帝之间亲密关系的开始。孝诚皇后为康熙帝生下两个孩子。第一个出生于 1669 年，幼年夭折。1674 年皇后在分娩第二个孩子胤礽时崩逝，胤礽后被指定为皇位继承人。⑦ 此外，索尼之子索额图（卒于 1703 年）在 17 世纪最后三十年间成为皇帝最信任的满洲官员之一。索额图初任侍卫，1668 年任吏部侍郎，次年任大学士。在 1669 年清除鳌拜集团时，他也是关键人物。在 17 世纪 80 年代，康熙帝委任他处理中俄外交关系，1689 年，索额图是清廷在尼布楚的两位主要谈判人之一。⑧

最后，也是对我们的研究最重要的，是皇帝 1665 年的婚姻对疏远鳌拜和遏必隆有直接影响。据 1669 年拟定的鳌拜和遏必隆的罪

⑥ 《大清圣祖仁皇帝实录》卷 21，第 13a～b 页。随后索尼被授予一等公爵；虽然索尼固辞，但皇帝坚持让他接受。（《大清圣祖仁皇帝实录》卷 21，第 24b～25a 页；卷 22，第 1a～b、4b～5a 页）

⑦ 然而，胤礽并没有继承皇位，最后遭罢黜并被康熙帝幽禁。胤礽的传记，见恒慕义主编：《清代名人传略》，第 924～925 页。孝诚皇后的传记，见唐邦治：《清皇室四谱》卷 2，第 10b～11a 页；张尔田：《清列朝后妃传稿》卷上，第 79a～82b 页。孝诚皇后之父噶布喇是领侍卫内大臣。[《八旗通志》（1795）卷 317；恒慕义主编：《清代名人传略》，第 664 页]

⑧ 恒慕义主编：《清代名人传略》，第 663～666 页。

状，他们在册立孝诚皇后时“心怀妒忌”并且“敢行奏阻”。⑨ 择立 170
索尼的孙女为皇后冒犯了其他辅臣，他们的愤怒可以理解。但从政治的角度来看，皇帝的婚姻寓意重大。此事是太皇太后自顺治帝驾崩后第一次介入清廷重大政治事件。皇帝势力的增长，特别是他与索尼和索额图的结盟，显然意味着其他辅臣的政治权力的下降。因而，孝诚皇后的出现激化了四辅臣集团的分裂，并促使鳌拜和其他不受青睐的辅臣采取更加迂回的方式保持权力。

作为权威受损的部分补偿，鳌拜尝试了闺阁之战（bedchamber warfare）。1667 年初，鳌拜之侄、巴哈之子讷尔都迎娶了顺治帝的第二女。讷尔都获得和硕额驸的头衔，从而第一次在鳌拜亲属与皇室之间建立起婚姻关系。鳌拜很可能在图谋这种关系，他已经公然表示，索尼并不是唯一一个可以将家族与皇室联姻的辅臣。但是讷尔都的婚姻对于鳌拜而言只是表面上的光鲜，并没有改变北京的权力均势。⑩

圈换旗地事件（1666—1667）

鳌拜为 1665 年末皇帝的婚姻所苦恼，但是对其派系力量的增长很自信，他想出了一个对辅臣索尼和苏克萨哈之间的关系有着决定性破坏的计划，该计划可以提升他在满洲统治圈中的地位，并检验鳌拜集团的权势。从本质来看，鳌拜的计划是要求对自己所属的镶

---

⑨ 《大清圣祖仁皇帝实录》卷 29，第 8a～b、10b 页。

⑩ 唐邦治：《清皇室四谱》卷 4，第 10a 页。讷尔都是巴哈的第七子。1669 年，巴哈连同鳌拜集团中的其他成员一起被降革，讷尔都也被降革，贬为平民。但到了 1676 年，讷尔都被赦免，并被授予少师之衔。其亡故日期不详。（《八旗满洲氏族通谱》卷 1，第 6a 页）顺治帝的第二女生于 1652 年，1685 年去世，年 33 岁。

黄旗的士兵进行一次大规模的调换，从主要位于北京南部地区的八旗耕地迁到正白旗士兵所在的直隶东北部地区。为了能理解鳌拜计划的意义，我们必须分析旗地分配的背景。

1644 年入关之前，努尔哈赤和皇太极从东北南部已征服的地区拨出耕地赐予王公、军事将领及八旗兵。[11] 在此制度之下，各旗被安置在固定的方位。最荣耀的地点是北面，大概是因为北方是满洲
171 人家乡的方向，两黄旗被安置在这里。两白旗在东，两红旗在西，八旗中地位最低的两蓝旗在南。[12]

1644 年多尔衮到达北京时，他面临着将数以千计的八旗兵（外佐领）重新安置在耕地上的任务。为了保卫都城，并将大量旗人置于严密的监督之下，多尔衮决定将直隶地区的土地赐予他们。与东北地区不同，直隶的大部分地区人口稠密，旗人若不转移汉族百姓，就无肥沃土地可占。多尔衮因而采取了一种名为“圈地”的方法，汉人被迫空出他们的土地和房屋，清廷则将华北地区的其他土地赐予他们。在多尔衮摄政时期发生了三次大规模圈地，涉及的土地总数约达 100 万垧（1 垧比 1 英亩稍少）。[13]

多尔衮的圈地政策引起了满汉百姓的强烈怨恨。汉人常常发现，他们的新土地既没有之前的多，也不肥沃，在迁居过程中还失去了一年的收成。满洲人则苦于缺乏汉人的农业技术，他们有时无法依

---

⑪ 莫东寅：《满族史论丛》，第 106～107 页。

⑫ 恒慕义主编：《清代名人传略》，第 600 页；谢保樵：《清代政府（1644—1911）》，第 63～64 页。

⑬ 清初圈地问题的一项高水平研究是马奉琛的《清初满汉社会经济冲突之一斑》一文。其他论述，见莫东寅：《满族史论丛》，第 106～109 页；萧一山：《清代通史》第 1 册，第 400～402 页。

靠狭小、过度耕耘的土地维持生计。许多旗人还抱怨他们得到的土地如此之劣，完全不能耕种。尽管清初的统治者很少因汉人积怨而对其补偿，但是却竭力平息满洲百姓的抱怨。清廷允许旗人或是将土地交给政府，以换取每个月固定的钱粮津贴，或是选择搬到新的地点。⑭ 例如，在 1664 年，26 450 名八旗兵每人都被给予了近 5 英亩新地，这些土地分布在北京周边各府。⑮

引发不幸的另一个问题是，多尔衮背离了努尔哈赤—皇太极时期依据四个基准方位安置八旗这一制度。多尔衮本人属正白旗，他将正白旗安置在长城之南的直隶最北部和最东部地区。多尔衮将自 172
己的住处选在永平镇，这里位于山海关西南方仅 50 英里处。正白旗不仅拥有荣耀的地理位置，还控制了经由山海关前往东北地区的主要沿海路线。镶黄旗成员曾在 1643 年拥立豪格继承皇位，多尔衮或许是出于对他们的报复，仅将京城北部的一些地方拨给镶黄旗，而将该旗的大部分人集中在北京南部的顺天、保定和河间三府。⑯

⑭ 当旗人选择将他们的土地退还给国家时，这些土地或被赐给其他正抱怨土地恶劣不堪的旗人，或退还给汉人。（马奉琛：《清初满汉社会经济冲突之一斑》，第 339 页）随着时间的推移，越来越多的旗地落入汉人之手，或通过上述的方式，或是旗人将他们的土地售卖、抵押给汉族农民。（马奉琛：《清初满汉社会经济冲突之一斑》，第 349～350 页）

⑮ 《大清圣祖仁皇帝实录》卷 11，第 2b～3a 页；《八旗通志》（1795）卷 62，第 19b～20b 页。

⑯ 恒慕义主编：《清代名人传略》，第 600 页。两旗的实际位置如下：正白旗占据通州、永平、遵化、三河、丰润、滦州、乐亭、祁州、玉田诸县；镶黄旗占据保定、河间、涿州、顺义、密云、怀柔、平谷、雄县、大城、新安、任丘、肃宁、容城诸县。这些地名从《大清圣祖仁皇帝实录》的各条目以及萧一山《清代通史》第 1 册第 394～396 页整理而来。尽管就象征意义而言，镶黄旗的地位较低，但是在 17 世纪 40 年代的土地分配中，它得到的土地最多。镶黄旗总计得到土地 257 115 垧，而正白旗得到的土地是 131 477 垧。[《八旗通志》（1795）卷 69，第 1a～4a 页]

1666年初，鳌拜奏请将镶黄、正白两旗的土地以及镶黄旗在直隶东北部的额外圈地进行调换。鳌拜提出这一方案的表面理由是纠正多尔衮的不公平土地分配，为自己所在旗的旗人提供更多肥沃土地。⑰ 但是，在这一表面理由的背后，鳌拜心中却有一些狡诈的动机。首先，通过牺牲正白旗利益而使自己所在之旗占得上风，圈换旗地事件将有效地与隶属正白旗的苏克萨哈决裂。鳌拜和苏克萨哈从未成为过亲密的朋友，据《实录》所载，他们“每以论事相争而成隙”⑱。其次，鳌拜或许认为，圈换旗地计划一旦成功，就会将他置于与权臣多尔衮极为相似的位置上。鳌拜所在之旗不仅能再次拥有曾被多尔衮占据的土地，鳌拜自己也可以成为辅政时期的主导人物，就像二十年前的多尔衮一样。最后，鳌拜的计划是衡量其自身及其集团的力量的一项理想测试。如果辅臣、清廷以及帝国各衙署所持的反对意见都无法阻挠他公然且嚣张的行动，那么鳌拜就可以自由地将掌控之手伸向朝廷。

从1666年2月到5月，鳌拜设法通过在京衙门的正常渠道推动
173 圈换旗地计划的实施。他从一开始就遇到了顽强抵抗。户部满尚书苏纳海隶属正白旗，曾任多尔衮的护卫，他于2月18日上疏抗议：“地土分拨已久，且康熙三年奉有民间地土不许再圈之旨，不便更换，请将八旗移文驳回。”⑲ 鳌拜选择不理睬苏纳海的反对意见，而是组织了一次议政王大臣、九卿、都察院的联合会议，来讨论自己的提议。作为三方联合会议的代言人，康亲王杰书试图将注意力集

⑰ 正式史料中未见到鳌拜的奏疏，但《大清圣祖仁皇帝实录》卷18第3b～4b页有所提及。

⑱ 《大清圣祖仁皇帝实录》卷18，第4a页。

⑲ 《大清圣祖仁皇帝实录》卷18，第4a～b页。

中在八旗总体拥有的土地上，而不是特别集中于镶黄旗和正白旗占有的土地上，以此规避鳌拜的计划。2 月 24 日，康亲王杰书称，有 5 万多英亩的旗地被沙土掩盖或被洪水淹没，他建议委任京官对这些旗地进行仔细查勘。⑳

鳌拜从杰书的建议中看到有机可乘，设立了一个以贝子温齐为首的旗地查勘小组，温齐显然同意修改查勘小组的报告以推动鳌拜的计划。㉑ 1665 年 4 月 24 日，温齐将带有明显偏见的调查结果上呈朝廷："查勘各旗沙压、水淹不堪耕种之地，内镶黄旗地尤不堪。"㉒鳌拜对温齐的报告很高兴，当即发布上谕：

> 今各旗以地土不堪具控，据都统等踏勘回奏，镶黄旗不堪尤甚……惟永平府周围地亩未经圈出，应令镶黄旗移住。㉓

对辅臣计划的最初抵抗失败了，很显然，鳌拜通过京城的官僚 174

⑳ 《大清圣祖仁皇帝实录》卷 18，第 5a～b 页。

㉑ 《大清圣祖仁皇帝实录》卷 18，第 5b 页。

㉒ 《大清圣祖仁皇帝实录》卷 18，第 15a 页；《八旗通志》（1795）卷 62，第 21a～22a 页。贝子温齐是努尔哈赤的侄孙。温齐的最大成就是在 17 世纪 70 年代平定"三藩"之乱时所取得的军事胜利。（《清史列传》卷 3，第 34b～35a 页）温齐向朝廷的奏报，参见刘家驹：《清朝初期的八旗圈地》，第 55 页。

㉓ 《大清圣祖仁皇帝实录》卷 18，第 15b～16a 页。1666 年 5 月 12 日，户部尚书在奏疏中制定了圈换旗地的细节。这份或许是奉鳌拜之命写就的奏疏，要求将镶黄、正白两旗的土地以及另外位于直隶北部的土地进行交换，不论直隶北部的土地之上是否有人居住。事实上，镶黄旗想保持其此前在北京北部四县所占有的财产，并想占据正白旗在直隶北部及东北部的所有财产。随后正白旗被迁往此前镶黄旗所在的北京南部地区。鳌拜也关注其他旗地的利益，但他指出此问题以后再予考虑，这就表明了他的虚伪。［《大清圣祖仁皇帝实录》卷 18，第 18a～19b 页；《八旗通志》（1795）卷 62，第 22a～23b 页］

机构极为轻松地推进此事的发展。然而，在1666年的下半年，反对鳌拜之声日益强烈。在被指派执行换地命令的官员中，有三位竭力阻挠辅臣鳌拜的计划。尚书苏纳海自北京被派出负责两旗的迁移事宜，但是一个多月后，他未执行命令便返回京城。㉔ 直隶的两名最高地方官总督朱昌祚和巡抚王登联采取拖延策略，并上疏抗议。朱昌祚指出此前圈换土地所引起的苦楚和不公：

> 盖其俟圈过地亩，仍有肥瘠不同。各旗官丁视择厚薄，相持不决。而被圈夹空民地，百姓又哭诉失业，殆无虚日。㉕

巡抚王登联与总督意见一致，恳求朝廷使“两旗各安旧业，畿东亿万姓俱免拨迁”㉖。

鳌拜观察到对手掌控局势已有数月，最终采取了常见的政治清洗和恐怖行动。1666年12月12日，他下令抓捕并审讯苏纳海、朱昌祚和王登联。次年1月14日，刑部做出判决：朱昌祚和王登联鞭责一百，除妻妾外，所有家产充公。㉗ 对刑部的宽大决定表示不满的鳌拜宣布了自己的判决：

> 175 拨地事，不照所委料理，妄行具奏……情罪俱属重大。

㉔ 《大清圣祖仁皇帝实录》卷20，第11b～12a页。

㉕ 朱昌祚的奏疏，引自刘家驹：《清朝初期的八旗圈地》，第57页。

㉖ 《清史列传》卷6，第9b页；亦参见刘家驹：《清朝初期的八旗圈地》，第57页。

㉗ 《大清圣祖仁皇帝实录》卷20，第17a～b页。

> 苏纳海、朱昌祚、王登联俱著即处绞，其家产免籍没。㉘

清除主要敌人后，鳌拜继续实行圈换旗地的计划。1667 年的前几个月，46 000 名镶黄旗兵丁迁往北京北部、西部地区，在 203 000 垧土地上重新定居，这片土地此前归正白旗人和不幸的百姓所有。同时，22 361 名正白旗兵丁向南迁移，占据了北京南面的 111 805 垧土地。㉙

在圈换旗地事件中，鳌拜不仅证明了他有能力操控清政府以达到一己目的，还消解了四辅臣集团内部的团结。尽管苏克萨哈是明显的受害人，但是调换旗地一事加深了鳌拜和索尼之间由孝诚皇后册立而引发的紧张关系。一位为索尼作传之人写道："索尼对此极为不安；他与苏克萨哈见鳌拜权势日渐强大，不能容忍。"㉚ 但是索尼年迈虚弱，距 1667 年 8 月去世已时日不多。又因遏必隆不反对鳌

㉘ 《大清圣祖仁皇帝实录》卷 20，第 18a 页。对这一事件中反对鳌拜之人进行审问和处决的其他相关档案，参见《大清圣祖仁皇帝实录》卷 20，第 14b～15b 页。鳌拜在宣布判决两天后，还打击了英武尔代。英武尔代已于数年前亡故，曾任户部尚书，在多尔衮摄政时期，曾奉命划定各旗在直隶的最初地理位置。英武尔代还是苏纳海的族人。因此，鳌拜追革了英武尔代的所有官职。（《大清圣祖仁皇帝实录》卷 20，第 18b～19b 页）

㉙ 《大清圣祖仁皇帝实录》卷 20，第 20a～b 页；马奉琛：《清初满汉社会经济冲突之一斑》，第 340 页。1669 年，康熙帝努力纠正圈换旗地这一残酷行为，在颁给户部的上谕中，提到所有被不公正地迁离土地的人都可以返回，并禁止旗人以后圈占百姓土地。（《大清圣祖仁皇帝实录》卷 30，第 8a～b 页）苏纳海、朱昌祚、王登联在死后皆被免罪，清廷为他们举行了正规的葬礼，追赠每人的头衔可由其子孙承袭。（《大清圣祖仁皇帝实录》卷 31，第 7a 页）

㉚ 《清史稿》卷 255，第 3b 页。（作者理解有误，原文是："索尼故不慊苏克萨哈，顾见鳌拜势日张，与苏克萨哈不相容，内怵。"——译者）

拜，唯一一个可以聚集有效抵抗的辅臣便是苏克萨哈了。然而，鳌拜敢当面反对苏克萨哈，就不得不扩展自己的政治权势。派系扩张是鳌拜的首要任务。

鳌拜集团的鼎盛时期（1667—1668）

1667 年 3 月末 4 月初，鳌拜集团骤然间掌握了帝国中一些最有威望的官职。3 月 16 日，努尔哈赤之孙、鳌拜的心腹、追随者之一
176 班布尔善，被任命为内秘书院大学士。[31] 八天后，鳌拜发起了一场全面的京察，下令罢免了四位尚书、六位侍郎、内秘书院学士以及都察院左副都御史、大理寺卿各一人。[32] 通过这次大规模清理，鳌拜不仅回击了从前的反对者，还空出了京城最高层官僚机构的官缺，这些可由他的追随者补任。3 月 28 日，鳌拜集团中有三人被任命为部院尚书（阿思哈、噶褚哈、玛尔赛），三人被任命为侍郎（泰璧图、迈音达、罗多）。4 月 1 日，阿塔、白清额分别接任大理寺卿和光禄寺卿，他们后来被鳌拜任命为山西巡抚和陕西巡抚。[33]

鳌拜通过此前任命八旗官员以及在 1667 年 3 月和 4 月间任命京官，将党争之剑移近帝国政府的中心。在随后的两年间，鳌拜充分利用党争手段，竭力获取绝对的政治权力，就像多尔衮在 17 世纪 40 年代所握有的权力一样。

㉛ 《大清圣祖仁皇帝实录》卷 21，第 9a 页。

㉜ 《大清圣祖仁皇帝实录》卷 21，第 12a～b 页。

㉝ 《大清圣祖仁皇帝实录》卷 21，第 12b～14a 页。突然任命这些高级京官，标志着 1661—1666 年鳌拜身边只有一位身居高位的追随者的局面发生了变化。参见附录 2。

据《实录》所载的清单，鳌拜集团有三十九人（包括鳌拜、遏必隆）。[34] 在这三十九人中，有两位蒙古人，两位汉军旗人（刘之源、刘光），其余皆为满洲人。一些派系成员是鳌拜的亲属：三个兄弟（卓布泰、穆里玛、巴哈），儿子（纳穆福），三个侄子（佛伦、讷莫、塞本德），两位姻亲（剌祜、兰布）。鳌拜集团中有九人隶属镶黄旗，五人被确认为宗室成员，其余成员分布于其他七旗。鳌拜集团最强盛时（1667—1668），鳌拜的追随者们担任着大量重要官职：大学士一人、学士一人、部院尚书四人、侍郎三人、巡抚两人、都统八人、副都统两人、满洲将军三人、领侍卫内大臣三人。[35]

然而，这些数字并不能展示出鳌拜集团性质的全貌。该集团是 177
一个非正式的松散联合，其成员或出于家族忠诚，或出于个人利益，但都选择为辅臣鳌拜的野心效力。在随后拿问鳌拜集团的议政王等人眼中，真正的领导权握在鳌拜及其他十个满洲人手中：阿思哈、班布尔善、遏必隆、卓布泰、噶褚哈、玛尔赛、迈音达、穆里玛、塞本德、泰璧图。其余二十八人中有许多人仅仅因为他们凭借鳌拜的势力身居高官，或者是毫不相关地被卷入鳌拜党争活动中的这件事或那件事中而受到牵连。他们中的很多人都是无名且微不足道之

㉞　加入鳌拜集团的官员名单，来自《大清圣祖仁皇帝实录》卷 29，第 3b～28b 页。名单包括所有被特别指出是鳌拜党羽的官员，也包括所有参与党争而无论是否因此受到处罚的官员。鳌拜党羽的数量极可能超过三十九人，但是我们必须依据《实录》，这是关于此事的唯一可靠资料。

㉟　该信息引自《清史稿》、《清史列传》、《国朝耆献类征初编》和《八旗通志》(1739) 的传记部分，以及《清史》和《八旗通志》(1739) 中的职官表。有官员不止一次担任过这些官职的情况，因此在计算数字时也就多次记入。

鳌拜小心翼翼地对他所在之旗保持着绝对的控制。镶黄旗的三位都统皆出自鳌拜集团：汉军旗人刘之源、刘光，满洲人穆里玛，蒙古人泰璧图（作者共列出四位，但其实泰璧图为镶黄旗蒙古副都统，而非都统。——译者）。

辈，毋庸置疑，如果没有被卷入党争的旋涡，他们已被遗忘在中国历史中。[36]

将鳌拜集团变成一个带有一定凝聚性的群体的共同纽带，是个人对利益及权力的追求。权力本身以及权力可以即刻产生的个人威望和利益成为鳌拜集团的目标而非工具。为阐明鳌拜集团都做了什么样的事情，我们将聚焦于鳌拜本人及三位显赫的追随者——遏必隆、班布尔善、玛尔赛。

关于鳌拜在 17 世纪 60 年代末活动的主要信息来源，是 1669 年康亲王杰书主持编纂的鳌拜罪行材料。[37] 这份文件开列了辅臣鳌拜所犯的三十桩罪，这些罪行大体上可分为两类：公罪和私罪。

当然，鳌拜所犯公罪中罪大恶极者是结党并干预朝政。据杰书所奏，重大政治决策皆在鳌拜集团的内部自行制定："一切政事，先于私家议定，然后施行。又将部院启奏官员，带往私门商酌。"（第 7a 页）此外，我们已在圈换旗地事件中看到，鳌拜不能容忍反对意
178 见，"阻塞言路"。有一次，三位蒙古都统没有遵从鳌拜的意愿，他便拒不允许他们参加议政王大臣会议（第 8b、9a 页）。

藐视皇帝和太皇太后也是鳌拜的公罪。甚至在 1667 年 8 月康熙帝亲政后，鳌拜不肯表示出应有的尊重："御前呵叱部院大臣，拦截

---

[36] 《大清圣祖仁皇帝实录》卷 29，第 3b～28b 页。除遏必隆、卓布泰、玛尔赛、迈音达之外，鳌拜集团的十名主要成员皆因罪被处死。

[37] 这一部分所开列的鳌拜的各种罪行并没有涵盖重罪，例如鳌拜对册立孝诚皇后的反应、圈换旗地事件以及处决苏克萨哈。亲王杰书列举了这些罪状，但本章将在别处详细探讨它们。对鳌拜罪行的全面列举，参见《大清圣祖仁皇帝实录》卷 29，第 6a～10a 页。遏必隆的罪状，参见《大清圣祖仁皇帝实录》卷 29，第 10a～11b 页。班布尔善的罪状，参见《大清圣祖仁皇帝实录》卷 29，第 12a～14a 页。文中引用这些罪状时，都标出了页码。

章奏。”（第 8b 页）鳌拜的罪状之一是拒不遵守与太皇太后有关的敕令：“皇上行幸海子，令鳌拜奏明太皇太后，乃不遵旨，反云皇上自奏。”（第 9b～10a 页）

私罪方面，鳌拜被指控犯有图谋通过象征性的行动和政治行动以主导辅政权之罪：“先帝遗诏内，鳌拜名列遏必隆之后，乃不行遵奉。凡起坐班行，皆居遏必隆之右。同党噶褚哈，于列名启奏时，亦将鳌拜名前列。”（第 9b 页）此外，鳌拜所犯的一桩罪行也似乎反映了其不稳定、多变的性格：“因伊马匹被偷，将御马群头目并偷马人，自批尽行处决，籍其家产入已。”（第 9a 页）还有一次，鳌拜以克什格之父的坟墓有碍自家风水为由，逼令克什格迁坟（第 10a 页）。

通过亲王杰书拟制的鳌拜罪状，关于这位辅臣性格的大概图景也呈现出来。无疑，他“贪揽事权”（第 8a 页）。除有政治野心之外，鳌拜似乎还是一个没有安全感的人。他对批评的激烈反应，对皇帝的厉声反驳，以及做事情小心翼翼，都似乎加强了这一结论。鳌拜是一位了不起的将领，但是他作为政治领袖却不那么得心应手。他的野心使他接近于政治世界的顶峰，但是他的军事背景却留给他狭隘的心胸以及将批评等同于反抗的观念。

与他强势的共同辅政者不同，遏必隆是消极被动之人，在区别善恶方面显然无力坚持已见。他的军旅生涯在四辅臣中最不出色，在政治上似乎也是亦步亦趋。亲王杰书在拟定遏必隆罪状时，很难找到遏必隆自身所犯之罪。在杰书最终选择的十二桩罪行中，大多数都指控遏必隆默许或帮助鳌拜图谋不轨。例如，第 179
九桩罪叙述了鳌拜处死管理御马头领人一事，并评论道：“遏必隆既知其情，不行举首。”（第11a页）唯一一桩由遏必隆独自犯下的罪行是，他擅自将缺乏经验的下属吴尔喀授为京官（第10b页）。

遏必隆或许与鳌拜共同拥有追求个人荣耀的愿望，但是他却无法通过自身努力实现野心。他缺乏其他辅臣所具有的政治驱策的性格特征。他能成功地身居高位，或许在很大程度上是因为他作为声名显赫的额亦都之子所继承的地位。遏必隆在这一举世瞩目的满洲家族中属于缺乏才干的一员。

辅国公班布尔善在鳌拜集团中是仅次于鳌拜本人的最有影响力的成员。依据鳌拜集团中高级官员所背负的罪名数量——表示罪行的轻重而非准确数值，班布尔善仅次于鳌拜位居第二，犯有二十一桩罪。遗憾的是，班布尔善在17世纪60年代之前的仕宦生涯被作传之人忽略。我们只知道其父塔拜是努尔哈赤的第六子，班布尔善袭爵辅国公。人们或许会猜度，班布尔善像鳌拜集团中的其他许多成员一样，有着相对不出众的出身背景，他与辅臣结盟以图个人晋升。1667年初，班布尔善突然被任命为领侍卫内大臣、内秘书院大学士。[38]

对鳌拜阿谀奉承的班布尔善可以利用大学士的新头衔满足这位辅臣对声望的贪求。他定期呈请增加鳌拜的头衔和荣誉，以此来奉承鳌拜（第12b页）。1667年秋，鳌拜和遏必隆被授予一等公。然而，这些头衔仅以满文记载在“本辞爵”中*，

[38] 《清史稿》卷255，第8b页。塔拜的传记，见《清史列传》卷3，第38b页。

* 此处将“本辞爵”当作一种文献，误。《大清圣祖仁皇帝实录》（卷29，第12b页）原文是“具本辞爵”。班布尔善将两人的“辞爵”本章译为汉文。——译者

因此大学士班布尔善下令将其译成汉文以“声扬辅臣之美”（第12b页）。

班布尔善利用他身为辅国公、大学士和领侍卫内大臣的影响力，在京城的上层官僚机构为鳌拜集团斡旋。他批准任命了数名追随鳌拜事业的官员。承班布尔善之命，玛尔赛之子伊思哈*授票签处行走一职，借此他可将与国家事务有关的信息传递给鳌拜及其集团中的其他人（第13a页）。此外，班布尔善可以保护那些因罪被劾但支持鳌拜的官员。御史俞铎被检举条奏不实，班布尔善为其说项，请求予以宽免（第12a～b页）。

与班布尔善不同，玛尔赛在成为鳌拜集团一员以前很久，已是满洲军事政治圈子中的知名人物。玛尔赛的父亲是参加过入关战争 180
的著名将领，因此他承袭了乃父的数个头衔，包括男爵在内。1658年，玛尔赛协助罗多统率数千士兵在贵州镇压明遗民叛乱，罗多后来成为鳌拜的党羽。** 一年后，玛尔赛移驻江南，在此处协助该省抵御郑成功，由此获得一等子爵。1663年，已担任正白旗满洲副都统的玛尔赛随同穆里玛、图海远征，成功镇压李来亨叛乱。然而在17世纪60年代中期的某一时间，玛尔赛将自己的命运与鳌拜集团联系在一起，1667年3月，他出任工部尚书。次年，任户部尚书、正白旗蒙古都统。㊴

玛尔赛于1668年1月31日被任命为户部尚书，此事在北京引

---

* 《大清圣祖仁皇帝实录》载，伊思哈为玛尔赛之弟。——译者

** 统兵出征者为宗室罗托，时为宁南靖寇大将军，非鳌拜党羽。鳌拜党羽中有一人名罗多。作者混淆二人。——译者

㊴ 《清史列传》卷6，第13a～14a页。17世纪60年代末，玛尔赛虽身在鳌拜集团，但似乎能勤勉履职。例如，可参见1669年他就治河一事所上的奏疏，见《大清圣祖仁皇帝实录》卷27，第12b～13b、22a～b、22b～13a、23a～24a页。

起了相当大的骚动。首先，这标志着对复职制模式的背离，因为玛尔赛在汉尚书王宏祚、满尚书马希纳仍在任时成为第三位尚书。将玛尔赛任命为该部的第三位尚书，鳌拜以此举回指顺治朝，1650—1653年该部就曾有两位满尚书和一位汉尚书。[40] 但是1653—1667年，复职制被保持下来，鳌拜回归三尚书体制是增强其派系政治力量的一次明显尝试。户部是一个权势极大的机构，控制着帝国绝大多数的财政事务，因此玛尔赛的任命显然增强了鳌拜
181 的势力。而且，玛尔赛迅速在户部中占据上风。汉尚书王宏祚同前任满尚书苏纳海一样，直言不讳地反对鳌拜及其追随者的阴谋。[41] 1668年9月，鳌拜的得力爪牙班布尔善弹劾王宏祚失察并以户

---

[40] 1631年初盛京户部设立时，由一位贝勒掌管，其下有四位承政：两位满洲人，一位汉人，一位蒙古人（参见第二章）。1644年，清廷决定不再在这个特殊的部设置固定员额的尚书。然而，1649年，多尔衮将复职制模式（满、汉各一人）扩展到户部。随着1651年顺治帝亲政，三尚书体制（两位满洲人，一位汉人）得以确立。但是从1653年到1667年，只有两位尚书，一满一汉。1669年清除鳌拜后，康熙帝恢复了户部的复职制模式。[《钦定大清会典事例》卷19，第15b～17a页（总第5310～5311页）]

1650—1653年，礼部和刑部也是三尚书模式，但鳌拜在辅政期间没有在这两部重新建立该模式。[《钦定大清会典事例》卷19，第11b～12a页（总第5308页）；卷20，第3b页（总第5316页）]

1668年任命玛尔赛为户部尚书一事，参见《大清圣祖仁皇帝实录》卷24，第30a页。

[41] 王宏祚，举人，来自云南，明末清初时成为财政专家。起初任户部郎中，后任户部侍郎。1658年，任户部尚书，直到1661年。1664—1668年复任户部尚书。1669—1670年，任兵部尚书。1674年去世。（《清史列传》卷78，第48b～49b页；《清史稿》卷269，第1a～2a页）

据玛尔赛的传记，户部的另一位满尚书马希纳也是鳌拜集团的成员。（《清史列传》卷6，第14a页）如果此事为真，那么1668年两位满尚书皆是鳌拜的追随者，唯一反对鳌拜之人便是王宏祚。

部印盗取库银。* 王宏祚遂被革职。[42]

玛尔赛在担任户部尚书一年多后病故，但是故去的玛尔赛仍是争议的对象。鳌拜赐谥玛尔赛“忠敏”。玛尔赛显然不配如此尊崇，康熙帝试图撤销鳌拜的命令。但是鳌拜不为所动，没有理睬皇帝的抗辩。玛尔赛暂时被官方认定为清朝的圣贤。[43]

皇帝集团的出现

鳌拜集团的成员数量和影响力在 1667—1668 年迅速增长，几位满汉朝臣开始指望康熙帝本人，将皇帝作为打破鳌拜对帝国政府压制的唯一可能之人。17 世纪 60 年代初，四辅臣集团奉行着能够吸引满洲征服精英的政策，而鳌拜集团则仅仅受到了少数人的欢迎，他们都与鳌拜本人有着直接关联。圈换旗地事件表明，鳌拜在追求个人权力时不仅甘愿疏远汉人，还甘愿疏远满洲人。因而，对于许多满洲人和汉人而言，康熙帝便成为政治稳定、民族和谐以及皇权正统的象征。

---

* 此处有误，《大清圣祖仁皇帝实录》卷 26 载：“以户部尚书王宏祚失察书办劳于新等假印盗库银及孙文炜等控告不核实，命革职。”——译者

㊷ 《大清圣祖仁皇帝实录》卷 26，第 19a～b 页；卷 29，第 13b 页。《清史列传》卷 6，第 14a 页；卷 78，第 49b 页。杭州进士黄机取代了王宏祚。很可能是康熙帝将黄机委任到这一官职上的，其后他又数度任命黄机为部院尚书和大学士。（恒慕义主编：《清代名人传略》，第 337 页）

㊸ 《大清圣祖仁皇帝实录》卷 28，第 14b～15a 页；卷 29，第 8b 页。《清史列传》卷 6，第 14b 页。1669 年中鳌拜被罢免时，玛尔赛的谥号和头衔也被撤销了。（《大清圣祖仁皇帝实录》卷 29，第 15a、17b 页）

亲政的征兆（1666 年 8 月至 1667 年 8 月）

182 1666 年 8 月 30 日，给事中张维赤上疏，将支持康熙帝的运动变成行动：

> 伏念世祖章皇帝于顺治八年亲政，年登一十四岁。今皇上即位六年，齿正相符，乞择吉亲政。疏入，报闻。㊹

张维赤上疏数月之后，康熙帝和他的谋臣们都静静地等待着，可能是在寻找合适的时间按照张维赤的建议行事。

1667 年 4 月初，在鳌拜实施京察并将其数名追随者置于要职之后，康熙帝旋即开始维护自己的权威。4 月、5 月和 6 月，康熙帝开始亲自颁布上谕，这些上谕的语气和主旨与那些由四辅臣拟就的上谕大相径庭。例如，在 4 月 4 日，颁下面上谕与六部和都察院：

> 顷者京察，留任及升补部院各官，俱以贤能简用，理应殚竭忠诚，报效国家。部院堂官于本衙门属员贤否，知之最真。如有方正贤能者，即行荐举，以备擢用。庸劣不肖者，即应指参处分……至于都察院科道官员，职司风纪，于国家应行要务即应直陈，一切奸弊，即据实指参。㊺

对鳌拜集团如此不加掩饰地进行攻击，不仅旨在谴责鳌拜及其任命

㊹ 《大清圣祖仁皇帝实录》卷 19，第 16a 页。

㊺ 《大清圣祖仁皇帝实录》卷 21，第 15a～b 页。

的官员，还意在表明皇帝本人的存在，并表明未来将有一种迥然不同的行政管理方式。在 6 月末颁布的另一道上谕中，康熙帝被描述 183
成一个廑怀百姓困苦、仁爱无限的人：

> 民为邦本，必使家给人足，安生乐业，方可称太平之治。近闻直隶各省民多失所，疾苦颠连，深可悯念。或系官吏贪酷……抑或法制未便，致民失业。㊻

7 月，内弘文院侍读学士熊赐履进呈了一份特别的奏疏，使请求康熙帝亲政一事达到了新的高潮。熊赐履于 1658 年中进士，向皇帝上疏时，只有三十几岁。熊赐履在 17 世纪末期成为极有影响的官员，但是 1667 年时他只是京城中的一个小人物，于他而言，在鳌拜集团权倾朝野之时向皇帝提出建议和批评需要相当大的勇气。㊼

熊赐履于 7 月 27 日进呈的奏疏㊽发展为早期上谕的主题，间接谴责了鳌拜集团，清晰表达了康熙朝后来的许多基本理念。首先，熊赐履重复了汉族百姓的抱怨之词：

> 小民终岁勤劳，仅给俯仰之资。而夏税秋粮，朝催暮督，私派倍于官征，杂项浮于正额。（第 12a 页）

㊻ 《大清圣祖仁皇帝实录》卷 22，第 6a 页。

㊼ 恒慕义主编：《清代名人传略》，第 308～309 页；《清史列传》卷 7，第 48a～50b 页。熊赐履的奏疏或许是与皇帝的谋臣合作写就，因为奏疏中的大部分语句所反映的情绪正是皇帝本人在稍后所表达的。

㊽ 参见《大清圣祖仁皇帝实录》卷 22，第 11b～17a 页。文中给出了引文的页码。

熊赐履将农民所受的苦难与城市富户的奢侈相对比，恳请帝国上下皆行勤俭：

184 今日风俗，奢侈凌越……一裘而费中人之产，一宴而糜终岁之需。舆隶披贵介之衣，倡优拟命妇之饰。此饥之本，寒之源，而盗贼狱讼所由起也。然礼教之行，自贵近始。（第 15b～16a 页）

在熊赐履看来，这些弊病都是由贪污且无能的官员引起的：

急功喜事之人，又从而意为更变，但知趋目前尺寸之利以便其私……朝举夕罢，以致盈庭聚讼，甲令游移，此时事之最急者也。（第 13a～b 页）

鳌拜对汉族士人精英的不信任众所周知，熊赐履所写明显地打了鳌拜一记耳光：

树议者谓之疏狂，任事者目为躁竞，廉静者斥为矫情，端方者笑为迂腐。间有修身体道、读书穷理之士，则群指为道学而非笑之。（第 14a 页）

熊赐履针对这些缺失提出了一些尝试性的解决方案。他强调需要“贤能者”，并要求将“贪污不肖者”弹劾罢免。他建议康熙帝在“内臣者，外臣之表”的学说基础之上，首先注意京城的官僚群体

(第 13a 页)。熊赐履还坚持认为满汉官员必须平等，二者必须共同参加重要的朝廷议政：

> 申饬满汉诸臣，虚衷酌理，实意任事，是则曰是，非则曰非，汉官勿以阿附满官为工，堂官勿以偏任司官为计。（第 14a 页）

最后，或许最重要的是，熊赐履考虑到了康熙朝后来的教育和学术政策，提倡重视儒家学说并将儒家学者任用到重要的政治职位上。185
熊赐履认为，对所有将来入仕之人的评价都应基于他们对儒家伦理的理解。他用心地提出，应依据教育背景对高官的亲属和明朝遗民进行衡量："公卿大夫之子弟亦如之。至于山林隐逸之士，有经明行修、德业完备者……其有补于国家也，宁浅鲜哉?"（第 15a～b 页）。

熊赐履的奏疏是对康熙帝亲政以及对发扬儒家原则、促进民族和谐的热切恳求。熊赐履为康熙朝的统治写了一份雄辩的序章。然而，鳌拜却不如此看待此事。根据一位传记作家所写，当鳌拜读到熊赐履的奏疏时，他足够机敏地评论道："是劾我也。"[49] 鳌拜极力限制低级官员上疏弹劾的权利。[50] 若熊赐履没有康熙帝的安全保护，鳌拜很可能会惩处他。[51]

---

[49] 《清史列传》卷 6，第 11b 页。

[50] 《大清圣祖仁皇帝实录》卷 29，第 8b 页。

[51] 《大清圣祖仁皇帝实录》卷 29，第 8b 页。杰书指控鳌拜意图倾害熊赐履，这是鳌拜的罪行之一。这意指，由于皇帝或与皇帝关系密切之人的介入，熊赐履才未被中伤。

皇帝的政府（1667年8月）

同意康熙帝亲政的最终决定出台于1667年8月，约在熊赐履上呈著名奏疏一月之后。此时，鳌拜集团已经将控制权延伸至多数文武衙署的上层。而且，索尼在长期生病后于8月12日病故，这位倾向于代表皇权利益并能阻碍鳌拜集团的辅臣从政治舞台上消失了。索尼之死连同鳌拜权力的增长，都使太皇太后和康熙帝的谋臣们确信应敦促皇帝维护自己的权势。

这一决定于8月21日公之于众，透露了许多真实情况：

> 先是三月内，辅政公索尼等奏请皇上亲政，上留中未发。至是下旨曰，朕年尚幼冲，天下事务殷繁，未能料理，
> 186 欲再俟数年。辅政臣屡行陈奏，朕再三未允。辅政臣等奏云，世祖章皇帝亦于十四岁亲政，今主上年德相符，天下事务，总揽裕如，恳切奏请。朕乃率辅政臣往奏太皇太后。太皇太后谕以帝尚幼冲，如尔等俱谢政，天下事何能独理，缓一二年再奏。辅政臣等复奏，主上躬亲万几，臣等仍行佐理。太皇太后俞允。[52]

与顺治帝遗诏一样，这一旨在为新政权提供合法性的谕旨是伪造的。但是与顺治帝遗诏不同，如今这份谕旨使鳌拜和其他两位辅臣成为受害者而不是伪造文件的受益者。索尼或许确实请求过皇帝亲政，而鳌拜、遏必隆和苏克萨哈也同样有可能不赞成这件事。

---

[52] 《大清圣祖仁皇帝实录》卷23，第2b～3a页。

上述声明的主要特征是，四辅臣将继续“佐理”皇帝行政。这等于心照不宣地承认，皇帝及其支持者还没有做好驱逐鳌拜集团的准备。康熙帝反而很少声称自身的存在，以及他想在没有“佐理”的情况下主宰朝廷的最终意图。在接下来的两年里，皇帝在协作的表象之下着手增强自身的实力，准备攻击往昔的襄助者。[53]

在康熙帝亲政一事中，太皇太后孝庄显然握有最终决定权。支持皇帝和太皇太后者是由索额图和明珠为首的一个新派系。索额图和明珠都具备两个重要特征，这些都影响着他们的党争活动：他们都是年轻人，在 1644 年入关后开始掌权。他们在北京成长，是可以称为入关后的满洲精英的新一代杰出人物。入关后的满洲 187
精英对满洲传统和骑射技艺保持着强烈的情感，同时与上一代军事精英相比，他们对汉语和汉文化更为熟悉。此外，他们承认需要进一步满汉合作，以克服入关时遗留的民族敌意。索额图和明珠的第二项特征是他们的仕宦生涯都始于侍卫。虽然二人在 1666—1669 年都有着文职的任命，但是他们一直保留着一等侍卫之职。[54] 因此，他们在寻求对康熙帝的支持时，自然就转向了侍卫中的同僚。

这一侍卫派系的形成，为康熙帝集团对抗鳌拜提供了足够的军

[53] 1667 年 8 月 25 日颁布的一道上谕甚至用更为清楚的措辞提出了合作统治这一政策：“天下至大，政务至繁，非朕躬所能独理。宣力分猷，仍惟辅政臣、诸王、贝勒、内外文武大小各官是赖。”（《大清圣祖仁皇帝实录》卷 23，第 4a～b 页）

[54] 1669 年夏，索额图的仕宦生涯发生了有趣的一幕。6 月，索额图请求解去吏部侍郎一职，只任一等侍卫。随后 1669 年 9 月，他突然晋升大学士。参见《大清圣祖仁皇帝实录》卷 31，第 6b～7a 页。可能的解释是，索额图在鳌拜定罪后的关键过渡期只想担任侍卫。但是到夏末，康熙帝的统治权业已牢固，随后索额图可能希望出任比侍卫更有声望的职位。

事力量。这一侍卫派系还提供了忠诚的人员，他们可被任命到关键的文武官职上以抵消鳌拜集团的影响力。1668—1670年，即清除鳌拜前后，数名一等侍卫获得了高级职位。明珠被任命为刑部尚书（1668）和都察院左都御史（1669）。索额图任吏部侍郎（1668），一年后被任命为大学士。索额图的表兄帅颜保（希福之子）从一等侍卫提拔为吏部侍郎，随后于1669年夏升为漕运总督。清除鳌拜不久后，另一些一等侍卫接到了相似的任命：查哈喇晋升为工部侍郎，阿穆瑚琅晋升为理藩院侍郎，噶禄晋升为总管内务府大臣，班迪晋升为兵部侍郎，博罗特晋升为理藩院侍郎。[55] 这一侍卫派系组成了
188 索额图—明珠集团的权力基础，使得皇帝和太皇太后能够将他们的影响力扩展到京城的官僚机构（本章后面部分会讨论）。

入关后的精英中支持康熙帝的另一重要代表人物是亲王杰书（1645—1697）。杰书是努尔哈赤的曾孙。其祖父代善是被选中辅助努尔哈赤处理政事的四大贝勒之一，而且代善在推动1626年皇太极继位以及1643年福临（顺治帝）继位时最有影响力。杰书承袭了家族的亲王爵位，或许因为与康熙帝的密切关系，他在鳌拜时代末期就成为议政王大臣会议的代言人。这些年间杰书只是二十几岁的年轻人，因此难以估计他实际拥有的权力。杰书很可能只是皇帝集团中一个有名无实的领袖，可以利用他在议政王大臣会议的位置将太

---

[55] 感谢史景迁教授就康熙朝侍卫的作用所给出的建议，他还指出，在鳌拜集团终结后大量侍卫迅速崛起。史景迁在新书《中国皇帝：康熙自画像》中，深刻揭示了在康熙朝末年的党争中侍卫的活动情况。参见史景迁：《中国皇帝：康熙自画像》，第2章、第5章。

鳌拜集团倒台后的过渡期间侍卫的任命情况，参见《大清圣祖仁皇帝实录》卷29，第18a～b页；卷30，第4a、4b、10a～b页；卷36，第1b、7a页。

皇太后和她的支持者所做的决定公之于众并使之合法化。无论如何，1669 年清理鳌拜集团的大部分功劳都应归功于杰书和索额图。在“三藩”之乱中，杰书是东南地区的清军主帅，他挫败了耿精忠和郑经二人。[56]

因此 17 世纪 60 年代的皇帝集团将亲王杰书确立为代言人，权威在太皇太后处，政治、军事权力则在索额图、明珠及其侍卫同盟处。一方面，这一新派系保持了此前多尔衮集团、济尔哈朗集团和四辅臣集团的一个关键特征。他们恪守着满洲传统中的军事价值观念，并期望大力扩展清帝国。索额图、明珠和杰书皆是 17 世纪的杰出军事将领。[57] 然而，最大的不同在于索额图—明珠集团的不成熟与康熙帝本人的主导性影响。尽管索额图—明珠集团的权力基础是满洲人，但是他们在汉族官员群体中找到了许多盟友。在这些盟友的帮助下，这一新派系愿意安抚政见相左的汉族精英。康熙帝意识到了由满汉民族冲突所引起的不可收拾的局面，尽力满足一些在熊赐履奏疏中所表达的汉人理想。

审讯处决苏克萨哈（1667 年 8 月至 9 月）

在康熙帝名义上取得对清廷控制权两周后，朝廷旋即见证了一系列极为怪异之事。辅臣苏克萨哈进呈了一份奇怪的奏疏，随后便 *189*

---

[56] 恒慕义主编：《清代名人传略》，第 270～271 页；《清史列传》卷 1，第 5a～7a 页。

[57] 明珠、索额图、杰书在军务和满洲统治扩张方面显然有着共同的利益。正如在别处所提，明珠是首批主张清廷利用军队力量打击“三藩”的大臣之一，杰书则在接下来的战役中表现突出。尽管索额图建议康熙帝对“三藩”采取安抚策略，但是他在尼布楚证明了自己是强势的满洲谈判者，后来还参加了平定噶尔丹的行动。

受到了皇帝的指责，议政王大臣会议对其讯问，最终他被处死。此外，鳌拜集团和索额图—明珠集团在此事上似有某种程度的一致性。苏克萨哈不仅反对鳌拜集团，他还小心守护着辅臣的角色，抵制将朝廷控制权归还皇帝的努力。因此，鳌拜和皇帝的支持者都认为苏克萨哈是危险分子，其政治权力应予以剪除。

8 月 31 日，苏克萨哈进呈了一封不同寻常的奏疏，其中几近自讨苦吃地切责自己，据随后的供词可知，此举表明他并不赞成康熙帝作为国家领袖的新角色：

> 臣才庸识浅，蒙先皇帝眷遇，拔授内大臣。夙夜悚惧，恐负大恩。值先皇帝上宾之时，惟愿身殉以尽愚悃。不意恭奉遗诏，臣名列于辅臣之中。臣分不获死，以蒙昧余生……不幸一二年来，身婴重疾，不能始终效力于皇上之前，此臣不可逭之罪也。兹遇皇上躬亲大政，伏祈睿鉴，令臣往守先皇帝陵寝，如线余息，得以生全，则臣仰报皇上豢育之微忱，亦可以稍尽矣。[58]

康熙帝对苏克萨哈的奏疏感到困惑和恼怒，答复道：

> 兹苏克萨哈奏请守陵，如线余息，得以生全。不识有何逼迫之处，在此何以不得生，守陵何以得生，朕所不解。著议政王贝勒大臣会议具奏。[59]

---

[58] 《大清圣祖仁皇帝实录》卷 23，第 7a～b 页。

[59] 《大清圣祖仁皇帝实录》卷 23，第 7b～8a 页。

9 月 2 日，康熙帝赞成议政王大臣会议提出的将苏克萨哈抓捕审问的建议。议政王大臣立即审讯，其间不仅苏克萨哈，还有鳌拜、遏必隆以及鳌拜集团的其他成员皆提供了与此事相关的证词。鳌拜及其同党逐条弹劾苏克萨哈密谋反对康熙帝之罪以及其他罪行。9 月 4 日，亲王杰书开列了议政王大臣会议所认定的苏克萨哈所犯二十四桩罪。在亲王杰书看来，苏克萨哈上疏的真实意图是抗议康熙帝成为政治权威。为证实这一罪状，杰书引用了一段证词，据称此语是苏克萨哈对班布尔善所言："周公辅佐成王，成王时年十四，至二十余岁，方归政务。"此外，苏克萨哈似乎拒绝参加皇帝召集的在 8 月末举行的会议。谕令再三下达，据闻苏克萨哈回复道："不必去。"[60] 190

所列举的苏克萨哈罪状多少有些凑数，竟然达到了二十四桩之多，杰书抓住苏克萨哈仕宦生涯中一些琐碎事件不放。例如，第十二桩罪涉及苏克萨哈取用皇帝陵寝中的砖去加热他的汤。* 苏克萨哈本人否认，但是席特库的证词表明确是皇家的砖，苏克萨哈本人作为辅臣侵犯了皇家的特权（第 12a～b 页）。第二十三桩罪宣称，

---

[60] 《大清圣祖仁皇帝实录》卷 23，第 7a、13b～14a 页。苏克萨哈对皇帝的傲慢及对皇帝新政治角色的反对，是杰书所开列苏克萨哈的主要罪名。笔者引用两例，更多信息，参见《大清圣祖仁皇帝实录》卷 23，第 8b～16b 页。

在加诸苏克萨哈的罪行中，有四桩涉及他自称是顺治帝最亲密的伙伴。据杰书所奏，苏克萨哈声称先帝准允他独自寻找万年吉地，并承诺他可以葬于皇帝附近。一般认为，苏克萨哈还说过，顺治帝驾崩时只有他一人在场。送葬途中，苏克萨哈走在皇帝梓宫之侧，而其他辅臣则跟在数里之后。（《大清圣祖仁皇帝实录》卷 23，第 10a～11b 页）

* 此处理解有误，原文是："苏克萨哈供，去坐汤时打炕，曾将无用之砖用了是实，非系陵上所用等语。据原任郎中席特库供，陵上所用之砖，拿去茶房、厨房并伊炕上用了是实。辅臣拿去，焉能禁阻等语。""坐汤"，温泉洗浴之意。——译者

苏克萨哈将明初洪武帝的《实录》取出，并带回自己家中私自阅览。杰书熟练地借用偶然之事意指苏克萨哈有罪，他推论道："伊欲效洪武所行何事?"（第 16a 页）

议政王大臣会议在审查了苏克萨哈的二十四桩罪行之后，建议革去他所有官职和荣衔并凌迟处死。在苏克萨哈事件中，同时定为死罪的还有其兄白尔赫图、四个儿子及三个侄子。苏克萨哈的一些
191 同党及族人皆被革职。苏克萨哈的家产被尽数籍没，妻子和其他孩子入内务府为奴（第 16b～17b 页）。[61]

康熙帝接受了议政王大臣会议的意见，做了些微修改，只将苏克萨哈及一子处决，将凌迟改为绞刑。然而，康熙帝在赞成判决之前，先做了一番解释，称鳌拜迫使他同意对苏克萨哈及其家族、同党进行严酷清理：

> 上知鳌拜等怨苏克萨哈数与争是非，积以成仇，与其党班布尔善等构成罪款，必欲置之极刑，坚执不允所请。鳌拜攘臂上前，强奏累日。[62]

笔者认为，这一番先做出的解释并不是原始文件的内容，是后来在康熙帝的命令下添加的，意在将处死苏克萨哈的罪过转嫁给鳌拜及其集团。人们会发现，很难想象康熙帝在冒险削夺鳌拜和班布尔善之权的前两年，已经关注到二人的"构成罪款"。

---

[61] 然而，苏克萨哈至少有三子幸免于此次政治清洗。三人都承袭了苏克萨哈生前的爵位。（《八旗满洲氏族通谱》卷 22，第 4a 页）

[62] 《大清圣祖仁皇帝实录》卷 23，第 17b～18a 页。

有数个理由相信，康熙帝和索额图—明珠集团不仅对处决苏克萨哈欣然接受，甚至帮助推动对苏克萨哈的审问及处决。第一，苏克萨哈一直是投机分子，如果这二十四桩罪行具有真实性，那么表明他不想放弃作为辅臣所得到的政治势力。第二，苏克萨哈案就像1669年清除鳌拜案一样，都是由康熙帝的亲密共事者亲王杰书审查的。第三，在加诸苏克萨哈的二十四桩罪行中，有不少于十三桩都直接涉及他对康熙帝的轻视以及阻止皇帝亲政的想法。第四，甚至是1669年7月清廷重新审议苏克萨哈案件之时，此时距清除鳌拜已有数周，苏克萨哈本人仍被宣称有罪。[63] 第五，清除、处决苏克萨哈是合乎逻辑的测试索额图—明珠集团实力的方式。如果康熙帝和他的谋臣能够成功罢黜苏克萨哈，那么随后他们就可以更有信心地对抗鳌拜。

鳌拜集团与索额图—明珠集团：转向权力均势

1667年春夏间发生的事是17世纪中国政治的重要转折点。满 *192*
洲保守主义的最后堡垒四辅臣集团因索尼和苏克萨哈之死以及鳌拜集团的迅速壮大而破裂。为了消解鳌拜及其支持者的野心，康熙帝在太皇太后和弱小但有潜力的索额图—明珠集团的建议下亲政。低级京官熊赐履提倡道德与和谐的统治，以纠正17世纪60年代初的

---

[63] 《大清圣祖仁皇帝实录》卷30，第4b～5a页；《清史列传》卷6，第6a页。然而，苏克萨哈的其他家人、同党皆被免罪。（《大清圣祖仁皇帝实录》卷30，第9a页）

恐怖和政治纷争。熊赐履的奏疏进一步发挥了稍早关于有德官员和仁慈统治的上谕，希望康熙政权能够理解和滋养汉族精英。但是康熙帝和他的谋臣们也已显示出了坚韧勇敢的一面。人们会回想起，1667 年 7 月，清廷接受了吴三桂的短暂致仕。同年，康熙帝集团预计最终会与“三藩”一决胜负，遂增加了八旗兵力。简而言之，康熙统治后来展现出的许多重要特色和品格在 1667 年时已清晰易见。然而，康熙帝在中国历史上开启他的著名篇章之前，必须认真对付鳌拜。[64]

顺治朝实录的修订：党争的晴雨表

在宣布对苏克萨哈判决的那一天（9 月 4 日），礼部汉尚书黄机请求编修顺治朝实录。[65] 17 世纪 60 年代末期，编修实录有着特别的意义。鳌拜集团与康熙帝集团在选择顺治朝实录的编修者一事上有着冲突。因此 1667—1669 年编修官的任命，为衡量派别权势的转变提供了有用的晴雨表。

10 月 21 日，在康熙帝亲政两个月之后，清廷公布了首批人
193 员。[66] 总裁不是别人，正是鳌拜的同党大学士班布尔善。虽然大多数选出的协助班布尔善的官员不隶属两派，但其中有两人是皇帝最

---

[64] 1667 年 8 月末 9 月初，康熙帝为给予四辅臣荣耀而煞费苦心，他表彰四辅臣的长久效忠并赐予他们新的荣誉。8 月 29 日，在讯问苏克萨哈的前几天，皇帝褒奖苏克萨哈、遏必隆、鳌拜的“忠忱”，并令议政王大臣会议赐予他们荣誉。9 月 8 日，授予遏必隆、鳌拜一等公。两辅臣试图拒绝这一荣誉，但皇帝坚持如此。（《大清圣祖仁皇帝实录》卷 23，第 5a～b、19b、22b、24a 页）这或许可以解释为皇帝一方为辅臣们能够荣耀致仕而做的努力。

[65] 《大清圣祖仁皇帝实录》卷 23，第 18a 页。

[66] 《大清圣祖仁皇帝实录》卷 24，第 2a～3a 页。

亲密的盟友。明珠被任命为副总裁，熊赐履被任命为汉人副总裁。[67]次月，鳌拜决定将自己的三位追随者布达礼、吴格塞、穆舒任命为顺治朝实录的副总裁，以抵消明珠和熊赐履的影响。[68] 可以说，到1667年底，编修实录的人事任命反映出鳌拜集团在北京政治中的优势。[69]

然而，在1668年，索额图—明珠集团获得了支持和力量。尽管鳌拜仍控制着一些京官职位，但是新面孔开始出现在北京官僚的最上层。到1669年初，皇帝可以得到以下高级官员的支持：大学士对喀纳，尚书杜立德、黄机、明珠、王熙，侍郎索额图、蔡毓荣、米思翰、吴正治，都察院左都御史冯溥。[70]

作为势力增长的一种标志，康熙帝在1668年10月19日重新任命了顺治朝实录的总裁。选定大学士对喀纳代替班布尔善。[71] 到此

---

[67] 几名汉人被任命加入纂修班子，其后他们在17世纪七八十年代都成为重要官员。这些人中有李霨、魏裔介、范承谟。

[68] 《大清圣祖仁皇帝实录》卷24，第9b页。1667年11月11日，鳌拜将派系中的这三名成员任命为内三院学士。因此，他们有资格参与编修实录。（《大清圣祖仁皇帝实录》卷24，第7b页）

[69] 1668年1月6日，班布尔善被任命为太宗朝实录的监修总裁官。（《大清圣祖仁皇帝实录》卷24，第24b页）《大清太宗文皇帝实录》初次编纂于1652—1655年，1673—1682年又进行了修订。后期的总裁是杜立德。（恒慕义主编：《清代名人传略》，第3、78页）

[70] 这一名单是笔者在检阅其各自传记后列出的。他们中的所有人在17世纪70年代都是高级京官，许多人得到了皇帝的特别青睐。与康熙帝集团实力增长形成对照的是，鳌拜集团中只有六名成员在1669年初担任高级京官，他们是班布尔善、噶褚哈、阿思哈、济世、泰璧图、迈音达。（《清史》第4册，第2545页）

[71] 《大清圣祖仁皇帝实录》卷27，第3b页。1669年5月5日，刚刚被任命为大学士的杜立德，代替对喀纳任总裁。对喀纳的传记，见《清史列传》卷6，第24a～b页；杜立德的传记，见恒慕义主编：《清代名人传略》，第778页。1669年10月4日，索额图任总裁。（《大清圣祖仁皇帝实录》卷31，第9b页）

时为止，在罢黜鳌拜之前的约八个月，索额图—明珠集团已在北京占据上风。

康熙帝，他的父亲，他的未来

从 1668 年到 1669 年初，康熙帝对仅仅投身于权力政治等问题
194 并不满足。他全面意识到伪造的顺治帝遗诏所造成的破坏性影响。遗诏不仅将他的父亲描绘成懦弱腐败的君主，还使四辅臣体制合法化，俞允了他们支持满洲、反对汉人的政策。康熙帝决意挽回其父的名声，并由此为康熙朝提供一份不同的遗产。

1668 年 2 月 22 日，康熙帝为其父题献了一块墓碑 *，他题写了长篇颂词，称颂顺治帝的美德。[72]

康熙帝将其父描绘成杰出的军事领袖和德行出众的学者：

> 我皇考皇帝睿圣首出，奄有万邦，大孝弘仁，武功文德，配两仪而轶千古。（卷 25，第 4a 页）

顺治帝不仅兼备文武，还“视满汉如一体，遇文武无重轻”（卷 25，第 6b 页），且“治本爱民，出师则严纪律，毋敢杀掠百姓”（卷 25，第 5a 页）。最后，顺治帝极在意自己的职责，他“披阅章奏”。至于谋臣，他“择满汉词臣”，甚至费心建立一个特殊值房，翰林院官员可以聚集于此并向皇帝建言（卷 25，第 6a 页）。

---

* 即神功圣德碑。——译者

[72] 这篇颂词以及不久后颁布、将在下文提及的上谕，见《大清圣祖仁皇帝实录》，文中标明了卷次和页码。

康熙帝可能意识到，四辅臣对其父的描绘具有一定的真实性，但是康熙帝为了清朝的未来，需要一个新形象。比摆出一副孝子姿态更好的手法，是赞美杰出父亲的美德。眼下的任务就是将其父的梦想变为现实。

1668 年慢慢流逝，越来越多的上谕和决策都带有康熙帝的独特印记。他发起了一场揪出贪污和无能官员的运动。大多数皇帝关于此类事务的命令通常无人重视，但康熙帝与这些皇帝不同，他巡幸地方并宣布：

> 朕巡行近畿，见通州知州欧阳世逢、州同李正杰庸劣无才，副将唐文耀不娴武事，俱著革职。（卷 28，第 11a 页）

6 月末，康熙帝要求严格使用法律，并极富幽默地命令鳌拜 195
率官“审理重囚”（卷 26，第 6b 页）。甘肃发生饥荒时，他指示户部选出两名“廉能官”前往灾区与地方官碰面，他还强调：“不拘何项就近钱粮，酌量动支分赈，务令饥民得所。”（卷 25，第 19a～b 页）康熙帝禁止赌博，因为赌博使人废弃本业，倾败家产，这透露出皇帝具有严格的道德原则（卷 26，第 8b～9a 页）。

同时，康熙帝开始批判鳌拜辅政时期的一些最著名的政策。1668 年 10 月，他恢复了科举制度中的八股文，此举意在赢得汉族精英的好感。12 月，他下令弛禁迁海令，并向广东派出专门官员，以确保流离失所的百姓能回到他们的家园。1669 年春，重新审查南怀仁一案，这名耶稣会士再次成为钦天监监副。

鳌拜之死

康熙帝在经过数月的谨慎准备，确信自己的政治实力并公开列举了自己的目标后，最终于 1669 年 6 月 14 日向鳌拜发难：

> 朕念鳌拜旧臣，遗诏有名，宠眷过深，望其改恶悔罪。今乃贪聚贿赂，奸党日甚……种种恶迹，难以枚举。（卷 29，第 4b～5a 页）

随后康熙帝令亲王杰书带人抓捕并审问鳌拜。6 月 26 日，杰书撰写了一份长长的奏疏，列举了鳌拜及其党羽的罪行，这些在前面已有论述。杰书还建议将鳌拜集团中的二十五名成员处以死刑，包括鳌拜本人、遏必隆、班布尔善、玛尔赛。

康熙帝听罢亲王杰书的奏报，考虑了杰书的判决，他选择了宽仁。鳌拜没有遭受凌迟酷刑，但被罢免职务、籍没所有家产并监禁。
196 遏必隆因“无结党之处”，仅被革去太师的头衔，但其子可承继一等公的爵位。鳌拜集团中只有七名成员——班布尔善、穆里玛、阿思哈、噶褚哈、泰璧图、塞本德、讷莫——被处死，因他们罪在“不赦”。其他人，康熙帝将他们视为“微末之人”，均未予以惩处（卷 29，第 17a～18b 页）。随着鳌拜被幽禁及亲信中有权势的八人被清除（玛尔赛死于 1669 年之前），康熙帝已有效地粉碎了鳌拜集团，他可以宽待其他人。

但是鳌拜的命运如何？尽管他最可能被幽禁至死，但是还是流传有许多关于他被捕以及死亡的故事。有历史学家说：

> 康熙帝不敢颁布处死大学士鳌拜的上谕。他在私下里单独召见鳌拜。随后，康熙帝将数名身强力壮之人藏在宫中，并将他们装扮成在宫殿庭院中玩捉迷藏的男孩。强臣鳌拜入内后被男孩们抓住，在朝廷下令将其处死之前，他已在宫殿后院被处死。⑬

另一种说法是：一天，康熙帝和几名内侍在南书房等待着鳌拜的到来。鳌拜进门后，内侍们将他抓住，将他的手扭到背后，并迫使他跪下。随后，命令鳌拜端着茶碗暖手，但茶碗在沸水中煮过，很烫。当鳌拜失手掉下茶碗时，内侍们将他扑倒在地。接着，康熙帝大声喊道："鳌拜强壮有力但大不敬！"并下令对其惩处。⑭

第三个故事说的是，1669 年新年，辅臣鳌拜穿着黄袍现身朝堂，仅有朝冠上仍用红绒结而非东珠这一微小差别，康熙帝被激怒了。随后，康熙帝来到太皇太后的寝宫，询问如何拔除这位狂妄的辅臣。在拜访太皇太后之时，康熙帝看见一名宦官正在掷骰子。"帝言此事时，手执骰，若有所祷告者。一掷恰为不同，太皇太后大喜曰：勿忧。"这一故事继续记述道，在被拿问的前七日，鳌拜佯称得

---

⑬　谢保樵：《清代政府（1644—1911）》，第 39 页。

⑭　商衍鎏：《清代科举考试述录》，第 138 页。（此处与商衍鎏的记载有出入，原文如下："一日在南书房召鳌拜进讲，鳌拜入，内侍以椅之折足者令其坐，而以一内侍持其后。命赐茶，先以碗煮于水使极热，持之炙手，怦然坠地，持椅之内侍乘势而推之，乃仆于地。圣祖呼曰：鳌拜大不敬！健童悉起而擒之，遂将鳌拜交部治罪。"——译者）

病。康熙帝亲临探视，鳌拜卧于床上，身上盖着黑貂皮长袍。突然，康熙帝的一名侍卫将长袍拉向一侧，发现内藏一柄短刀。康熙帝只是笑着说，鳌拜真是满洲勇士，虽病卧床上仍佩兵刃，他会随时护
197 驾。此后不久，鳌拜被捕并赐令自尽。但是，故事的下文却是，还未等鳌拜自尽，宫中的一名布库手已将他勒死于狱中。为庆祝此事，皇帝下令每年新年都要掷骰子以测定来年凶吉。然而，据说这一惯例在后来被宦官破坏，他们设法只让骰子预示好运。[75]

所有这些故事可能都是不真实的，人们愿意看到鳌拜的仕宦生涯最后的惊人结局，因此才想象、虚构。对于耶稣会神父而言，对于汉族精英而言，对于居住在东南沿海地区和直隶流离失所的百姓而言，对于反对鳌拜集团的京官而言，鳌拜业已成为罪恶的化身。这样一位人物在监禁中默默死去是令人无法接受的。

尽管百姓记忆中看不起鳌拜，但是在18世纪，他因自身的军事成就而得到朝廷的认可。1713年，康熙帝回想起鳌拜辉煌的军事生涯，追赠他公爵。起初，此爵位由鳌拜的侄孙苏赫承袭，后来由鳌拜之孙达福承袭。1727年达福任副都统，他在被引见时给雍正帝留下了深刻的印象。因此雍正帝恢复了鳌拜的公爵爵位并赐爵与达福。恢复的公爵爵位还赐名“超武”。1731年，达福在与厄鲁特蒙古激战时被杀，此后超武公的爵位由其家族承袭半世纪之久。1780年，乾隆帝引述鳌拜集团的罪行，将这位前辅臣的世袭公爵降为男爵。[76]

---

[75] 巴克斯、濮兰德：《清室外纪》，第243～245页。（引文部分出自陈冷汰译本，见《近代中国史料丛刊》第722册，台北，文海出版社，1966。——译者）

[76] 恒慕义主编：《清代名人传略》，第600页；《八旗满洲氏族通谱》卷1，第6b页；《清史列传》卷6，第12b页。鳌拜三兄弟的后代，特别是巴哈的子孙，有多位是军事圈中及朝廷中相对杰出的人物。（《八旗满洲氏族通谱》卷1，第5b～6a、6a、7b页）

遏必隆及其家族不同于鳌拜，无论是在百姓的记忆中还是在朝廷的记载中都没有永久失宠。认识到遏必隆只是鳌拜集团的边缘人物，康熙帝就在 1670 年恢复了遏必隆的公爵爵位并准允他重回朝堂。遏必隆于 1674 年去世时，被赐祭葬，赐谥“恪僖”（恭敬并谨慎），这恰如其分。遏必隆的一个女儿初为康熙帝妃子，1677 年成为皇后，次年崩逝，被称为孝昭皇后。遏必隆的一些子孙在 17 世纪后期和 18 世纪担任文武要职。其子阿灵阿任理藩院尚书；孙辈中，一人任刑部尚书，一人任大学士兼军机大臣，还有一人任总督。 198
1852 年，咸丰帝将遏必隆的佩刀作为权力的象征赐给率兵追剿太平军的赛尚阿。[77]

---

[77] 恒慕义主编：《清代名人传略》，第 220～221 页；《八旗满洲氏族通谱》卷 5，第 7a～9a 页。关于孝昭皇后，参见唐邦治：《清皇室四谱》卷 2，第 11a 页；张尔田：《清列朝后妃传稿》卷上，第 82b～85a 页。

第九章

鳌拜辅政与康熙统治

199 随着1669年鳌拜集团的覆灭以及17世纪70年代中期四辅臣悉皆亡故，清代中国开始了一个新的时代。八股文制度复行，再次允许旗人可以参加常规的科举考试。内阁恢复了满汉复职制的平衡。从鳌拜圈换旗地计划中夺取的百姓土地退还给了百姓，鳌拜下令处死的不幸官员得到了追赠。耶稣会神父如南怀仁和张诚，成为康熙帝的亲密助手并为他提供有用的技术、对外事务建议。明末遗民士人在辅政时期是被尖锐抨击的对象，在康熙帝的各种安抚策略下，他们慢慢被纳入了清朝的掌控。鳌拜辅政时期谨慎进行的军事征讨被康熙帝的全面战役所取代，包括平定“三藩”、在东北地区抗击沙俄、迎战台湾郑氏以及击溃噶尔丹统率的厄鲁特蒙古。①

---

① 康熙帝在清除鳌拜后，旋即开始在政策和用人方面进行诸多更张。例如，到1669年底，45个高级京官职位中，只有16名官员留任。1669年2月在任的12位尚书，到年底只有2位仍任本职。（《清史》第4册，第2452页）此外，1669年夏，康熙帝牢固地确立了他对八旗统治阶层的掌控。为确立起对鳌拜所在之旗镶黄旗的控制，康熙帝重新任命了镶黄旗满洲、汉军两旗的都统和副都统。（《大清圣祖仁皇帝实录》

那么，康熙帝从鳌拜辅政时期继承了什么呢？康熙帝否定了鳌拜时代的诸多政策和官员任命，有政策能存留下来肯定令人惊奇。康熙帝在四辅臣的基础上将内务府扩展成一个庞大的私人衙署。审查政治决策的议政大臣，继续扮演着皇帝顾问的角色，其主要构成者为满洲人。四辅臣恢复了严格的考成制度，基于钱粮征收和地方 200
秩序衡量官员的表现，这一制度在康熙统治时期得以保留。尽管康熙帝恢复了八股文，但是仍将中式名额保持在比顺治时期低得多的水平上。如前所述，康熙帝效法鳌拜之例，将数名满洲人任命到地方官僚机构的上层职位上。四辅臣在东北地区推行的将军体制直到清末仍保持着原貌。康熙帝甚至在 17 世纪 70 年代末 80 年代初与郑经对抗之时，下令暂时恢复辅臣的迁海令。

因此，总体而言，在特殊政策和制度方面，鳌拜辅政时期的大部分政策和制度被纳入康熙朝的框架中。② 为了探究康熙帝与其辅臣

卷 29，第 6a～b 页；卷 30，第 4a～b、8b 页）9 月，他重新任命了镶黄旗蒙古都统。（《大清圣祖仁皇帝实录》卷 31，第 13b 页）康熙帝对上三旗特别重视，他在 1669 年持续对旗缺进行新的任命。参见《八旗通志》（1795）卷 320、323、326。

康熙帝在统治后期谈及鳌拜辅政时期的用人不当。1684 年，他评述道："督抚乃封疆大臣，通省民命所关。世祖皇帝时所用者，尚属循良。逮至辅臣时，自用张长庚、白如梅、张自德、贾汉复、屈尽美、韩世琦等匪人以来，扰害地方，以致百姓困苦已极。今之督抚，较前虽觉稍愈，而相沿成习，尚未尽改。"（《大清圣祖仁皇帝实录》卷 114，第 8b～9a 页）查阅康熙帝提及的各官员的传记，很显然，这些官员在担任巡抚或总督时都因行为不当而遭到弹劾或受到惩处。参见《清史列传》卷 7，第 45a～46a 页；卷 78，第 60a～61a 页。《国朝耆献类征初编》卷 154，第 24a～25a 页。钱仪吉：《碑传集》卷 61，第 10b～11b 页；卷 62，第 2a～b 页。

② 四辅臣和康熙帝的其他相似之处在史景迁的《曹寅与康熙：奴才与主子》一书中显而易见。例如，皇帝执着于奏折中军务的特殊性，并与四辅臣一样忧虑着宦官在京城所扮演的角色。皇帝处死明朝遗民士人戴名世，这也让人想起辅臣们对明史案的迫害。这些事件参见史景迁：《中国皇帝：康熙自画像》，第 2 章、第 6 章。

之间的更多基本差异，我们必须通过这些细节深入到他的性格和态度之中。前面的章节已经论证了四辅臣和康熙帝都对他们的满洲遗产感到骄傲并给予保护。皇帝及其辅臣的共同之处在于，他们维持满洲民族统一性、纯洁性和优越性的愿望，以及致力于实现征服并巩固中华帝国的满洲梦想。二者皆珍视满洲的军事传统，坚持在满洲人中保持军事价值观念。二者的共同之处还在于，他们愿意尝试和创新，特别是在处理政务之时。

在领导和决策的风格方面，康熙帝与其四辅臣之间的差异是由
201 他们的性格和出身背景所决定的。四辅臣，或许除索尼之外，都浸润于满洲的军事传统中。作为战士的精英成员，他们成长于东北地区。他们年轻时就期待有朝一日能够参与攻打汉人的战役。对于年轻的满人来说，富裕的汉族士大夫阶层不只是军事敌人。这一阶层代表着满洲理想的对立面，他们被视为软弱的学者和美学家，战争也无法使他们变得坚强。

尽管这四位满洲人从未被委以制订入关战争全面计划的重任，但是作为战士和谋士，他们受过良好的训练。作为充满深切使命感的高级军事下属，他们在 17 世纪三四十年代的战场上创造了超凡的纪录。然而在入关后，未来的四辅臣发现他们在整个顺治朝并无权势。最糟糕的是，顺治帝似乎允许他的个人生活和清廷退回到明末中国的习气中。这四位满洲人安静地等待着可以登上政治舞台、展现他们对清代中国的愿景的那一刻。

因而当四辅臣于 1661 年掌权之后，他们不仅是满洲价值体系的产物，还是由自身仕宦生涯所引发的憎恨、挫败和欲望的产物。他们对军事事务的全神贯注，迫使他们从士兵的角度看待朝廷和社会。

汉人和满洲人都被期望着遵守军纪、立下军功。然而，四辅臣对军事战略计划并无经验，这使他们无法超出顺治年间确立的战略方针进行远征。四辅臣激进地遵奉着军事价值观，但在军事战争以及对外政策方面十分保守。四辅臣还显示出对汉族精英的强烈猜疑。他们怀着对此类精英的扭曲想象来到关内，当看到顺治帝的汉化倾向后愈加愤怒。最后，他们对自己在顺治朝的微弱政治势力感到挫败和敌意，并保留着对政治权力的渴求。

另一方面，康熙帝在这种极为特殊、受到约束的环境中被培养长大。③ 他在年幼时至少有一段时间与乳母一起生活在紫禁城外的宅邸中，远离了宫廷的腐败压迫。其早年教育以及成长情况似乎在很大程度上受到非凡的祖母太皇太后孝庄的影响。康熙帝在少年时代就熟练地掌握了满语，汉语读写学习得相当好，可以高效地处理国家公文。在太皇太后的教导下，康熙帝学会了尊重满洲军事传统以及骑射狩猎。但是，从其政权后期的性质来判断，年轻的皇帝显 202
然还得到了中国哲学与历史方面的指导。他被引导着对汉文化的某些方面怀有敬意，知道一个汉族皇帝的传统责任。

尽管康熙帝同他的辅臣一样，是一个骄傲又毫无畏惧的满洲人，但他还是采取了一些旨在平抚汉人怨恨、赢得汉人支持的举措。1670 年，扮演着传统汉族皇帝角色的康熙帝发布了著名的《圣谕十六条》，他扮成关心臣民的父亲似的人物，清晰地表达了十六条道德行为准则。1679 年，康熙帝采纳熊赐履的奏疏，举行博学鸿儒科考试，将明末遗民士人纳入自己的管理。同样，他资助艺术和文学，

---

③ 下面的信息引自恒慕义主编：《清代名人传略》，第 301、328 页；史景迁：《康熙皇帝的七个阶段（1654—1722）》，第 205～211 页。

又发起了几项书籍编纂工程，如《康熙字典》《全唐诗》。他甚至还在北京的宫廷中留出一间宫殿供艺术家、建筑家和技术人员使用。④简而言之，康熙帝消除了鳌拜和其他辅臣反对汉人的态度，巧妙地应用汉人传统，在中国创造出更为和平的氛围。

然而，康熙帝的大部分统治经历仅仅可以解释为其政治天赋与满洲军事活力的独特结合。从许多方面来看，在追求相似目标之时，他比辅臣们更为强硬且更富有想象力。他通过创新来寻求政府效率，通过军事扩张来寻求安全保障，这让我们想起努尔哈赤和皇太极，甚至是成吉思汗。康熙帝为规避通常被孤立的皇帝角色，开始进行六次南巡，以此获得关于各省各地方情况的直接信息。他依靠包衣以及更为随意、更有效率的奏折制度，缓解各省与京城之间信息交流迟滞失真的问题。为保持满洲传统和军事强力，他在数个夏天都住在长城之外的热河宫殿，并在秋天时亲率八旗兵进行艰苦狩猎。⑤为保持东北故地的民族同一性，他还禁止汉人向东北地区移民。

此外，必须将康熙帝与清帝国的建立者努尔哈赤和皇太极等量齐观。康熙帝通过精心策划并强力执行的军事战争，将清帝国的控制范围扩展到中国北部和西北部地区、台湾岛、蒙古北部和西部的大部分地域，以及东北北部地区的边境。因此，当康熙帝掌权后，
203 他并没有放弃先祖的愿景，甚至没有放弃其辅臣的志向。康熙帝不仅是一位非同一般的皇帝，还是一位非同一般的满洲皇帝，他所取得的许多成就将会得到其辅臣的热烈称赞。康熙帝怀柔汉人的举动与顺治帝不同：这是一位对满洲传统保持着强烈忠诚的多才多艺的

---

④ 恒慕义主编：《清代名人传略》，第 329 页。

⑤ 史景迁：《曹寅与康熙：奴才与主子》，第 52 页。

统治者，在寻求与汉人更为和谐的关系时的所作所为。

相比之下，皇帝的四辅臣则缺乏这种多才多艺。他们具有康熙帝性格中的满洲成分，但是却不能够做到他那样细密复杂。唯一的例外是索尼，他的活动和他的子孙为清朝从初期过渡到盛世做出了重大贡献。但总体而言，辅政统治反映了对满洲统治的迷恋，这可以说是大多数军事精英的特征。四辅臣强调清初国家和社会的满洲因素，而汉族精英和汉族制度则被当成从属的，有时甚至被当作危险的因素。他们在马上征服天下，也试图在马上统治天下。四辅臣坐在马鞍之上，他们误以为清朝国家正处在走向排他性的满洲统治的最后行程。康熙帝为获取政治利益而甘愿扮演起儒家明君的角色，他发现很容易从征服的马背上下来并坐在汉人皇位之上。

附录 1

顺治皇帝之“死”与遗诏的伪造

205 1661 年 2 月最初几天发生的事情在中国历史学家中一直存有争议。根本问题是顺治帝是否真的在 2 月 5 日驾崩，他是否退隐佛寺并在那里度过余生。一些富于想象力的故事写到顺治帝退位、康熙帝和太皇太后神秘造访“五台山奇怪的和尚”。① 萧一山虽不完全赞成退位说，但认为退位说和病逝说两种都有可能。② 而孟森对这一问题做了大量研究，结论是顺治帝确于 2 月初死于天花。孟森依据皇帝近侍——学士王熙及和尚性聪——的两本年谱得出这一认识。他们二人都在 2 月初目睹了顺治帝之死，并且都记载了顺治帝日渐衰弱的身体状况。③ 尽管这些年谱并不能构成顺治帝于 1661 年初驾崩的证据，但孟森一方似乎有着旁证，除非发现了进一步的信息，我们最好认为顺治帝在 2 月 5 日驾崩。

---

① 参见庄士敦：《一位皇帝的传奇》，第 1～24、180～194 页；巴克斯、濮兰德：《清室外纪》，第 235～238 页。

② 萧一山：《清代通史》第 1 册，第 405 页。

③ 参见孟森：《清初三大疑案考实》，第 456～457 页。

然而，毫无疑问，顺治帝确实留下了自己的遗诏，几乎可以肯定的是，这份遗诏在公之于众前被改写、扩充。2月1日，王熙被传唤至顺治帝的榻前，将“密封奏折”读给顺治帝听，并奉命记下谕旨。2月4日，王熙和另一位学士麻勒吉再次被传唤至顺治帝榻前。④ 据王熙所记，顺治帝命他们记录遗诏，并转交给朝臣。王熙 206 的年谱中有如下记述：“熙伏地饮泣，笔不能下，上谕勉抑哀痛，即御榻前先草第一条以进。”⑤ 遗诏拟就后，顺治帝令两位学士记好遗诏，草拟完稿。目前尚不清楚的是，二人是合作完成还是分别完成这些命令。王熙奏请移至乾清门并隐至屏风之后撰拟恭读。他提到三次检视终稿，至日暮时分，才认为所拟终稿合乎顺治帝之意。⑥

---

④ 对草拟遗诏的官方记述和传记材料表明，这两名官员被赋予起草诏书之责。参见《大清圣祖仁皇帝实录》卷1，第4b～5a页。亦参见《清史稿》卷256，第5b～7a页；卷279，第8a页。恒慕义主编：《清代名人传略》，第819页。庄士敦：《一位皇帝的传奇》，第190～191页。

王熙于1647年中进士，17世纪50年代早期担负的职责就是协助顺治帝草拟诏令。王熙因有将汉文译成满文的能力而备受尊敬，17世纪40年代晚期，他在内国史院教授满文。王熙在17世纪50年代担任过数个官职：日讲官（负责每日向皇帝进讲）、内秘书院学士、侍讲学士、翰林院掌院学士、礼部侍郎（1658）、礼部尚书（1660）。（恒慕义主编：《清代名人传略》，第819页；《清史稿》卷256，第5b～7a页；《国朝耆献类征初编》卷4，第1a～32a页）

麻勒吉为正黄旗满洲人，17世纪初其先祖归附努尔哈赤。与王熙一样，麻勒吉是娴熟的译者，他在1651年举行的翻译科考试中考取举人。1652年中进士，授修撰。1653年的一道上谕褒奖了麻勒吉的翻译能力，他因此担任内弘文院侍读学士。1654年擢学士，并被委以编修努尔哈赤、皇太极两朝实录之职。17世纪50年代晚期，麻勒吉还参与了几场军事战役。鳌拜辅政时期，麻勒吉任刑部侍郎（1666），不久后又任江南江西总督（1668）。他还在17世纪70年代平定“三藩”之乱中发挥过作用。麻勒吉死于1689年。（《清史稿》卷279，第8a～9a页；《清史列传》卷10，第1a～2b页）

⑤ 《清史稿》卷256，第5b页。

⑥ 孟森：《清初三大疑案考实》，第457页。

其后，麻勒吉将拟就的遗诏交与太皇太后的侍卫贾卜嘉。贾卜嘉或于2月4日晚将此份遗诏交与太皇太后。[7] 因此，四辅臣与顺治帝的母亲有大约一天的时间修改遗诏，以满足自身利益。

遗诏中可能被伪造的部分已在本书中的其他章节述及，值得一提的是，孟森认为遗诏中只有那些涉及用度奢侈、君臣交流有限、不愿接纳批评意见三项内容的罪状可能是真实的。[8] 王熙在年谱中记述了2月5日晚他在宫中听到遗诏时的震惊，并言“俱不敢
207 载”。[9] 孟森提供了遗诏乃伪造的其他证据，指出，顺治帝于1661年1月31日参加了吴良辅的剃度仪式，他在四天后口述遗诏时转而反对宦官是几乎不可能的。[10] 如同顺治帝之死的疑案一样，我们有着遗诏乃伪造的强有力的旁证，我们相信它，除非能找出相反的证据来。

怀疑者或许会问：如果顺治帝的遗诏是伪造的，那为什么康熙帝要将它写入《实录》呢？最有可能的解释是，康熙帝知道这份遗诏是伪造的，但因个人和政治的双重原因而将它保留在《实录》中。康熙帝，从来就不以谦虚著称，可能意识到其父这一被污损的形象将使他本人成为第一位真正统治中国的强权皇帝。也可能是，康熙帝认为那些对现存遗诏系伪造一事非常清楚的汉官，会欢迎他在1668年2月颁布的关于其父的上谕。最后，由于遗诏表达了许多满洲征服精英所广泛持有的意见，康熙帝应该会认识到，为此而修改《实录》以至疏远这一精英群体是不值得的。简而言之，康熙帝通过

---

⑦ 《大清圣祖仁皇帝实录》卷1，第4b页。

⑧ 孟森：《清代史》，第128页。

⑨ 孟森：《清代史》，第128页。

⑩ 孟森：《清代史》，第128～129页。

将伪造的遗诏留在清廷的编年体史书中并在 1668 年为其父写下证言，为自己的统治留下了截然不同的形象，一种是给满人的，一种是给汉人的。通过设法塑造这两种形象，康熙帝竭力提升自己在两个群体心目中的地位。

附录 2

重要京官的仕宦模式（1661—1666）

208 目前尚缺乏对清初满汉官员仕宦模式的研究，因此对那些在1661—1666 年担任过大学士、各部尚书、都察院左都御史及理藩院尚书的官员进行考察是有意义的。这些官员已经位居官僚阶梯的顶层，他们成为清初政治成功的标杆。本附录结尾处的表 A 列出了这些官员中 39 人的仕宦经历，其中 14 人为满人，22 人为有功名的汉人，2 人为汉军旗人（其中 1 人还是进士），2 人为蒙古人。汉人数量偏多，原因并非牺牲满人利益使得他们占据了官僚政治的主导地位，而是汉官有着更高的流动性。

表 A 中所列的数据表明，一般说来，1661—1666 年品级最高的京官职位是由那些在 17 世纪三四十年代入仕，在五六十年代达到仕途成功的顶点，又在"三藩"乱起之前或致仕或亡故的人担任的。与大多数征服精英不同，担任这些主要官职的满洲人都有着军事和行政两方面的丰富经历，而不仅仅是刚刚从战争中归来的征服者。为官的汉人几乎全部取得了进士功名，可以上溯到 17 世纪 40 年代的殿试。这些官员中的绝大部分，包括满人和汉人，都避免卷入 17 世纪 60 年代晚期的党争，对于鳌拜的野心既不支持也不阻挠。于是，胜任与成熟便成为这些年间满汉高官精英的特征。

身居这些高位的满洲人代表着八旗整体，差不多是在八旗中均分的。尽管许多满洲人的仕宦生涯始于军旅，但是几乎所有人在担任部院尚书或大学士之前都被委以京城要职。满洲官员中有 5 人曾在六部中任侍郎，1 人曾在内三院中任学士。在本附录所研究的 14 位满洲官员中，没有一位是在此前未接触过行政事务的情况下，从纯粹的军事生涯径直走向京城官僚政治的最高层。这些满洲人通常遵循着两种不同仕宦模式中的一种：军事与行政结合的路径，或是以行政为主的路径。

苏纳海可作为第一种类型的代表，即军事和行政经验的结合。苏纳海为正白旗满洲人。在多尔衮摄政时期，他先后任多尔衮的护 *209*
卫及内三院学士。17 世纪 40 年代末期，苏纳海跟随满洲亲王豪格出征，此役最终将张献忠剿灭。1649 年，阿济格率军征讨山西大同的明遗民叛乱，苏纳海参与其中。一年后，苏纳海将中国断代史书《三国志》译成满文，因此被授予世爵。1653 年，他任吏部侍郎，三年后，任镶红旗满洲副都统。顺治末年，他任工部尚书（1660），同年调任兵部尚书。苏纳海在任兵部尚书一职时，监督实施了著名的迁海令，中国大部分沿海地区的百姓被迁离，以防止他们与郑成功的军队进行贸易。鳌拜辅政时期，苏纳海被任命为大学士、户部尚书。与多数满洲同僚不同，苏纳海是鳌拜集团的坚定反对者。1666 年，鳌拜为了将自己所在之旗安置在最好的土地上而下令进行大规模的旗地调换，苏纳海拒不从命。鳌拜为报复顽拗对抗的苏纳海，审讯他并处以绞刑。①

满人仕宦模式的第二种类型，即入关战争之后的满洲精英以行政为主的路径，可举对喀纳为代表人物。除未考取科举功名及民族背景两项外，对喀纳的传记读起来同清初许多汉族政治人物的传记一样，是能干的行政官员，经过一系列常规、持续的步骤后，晋升到官僚阶梯的顶层。对喀纳先是任工部主事（1645），随后任该部郎中（1652）。1661 年，任都察院左副都御史，翌年调任刑部侍郎。1665 年，对喀纳升任刑部满尚书，上疏指斥卖身旗下的汉人；疏入，从之。三年后，对喀纳任大学士，充顺治朝实录的总裁。康熙帝表彰他谙练业务并委以吏部尚书之职。1674 年，对喀纳致仕，次年亡故。②

对于怀有政治抱负的汉人来说，取得进士功名是获得高级京官职位的必要条件。在笔者所检视的 23 名汉官中，除 2 人外，均考中
210 了进士，其余 2 人中有 1 人为举人，另一位没有功名但是汉军旗人。这些人中最早取得进士功名的可上溯至 1613 年，但是有远远超过半数的汉官是在 17 世纪 40 年代考取了这一最高级别的功名。在已知出身背景的 19 名汉官中，仅有 8 人曾出仕明廷，其中只有 3 人在明廷中身居高位。这些人中绝大多数在多尔衮时期（1643—1650）才首次供职清廷，只有 2 人在入关前就已为满人服务。同满洲官员一样，大多数汉人官员在 1650—1666 年担任大学士或部院尚书，满汉官员的任官年限为 30～35 年。汉官中只有王宏祚，因公开反对鳌拜

---

① 苏纳海的传记，见《清史稿》卷 255，第 5a 页；《清史列传》卷 6，第 6a～7a 页。

② 喀纳的传记，见《清史列传》卷 6，第 24a～b 页。

结党而为人所知。他因反对鳌拜及其党羽的图谋，最终被革去户部尚书。总体来看，汉族官员似乎比满洲官员要年轻一些；超过半数的汉官一直任官到 17 世纪 70 年代，而仅有 4 名满官有着相似的任官年限。

卫周祚是这一时期汉人京官中相当典型的人物。他是山西人，1637 年考取进士，明末时任郎中。1644 年初李自成攻占北京，卫周祚声言与明朝断绝关系，在短暂的李自成政权之下任官。满洲入关后，卫周祚再次转变立场，被任命为吏部郎中。1653 年，他在著名的汉军旗人洪承畴的举荐下担任刑部侍郎。任职期间，他就惩抑盗贼、改革考课制度等问题上疏，表现出众。1654 年，卫周祚升任工部尚书，加太子太保衔。四年后，改任吏部尚书，兼大学士。卫周祚有三次（1659、1661、1664 年）被委以会试主考官。1660 年，卫周祚与满洲大学士巴哈纳共同负责修订律例，并被授子爵[*]。其后，他于 1667 年担任顺治朝实录的总裁。在因病退隐三年后，卫周祚于 1672 年起复任大学士，上疏言及官员铨选和财政改革诸事。1675 年卫周祚亡故，清廷赐祭葬。卫周祚的仕宦生涯表明了满洲人对那些忠诚仕清且有才干的汉官所能给予的高度嘉奖。③

表 A　　1661—1666 年重要京官的数据统计

	满人	汉人	蒙古人	211
所考察官员的类型[a]························	14	23	2	
1661—1666 年所任官职				
大学士································	6	11	—	

* 《清史列传》卷 79："（十七年）十一月，考满，晋少师，兼太子太师，荫一子入监。"未被授子爵。——译者

③　卫周祚的传记，见《清史稿》卷 244，第 9a～10a 页；《清史列传》卷 79，第 41b～43a 页。

续前表

	满人	汉人	蒙古人
各部尚书…………………………	11	20	1
都察院左都御史………………	4	6	—
理藩院尚书……………………	2	—	2
旗籍			
正黄旗…………………………	2	—	—
镶黄旗…………………………	2	1	—
正白旗…………………………	1	—	2
镶白旗…………………………	2	1	—
正红旗…………………………	2	—	—
镶红旗…………………………	1	—	—
正蓝旗…………………………	3	—	—
镶蓝旗…………………………	1	—	—
汉官所取得的最高功名			
进士（以取得功名之年计）			
1613 年…………………………	—	2	—
1616 年…………………………	—	1	—
1619 年…………………………	—	1	—
1628 年…………………………	—	2	—
1634 年…………………………	—	1	—
1637 年…………………………	—	1	—
1643 年…………………………	—	5	—
1646 年…………………………	—	6	—
1647 年…………………………	—	2	—
举人………………………………	—	1	—
无功名者…………………………	—	1	—
(共计) …………………………	—	(23)	—
曾出仕明廷的汉官[b]			
居高位者…………………………	—	3	—
居低位者…………………………	—	5	—

续前表

	满人	汉人	蒙古人	
1644 年之后始出仕者…………………	—	11	—	
未知………………………………………	—	4	—	
此前的仕宦经历[c]				
内阁				
学士………………………………	3	7	—	
其他………………………………	—	6	—	
六部				
侍郎………………………………	5	13	—	
其他………………………………	3	4	—	
都察院				
左副都御史………………………	1	3	—	
其他………………………………	1	3	—	
地方				
督抚………………………………	—	1	—	
其他………………………………	—	3	—	
侍卫				212
领侍卫内大臣……………………	1	—	—	
其他………………………………	3	—		
八旗将领	—			
佐领及以上………………………	5	—	—	
在入关战争或统一战争中起着重要作用……………………	5	—	1	
未知………………………………………	3	1	1	
首次出仕清廷				
17 世纪 20 年代…………………………	2	1	1	
17 世纪 30 年代…………………………	2	1	—	
1640—1643 年…………………………	1	—	—	
1644—1650 年…………………………	4	15	—	
1651—1660 年…………………………	—	—	—	
1661—1666 年…………………………	—	—	—	

续前表

	满人	汉人	蒙古人
未知…………………………………	5	6	1
首次担任大学士或部院尚书			
17 世纪 20 年代………………………	—	—	—
17 世纪 30 年代………………………	—	1	—
1640—1643 年………………………	—	—	—
1644—1650 年………………………	—	2	—
1651—1660 年………………………	7	13	1
1661—1666 年………………………	7	7	1
任官年限			
11～15 年……………………………	—	1	—
16～20 年……………………………	—	2	—
21～25 年……………………………	3	3	—
26～30 年……………………………	1	1	—
31～35 年……………………………	1	6	—
36～40 年……………………………	3	4	1
超过 40 年……………………………	1	3	—
未知…………………………………	5	3	1
任大学士或部院尚书的年限			
少于 5 年……………………………	2	4	—
5～10 年……………………………	6	5	1
11～15 年……………………………	3	4	—
16～20 年……………………………	2	6	1
21～25 年……………………………	—	2	—
26～30 年……………………………	—	2	—
未知…………………………………	1	—	—
鳌拜集团			
反对者………………………………	3	1	—
依附者………………………………	1	—	—
无相关信息…………………………	10	22	2

续前表

	满人	汉人	蒙古人
随后身居高官者[d]			
1669—1675年……	2	4	—
1676—1680年……	—	1	—
17世纪80年代……	1	4	—
17世纪90年代……	—	—	—
18世纪头十年……	—	1	—
17世纪60年代后不再任职……	11	13	2
去世时间			
17世纪60年代……	8	7	2
17世纪70年代……	3	7	—
17世纪80年代……	—	3	—
17世纪90年代……	1	2	—
18世纪头十年……	—	1	—
未知……	2	3	—

213

资料来源：《八旗通志》（1739）、《八旗通志》（1795）、《清史稿》、《清史列传》、《国朝耆献类征初编》、《清代名人传略》、《八旗满洲氏族通谱》、《清史》。

注：a. 在所考察的23名汉官中，有2名为汉军旗人，其中1人还是进士，因此将他计为汉官精英群体中的一员。

b. “高位”是指总督、巡抚、各部侍郎及以上。“低位”是指所有“高位”之下至知县一级。

c. 所考察的官员每担任过这部分所列的官职一次，其姓名就会被计入一次。因此，在这部分，有官员被数次计入的情况。

d. 这部分只计入官员在康熙朝后期身居高位的最新日期。高官只包括各部尚书、大学士和都统。

附录 3

鳌拜辅政时期地方官的任命与任期

214 本附录结尾处所列的表 B，分析了 1661—1666 年的 52 名督抚的情况。表 B 不仅表明四辅臣在任命最高级别的地方官时秉持了多尔衮的折中方案，也展现出这些督抚在任职之前已积累了相当多的行政经验。在能找到仕宦背景信息的 38 名官员中，8 人曾在六部担任尚书或侍郎，8 人曾任大学士或学士，6 人曾任都察院左副都御史，17 人曾担任州县官及以上的地方官职，28 人曾任较低级别的京官（侍郎以下）。有 29 名督抚在 1661 年之前已任总督或巡抚，鳌拜辅政时期再次得以任命。

将注意力转向布政使和按察使，我们会发现，汉军旗人和汉族官员几乎各占一半。对康熙朝前八年担任布政使（从二品官）的 44 名官员的研究结果表明，18 人是汉军旗人。在所研究的 47 名按察使（正三品官）中，21人是汉军旗人。① 此外，在上述官员队伍中，有功名之人所占比例要远高于督抚群体。在所考察的91人中，有进士30人，超过一半（91人中有53人）拥有贡生及以上功名。

在低品级的地方官中，任命汉军旗人的情况要少很多。1661—1668年江南的30名知府（从四品官）中，有19名拥有汉官精英背景，只有11名记载说是汉军旗人。② 在相同年份中，江南有178名知县，其中只有25名是汉军旗人，其余均为汉官精英。相似地，在知县一级，有功名者占据主导地位。在江南的知县中，有贡生及以上功名者多达139人（占78%），40人（占22%）为进士，49人（占27%）为举人。③ 215

尽管四辅臣在任命官员时小心翼翼地遵循着多尔衮的政策，但是他们在辅政时对省级行政、地理分区进行了重大变更。第五章已

① 这些关于布政使和按察使的数字取自地方志所列的地方官名单。就布政使而言，表中所选的省份为安徽、浙江、福建、河南、湖南、江苏、广西、贵州、山西、山东、陕西、四川。不包括直隶，因为直到1669年，清廷才任命了直隶布政使。其他省份被排除在外，原因是这些省方志中的信息不完备。还是这些省，除了福建，也用于按察使的研究，因福建缺乏任官日期的相关信息。

1668年，4名满洲人被任命为布政使，2名满洲人被任命为按察使。第五章讨论了任命这些满洲人的意义。当被任命者开列为来自中国东北地区，或专门列为旗人时，会记作汉军旗人。

② 《江南通志》卷106～108。鳌拜辅政时期，江南地区共有34名知府，但地方志中没有其中4名是汉军旗人还是汉族官员的信息。据记载，这些知府中有25人考取了功名：5人为进士，5人为举人，14人为贡生，另有1人为生员。

③ 江南地区知县的信息，来自《江南通志》卷106～108。178名知县中，18人在地方志中没有是汉军旗人还是汉族官员的信息。检视四川地方志中这一时期的知县材料，笔者发现与江南地区惊人地相似。1661—1668年共有194名知县：163名为汉族官员，24名为汉军旗人，2名为满洲人，另有5名在地方志中没有相关信息。在列出功名的169人中，58人为进士，39人为举人，65人为贡生，4人为监生，3人为生员。（《四川通志》卷103～105）

有阐释，四辅臣将督抚的数量从 9 人增加至 20 人。这一数字上的扩张使得四辅臣不用将顺治朝末期业已担任总督的官员罢免就能引入其指定的官员。同时也允许四辅臣凭借新的人事任命，对军事行动实行进一步的监管。1662 年，四辅臣明确表示，这些总督将在军务中担负核心角色，而巡抚则专门致力于民政事务。④

然而，在 1665 年末，总督的数量被裁至 11 人（包括河道总督在内）。只有湖广、四川、福建、浙江诸省仍保留着此前每省设总督一名的旧制度。在其他大部分省份，两省合并为一个总督辖区。华北地区的直隶、山东和河南三省合并在单一的总督辖区之下。⑤

216 对于这些变化有几项解释。首先，到 1665 年时，整个帝国相对和平，在辅政时期主要扮演军事角色的总督，此时已无须如此之多。其次，正如第五章所述，并非所有的总督都是清廷的忠诚拥护者，因此四辅臣或许考虑通过减少总督的数量来减弱其腐败和违抗的可能性。最后，在湖广、四川、福建、浙江四省保留单一总督辖区的制度，或许是为了密切关注“三藩”和中国沿海地区。将华北三省合并为一个总督辖区，很可能旨在为京师地区提供更统一的军事控制。

表 B　　1661—1666 年督抚的数据统计

	总督	巡抚
所任官职[a]		
汉军旗人……………………………………	21	24

④ 《大清圣祖仁皇帝实录》卷 6，第 12a 页；傅宗懋：《清代督抚制度》，第 96 页；劳伦斯·凯斯勒：《清代督抚的族群构成》，第 491 页。

⑤ 《大清圣祖仁皇帝实录》卷 15，第 14a～b 页；傅宗懋：《清代督抚制度》，第 10～20 页；杨予六：《中国历代地方行政区划》，第 308 页；赵泉澄：《清代地理沿革表》，第 15、68、91、101 页。

续前表

	总督	巡抚
汉官精英	1	6
旗籍		
正黄旗	2	3
镶黄旗	4	2
正白旗	2	4
镶白旗	5	1
正红旗	2	3
镶红旗	—	5
正蓝旗	2	3
镶蓝旗	4	1
未知	—	2
所取得的最高功名		
进士	2	3
举人	—	3
贡生	3	8
生员	—	1
无功名者[b]	17	15
此前的仕宦经历[c]		
内阁（内三院）		
大学士	1	—
学士	5	2
其他	6	5
六部		
尚书	1	—
侍郎	3	4
其他	9	8
都察院		
左副都御史	4	2
给事中	—	3
御史	1	3
地方官		
知府及以上	4	8

续前表

	总督	巡抚
知县	3	2
首次出仕清廷		
1636—1643年	5	1
1644—1649年	13	12
1650—1660年	—	3
未知	4	14
首次担任督抚		
1644—1649年	1	—
1650—1660年	13	15
1661—1666年	8	15
任后继续为官	—	
1669—1675年	—	8
1676—1680年	4	2
17世纪80年代	2	1
17世纪90年代	—	—
17世纪60年代后不任官	16	8
未知	—	11
去世时间		
17世纪60年代	9	5
17世纪70年代	4	7
17世纪80年代	2	3
17世纪90年代	3	—
18世纪前十年	1	—
未知	3	15

资料来源：《清史》、《八旗通志》（1739）、《八旗通志》（1795）、《清史稿》、《清史列传》、《国朝耆献类征初编》、《清代征献类编》。笔者有时还查阅了各省地方志以便获得其他信息。

注：a. 这部分所列的52名督抚，几乎涵盖了1661—1666年的所有任职者；由于缺乏传记信息，少数官员被排除在外。对于某位官员同时担任巡抚和总督的情况，仅列一次，归于总督类之下。

b. 传记中没有列出科举功名之人，皆归入此类。

c. 本类所列者仅为官员在初次担任督抚之前所任的官职。官员每担任本部分所列的职位一次，即将其姓名计入一次。因此，在本部分中，有官员不止一次被计入的情况。

附录 4

鳌拜辅政时期的经济政策

对于索尼、苏克萨哈、遏必隆、鳌拜以及清初的所有统治者而 218
言，财政收入的获得是最重要的任务。第一，四辅臣需要财政收入以应付帝国运转的日常花销：官员的俸禄、公共工程与河务治理、军需供给与粮饷、皇家建筑与庆典、皇室及其扈从人员等。第二，四辅臣还将相当多的预算用于军事战争以及保证八旗兵平时的战备。在中国东南、南方、西南以及东北北部的荒无人烟之地，清朝面临着巨大的威胁，四辅臣不得不为此做好准备。四辅臣关注财政的第三点原因具有象征意义：日益增加的赋税收入预示着清朝正在掌控整个帝国，给臣民带来了和平与稳定。四辅臣渴望展示，满洲人可以同纯粹的中原政权一样，顺利、高效、成功地统治中国。

中国过去史料中的经济数字难以用于进行可靠、精确的统计，但是从中仍可以明显看出，四辅臣取得对清廷的控制权时，清朝的国库入不敷出。1664 年，四辅臣颁布上谕，提及 1644—1660 年各地共欠银 2 700 万两、米 700 余万石。① 数年之前，曾有御史指出，吴三桂大本营所在的云南省，每年军费开支 900 万两，而整个帝国每年的财政收入只有 875 万两。②

数个原因造成了清初的这些经济问题。在鳌拜辅政时期之前的四十年间，汉人在土地、生活和财产方面遭受了非同寻常的损失。张献忠和李自成的起义以及满洲人的入关战争破坏了大量耕地，造成数以千万计的汉人丧命。在明朝的绝大部分时期，课税土地超过 7 亿亩，但到了 1645 年，总数减至 4.05 亿亩。官府统计的成年男
219 性（丁）也遽降至 1 000 万多一点。③ 这些课税数字的下降，当然就意味着，清初每年的财政收入远远少于明朝。此外，在清朝最初的几十年里，清廷对那些遭受了干旱洪涝以及为军事冲突所蹂躏的地区实行赋税减免，数百万因此未流入清朝的国库。④ 最后一点是，顺治朝后期巨大的宫廷花销也导致了清朝国库告罄。

---

① 《大清圣祖仁皇帝实录》卷 12，第 13a～15a 页。此类亏空的更多信息，参见谢保樵：《清代政府（1644—1911）》，第 199～201 页。

② 《大清世祖章皇帝实录》卷 136，第 22a 页。

③ 地、丁簿册上的这些数字，来自何炳棣：《明初以降人口及其相关问题（1368—1953）》，第 35、236 页。

④ 尽管四辅臣困扰于赋税收入，但是或因儒家理念无处不在，或因四辅臣自身具有的人道，他们在同意减免赋税时比较慷慨。在辅政的第一年，1658 年及更早时候以来所拖欠的一切赋税均免于上缴；在 1663 年，将减免的时间进一步推至 1661 年。（《湖南通志》卷 54，第 1394 页；《湖北通志》卷 49，第 1335 页）1665 年，陕西发生严重饥荒，四辅臣颁布了上谕，予以同情，免除受灾地区的钱粮。（《大清圣祖仁皇帝实录》卷 14，第 18a～19a 页）在鳌拜辅政时期，湖广地区爆发了李来亨叛乱，1661—1668 年历年钱粮均被减免。（《湖北通志》卷 49，第 1335 页）四辅臣还试图将钱粮减免的程序制度化；1665 年，清廷决定地方上报被灾情况后，立即减免十分之三的钱粮，其余的待开展并完成调查后再行蠲免。（《大清圣祖仁皇帝实录》卷 14，第 24b 页）本书第六章已有论述，在以减少郑成功的补给为目的的著名迁海令之下，四辅臣对所有家住中国沿海地区但被驱逐出家园的百姓予以钱粮减免。

强加于清朝业已萎缩的资源之上的需求，尤为军事需求，特别巨大。在17世纪四五十年代，满洲人统一中国经历了一场漫长且耗资甚巨的战争。四辅臣于1661年2月建立辅政之时，一场为保护中国沿海地区免受郑成功侵袭的艰苦卓绝的防御战役刚结束不到一年，追剿明朝桂王（朱由榔）的战役在西南地区仍然激烈。由尚可喜、耿继茂、吴三桂在17世纪50年代建立的三个半独立的藩属，到17世纪60年代早期时已经使满洲人付出了极大的代价。特别是吴三桂，他在西部的云南和贵州建立了一个小型帝国。至1660年，维系吴三桂政权的花费已相当巨大，到1670年时，每年花费达2 000万两。⑤

令许多汉族文官失望的是，在整个鳌拜辅政时期，军事行动的经费支出居高不下。一位官员抱怨道：

> 天下财赋，莫盛于东南，亦莫竭于东南。如云南兵饷，以千万计；闽浙兵饷，以百万计。⑥

1667年，湖广道监察御史萧震表达了相似的情绪：“国用不敷之故，皆由于养兵。以岁费言之，杂项居其二，兵饷居其八。”⑦ 220

导致财政赤字的另一原因是官员腐败。许多地方官向乡民非法大量加派，另一些地方官则扣留了本应上缴京城的赋税。有时，赋

---

⑤ 恒慕义主编：《清代名人传略》，第879页。

⑥ 季振宜奏疏，见《大清世祖章皇帝实录》卷136，第4b页。

⑦ 《大清圣祖仁皇帝实录》卷24，第3b页。

税的腐败甚至包括了各省最高长官。⑧ 为减轻精英群体的赋税并确保官员自身收取贿赂，地方官常与地方精英相勾结，有意篡改土地编审册。⑨ 有时，混乱、陈旧的赋税编审制度使得准确蠲免赋税实际上是不可能的。⑩ 更糟糕的是，私铸钱币的犯罪行为在 17 世纪 60 年代猖獗。⑪

逃税是清初经济不景气的另一主要原因。拖欠不缴纳钱粮或在实际上强行拒绝交税在顺治帝统治时相当普遍。⑫ 1661 年 6 月，多达 13 517 名江南地方精英被指斥为逃税。这起江南奏销案是辅政时期最出名的逃税实例，本书第五章已有详细的考察。

通过 17 世纪 40 年代末期及 50 年代强化军事统治，四辅臣对财政困难的部分解决之策得以实现。随着清朝统治者逐步控制了整个帝国并镇压社会上的异己分子，土地编审册和人丁编审册的数字增大。到 1661 年，课税土地已差不多有 5.5 亿亩，比 1645 年的官方记录多出近 1.5 亿亩。到 1660 年，人丁共计 1 900 万，是 1651 年统计数字的近 2 倍。⑬ 17 世纪 60 年代的相对和平也有助于四辅臣探求
221 财政匮绌的解决之策。没有了支撑大规模军事战争的负担，清朝国库获得了喘息之机，可以应付 17 世纪晚期到来的大型军事行动：平定

⑧ 17 世纪 60 年代时描述收税官员贪墨行径的奏疏和上谕，见《大清圣祖仁皇帝实录》卷 12，第 13a～15a、3a～4a 页；卷 26，第 12b～13b 页。

⑨ 《大清圣祖仁皇帝实录》卷 8，第 4a～b 页。

⑩ 《大清圣祖仁皇帝实录》卷 8，第 16a～b 页；卷 9，第 21a～b 页。

⑪ 17 世纪 60 年代清廷对私铸行为的大量惩处，证实了这一罪行的猖獗。[《钦定大清会典事例》卷 220，第 15b～16b 页（总第 8022～8023 页）]

⑫ 萧公权：《中国乡村：论十九世纪的帝国控制》，第 139～140 页。

⑬ 这些数字来自何炳棣：《明初以降人口及其相关问题（1368—1953）》，第 35、102 页。

“三藩”之乱，攻取台湾，击败外蒙古的噶尔丹。

在减轻清初经济负担方面，四辅臣为缓和其财政困境而进行的合理、强有力的努力也必须给予充分肯定。四辅臣为军事需要而增加财政收入，恢复了明末一项名为练饷的税收。在这种明朝制度之下，每亩田地加征约10%的田赋，由此项附加税所得的收入单独征收，仅作为军事经费之用。四辅臣希望每年练饷收入能在正常的赋税收入之外，增收500万两。⑭

为减少钱粮征收时官员的贪污并终止逃税行为，四辅臣诉诸严词警告和严厉处罚。他们颁布数道上谕，开列了对篡改赋税编审册、非法过度加派、截留朝廷赋税收入的所有官员的处罚。⑮ 规定对所有参与私铸钱币者处以极刑，当地的所有地方官，无论是否知道私铸行为，都将被罚俸和降级。⑯ 在逃税的特定案件中，如1661年的江南奏销案，为首之人被处决，其他人则被降级、罚俸或剥夺家产。

四辅臣还努力减少官僚开支，提高赋税制度的效率。据瞿同祖引用的地方志记载，1662年州县官以下所有吏役的工食银被全部裁去。⑰ 为避免衙役和地方胥吏非法收税，1661年颁布的一道法令规

---

⑭ 《大清圣祖仁皇帝实录》卷4，第9b页；卷5，第19b～20a页。

⑮ 《大清圣祖仁皇帝实录》卷14，第20a～b页；卷21，第3a～b页。《钦定大清会典事例》卷172，第16a～17a页（总第7354～7355页）。萧公权：《中国乡村：论十九世纪的帝国控制》，第111页。谢保樵：《清代政府（1644—1911）》，第193页。

⑯ 《钦定大清会典事例》卷220，第15b～16b页（总第8022～8023页）；《清朝文献通考》卷14，第4971～4972页。

⑰ 瞿同祖：《清代地方政府》，第45页。虽然这一决定对满洲四辅臣而言或许有短暂的经济利益，但是从长久来看，没有工银的吏役可能会因其日益腐败而使清朝付出更为沉重的代价。

定，缴税的百姓要亲自将钱粮呈缴州县衙门。[18] 1662 年，清廷颁布法令，通过合并田赋和丁银来简化赋税编审及征收程序。在这一制
222 度之下，只有军费是分开征收的，其他则直接送往京师的户部。[19]就四辅臣在经济领域所采取的所有方法而言，或许最有成效者为重新引入考成制度，随之是基于赋税收入对官员进行考核，而不是依赖于更为含糊的各类行政能力。[20]

鳌拜辅政时期所采取的各种举措，对缓和经济危机确有助益，同时也展示出四辅臣依靠强硬、创新性的策略来达到目的的倾向。但是，清初的经济问题与地方问题、军事问题密切相关。只要地方官的忠诚度可疑，主要的军事挑战尚未解决，清廷就无法实现经济上的安全。因此，与地方政策和军事政策一样，四辅臣在其经济政策中，无法提供全部答案，但有部分解决方案，这为康熙帝留下了可依靠的基础。

---

⑱ 萧公权：《中国乡村：论十九世纪的帝国控制》，第 96 页。

⑲ 《清朝文献通考》卷 2，第 4863 页。努力将田赋和丁银合并为一套制度，这是明朝“一条鞭法”改革的延续。

⑳ 对支持军事行动者予以奖赏的种种规定，也是对常规考课制度的补充。例如 1644 年规定，向军队捐助马百匹的官员，“准纪录二次”。（《大清圣祖仁皇帝实录》卷 11，第 11b 页）

征引文献*

在下列书单中，我没有将征引文献进行诸如一手资料和二手资料的细分。在此不必费力解释这种做法，我推荐读者阅读史景迁所著《曹寅与康熙：奴才与主子》一书的第 308 页，他讨论了难以将中文著作划分为一手资料与二手资料。

巴克斯、濮兰德：《清室外纪》（Backhouse, Edmund and Bland, J. O. P. *Annals and Memoirs of the Court of Peking*. Boston, 1914）。

《八旗满洲氏族通谱》，80 卷，无出版地，1745 年。

《八旗通志》，342 卷，无出版地，1739 年。

《八旗通志》，342 卷，无出版地，1795 年。

包腊：《满洲人征服广州》[Bowra, E. C. "The Manchu Conquest of Canton." *The China Review* 1. (Hongkong, 1872－73)：86－96,

* 为脚注文献检索方便，据文献中译著者、著述名称等首字母排序。——译者

228-237]。

鲍里斯·诺维科夫：《三合会的反满宣传（1800—1860）》(Novikov, Boris. "The Anti-Manchu Propaganda of the Triads, ca. 1800 - 1860." In *Popular Movements and Secret Societies in China, 1840 - 1950*. edited by Jean Chesneaux, pp. 49-63. Stanford, 1972)。

《边裔典》，见《古今图书集成》第209册，上海，1934年。

博克舍：《十六世纪中国南部行纪》(Boxer, C. R. *South China in the Sixteenth Century*. London, 1953)。

博克舍：《郑成功的攻台之役及其取代荷兰占领台湾（1661—1662）》(Boxer, C. R. "The Seige of Fort Zeelandia and the Capture of Formosa from the Dutch, 1661 - 1662." *Transactions and Proceedings of the Japan Society*, 1926 - 27, pp. 16-47)。

博克舍：《郑芝龙的兴衰》[Boxer, C. R. "The Rise and Fall of Nicholas Iquan (Cheng Chih-lung)." *T'ien-hisa Monthly* 2 (1940 - 41): 401-439]。

布鲁纳特、哈盖尔斯特罗姆：《当代中国的政治组织》(H. S. Brunnert and V. V. Hagelstrom. *Present Day Political Organization of China*. Revised by N. Th. Kolessoff; translated by A. Beltchenko and E. E. Moran. Shanghai, 1912)。

曹凯夫：《"三藩"反对满族统治的叛乱（1673—1681）：背景及其意义》(Tsao Kai-fu. "The Rebellion of the Three Feudatories against the Manchu Throne in China, 1673 - 1681: Its Setting and Significance." Ph. D. dissertation, Columbia University, 1965)。

陈登原：《金圣叹传》，香港，1935年。

陈捷先：《多尔衮称皇父摄政王研究》，载《故宫文献》第1卷第2期，1970年3月，第1～19页。

陈捷先：《后金领旗贝勒略考》，载《故宫文献》第1卷第1期，1969年12月，第43～48页。

陈捷先：《旧满洲档述略》，见《旧满洲档》，第1～56页，1969年于台北再版。

陈捷先：《满洲丛考》，台北，1965年。

陈捷先：《早期满文档案的价值》（Ch'en Chieh-hsien. "The Value of the Early Manchu Archives." In Chieh-hsien Ch'en and Jaqchid Sechin, eds. *Proceedings of the Third East Asian Altaistic Conference*, 17-24 August 1969. pp. 58-80. Taipei, 1969）。

陈文石：《满洲八旗牛录的构成》，载《大陆杂志》第31卷第9期，第14～18页。

陈文石：《清人入关前的农业生活（太祖时代）》，载《大陆杂志》第22卷第8期，第8～13页。

陈兆奎：《17世纪的中俄关系》（Chen, Vincent. *Sino-Russian Relations in the Seventeenth Century*. The Hague, 1966）。

《崇明县志》，20卷，无出版地，1760年。

《大清圣祖仁皇帝实录》，300卷，东京，1937年。

《大清世祖章皇帝实录》，144卷，东京，1937年。

《大清太宗文皇帝实录》，20卷，上海，1936年。台北再版（共2册，页码连续编排），无出版时间。

大卫·法夸尔：《满洲之蒙古政策的起源》（Farquhar, David M. "The Origins of the Manchus' Mongolian Policy." In Fairbank,

Chinese World Order, pp. 198-205)。

邓恩：《一代巨人：明末耶稣会士在中国的故事》(Dunne, George H., S. J. *Generation of Giants*: *The Story of the Jesuits in China in the Last Decades of the Ming Dynasty*. Notre Dame, Ind., 1962)。

杜赫德：《中华帝国全志》(du Halde, Jean Baptiste. *Description géographique*, *historique*, *chronologique*, *politique*, *et physique de l'empire de la Chine*. 4 vols. Paris, 1735. English translation by R. Brookes. *The General History of China*. 4 vols. London, 1741)。

法式善：《清述秘闻》，16 卷，无出版地，1798 年。

房兆楹：《一种对早期满洲军事力量中兵力的估算方法》[Fang Chao-ying. "A Technique for Estimating the Numerical Strength of the Early Manchu Military Forces." *Harvard Journal of Asiatic Studies* 13 (1950): 192-215]。

房兆楹、杜联喆：《增校清朝进士题名碑录》，台北，1966 年。

费恩：《明忠臣郑氏记》[Ponsby-Fane, R. A. B. "Koxinga: Chronicles of the Tei Family, Loyal Servants of Ming." *Transactions and Proceedings of the Japan Society* 34 (London, 1937): 62-132]。

费赖之：《在华耶稣会士列传及书目》[Pfister, Louis. *Notices biographiques et bibliographiques sur les Jesuites de l'ancienne mission de Chine*, *1552-1773*. In *Variétés Sinologiques*, no. 59 (Shanghai, 1932), and no. 60 (Shanghai, 1934)]。

费正清：《中国沿海的贸易与外交：1842—1854 年通商口岸的开

埠》[Fairbank, John K. *Trade and Diplomacy on the China Coast*: *The Opening of Treaty Ports*, *1842－1854*. 2 vols. Cambridge, Mass., 1953. Reprint (2 vols. in one), Cambridge, Mass., 1964]。

费正清编:《中国的世界秩序:传统中国的对外关系》(Fairbank, John K., ed. *The Chinese World Order*: *Traditional China's Foreign Relations*. Cambridge, Mass., 1968)。

费正清、邓嗣禹:《清代的政府:三项研究》(Fairbank, John K., and Teng Ssu-yu. *Ch'ing Administration*: *Three Studies*. Cambridge, Mass., 1960)。

《福建通志》, 278 卷, 无出版地, 第 1829～1835 页。

傅乐淑:《康熙年间葡萄牙的两个来华使团》[Fu Lo-shu. "The Two Portuguese Embassies to China during the K'ang-hsi Period." *Toung Pao* 43 (Leiden, 1955): 75－94]。

傅乐淑:《中西关系资料编年史 (1644—1820)》[Fu Lo-shu. *A Documentary Chronicle of Sino-Western Relations (1644－1820)*. 2 vols. Tucson, 1966]。

傅礼初:《1368—1884 年的中国和中亚》(Fletcher, Jesoph F. "China and Central Asia, 1368－1884." In Fairbank, *The Chinese World Order*, pp. 206－224)。

富路特:《乾隆时期的文字狱》(Goodrich, L. Carrington. *The Literary Inquisition of Ch'ien-lung*. Baltimore, 1935)。

傅吾康:《中国科举制度革废考》(Franke, Wolfgang. *The Reform and Abolition of the Traditional Chinese Examination System*. Cambridge, Mass., 1960)。

傅宗懋：《清初议政体制之研究》，载《“国立”政治大学学报》第11期，1965年3月，第245～294页。

傅宗懋：《清代督抚制度》，台北，1963年。

傅宗懋：《清代军机处组织及职掌之研究》，台北，1967年。

《盖平县志》，18卷，盖平，1930年。

甘为霖：《荷兰统治下的台湾》（Campbell, William. *Formosa under the Dutch*. London, 1903）。

冈田英弘：《清太宗继位考实》，载《故宫文献》第3卷第2期，1972年3月，第31～37页。

高慕柯：《中国政治现代化中的改革与革命》（Gasster, Michael. “Reform and Revolution in China's Political Modernization.” In Wright, *China in Revolution*, pp. 67-96）。

高慕柯：《中国知识分子与辛亥革命》（Gasster, Michael. *Chinese Intellectuals and the Revolution of 1911*. Seattle, 1969）。

戈尔德：《俄国在太平洋的扩张（1641—1850）》（Golder, F. A. *Russian Expansion on the Pacific, 1641 - 1850*. Cleveland, 1914）。

顾炎武：《书吴潘二子事》，见闵尔昌编：《碑传集补》第35卷，第23b～28b页，北平，1931年。

广禄、李学智：《老满文原档与满文老档之比较研究》，载《中国东亚学术研究计划委员会年报》第4期，1965年7月，第1～165页。

《贵州通志》，46卷，无出版地，1741年。

《国朝耆献类征初编》，720卷，无出版地，1890年。1966年于台北再版（共25册，页码连续编排）。

哈威：《缅甸史》（Harvey, G. E. *History of Burma*. N. p., 1925）。

何炳棣：《明初以降人口及其相关问题（1368—1953）》（Ho, Ping-ti. *Studies on the Population of China, 1368－1953*. Cambridge, Mass., 1959）。

何炳棣：《明清社会史论》（Ho, Ping-ti. *The Ladder of Success in Imperial China*. New York, 1962）。

贺凯：《明代的中国政府》[Hucker, Charles O. "Governmental Organization of the Ming Dynasty." *Harvard Journal of Asiatic Studies* 21（1958）: 1－66. This article is reprinted in *Studies of Governmental Institutions in Chinese History*, edited by John L. Bishop, pp. 57－124. Cambridge, Mass., 1968]。

贺凯：《明代的传统中国政权》（Hucker, Charles O. *The Traditional Chinese State in Ming Times, 1368－1644*. Tuscon, 1961）。

贺凯：《明代中国的监察制度》（Hucker, Charles O. *The Censorial System of Ming China*. Stanford, 1966）。

和田清：《关于清朝缔造者太祖皇帝的一些问题》[Wada Sei. "Some Problems Concerning the Rise of T'ai-tsu, the Founder of the Manchu Dynasty." In *Memoirs of the Research Départment of the Toyo Bunko*, no. 16 (Tokyo, 1957): 35－73]。

何伟恩：《中国向热带进军》（Wiens, Harold J. *China's March towards the Tropics*. Hamden, Conn., 1954）。

亨利·博斯曼：《南怀仁——北京钦天监的指导者（1623—

1688）》（Bosmans, Henri. "Ferdinand Verbiest, Directeur de L'Observatoire de Peking, 1623 - 1688." *Revue des questions scientifiques*, January-April, 1912, pp. 224-230）。

恒慕义主编：《清代名人传略》[Hummel. Arthur W. Hummel, ed. *Eminent Chinese of the Ch'ing Period*. 2 vols. Washington, D. C., 1943 - 44. Reprint (2 vols. in one), Taipei, 1964]。

《湖北通志》，172卷，无出版地，1911年。1921年于上海再版(共3册，页码连续编排)。

《湖南通志》，228卷，无出版地，1885年。

黄培：《雍正时代政治研究（1723—1735）》（Huang Pei. "A Study of the Yung-cheng Period, 1723 - 1735: The Political Phase." Ph. D. dissertation, University of Indiana, 1964）。

霍渥斯：《蒙古史（9—19世纪）》（Howorth, Henry Hoyle. *History of the Mongols, from the 9th to the 19th Century*. 4vols. London, 1876 - 1927）。

《畿辅通志》，300卷，无出版地，1872年。1934年于上海再版(共8册，页码连续编排)。

《江南通志》，200卷，无出版地，1736年。

江日昇：《台湾外记》，30卷，无出版地，1704年。1960年于台北再版（共8册，页码连续编排)。

金梁：《满洲老档秘录》，两编，北平，1929年。

康无为：《帝王眼中的君主统治》(Kahn, Harold L. *Monarchy in the Emperor's Eyes*. Cambridge, Mass., 1971)。

科拉迪尼：《清初的民政》[Corradini, Piero. "Civil Administration at the Beginning of the Ch'ing Dynasty." *Oriens Extremus* 9 (December 1962): 133–138]。

《哭庙记略》，见乐天居士编：《痛史》第 2 种，上海，1911 年。

劳伦斯·凯斯勒：《汉族士大夫与早期满洲政权》[Kessler, Lawrence D. "Chinese Scholars and the Early Manchu State." *Harvard Journal of Asiatic Studies* 31 (1971): 179–200]。

劳伦斯·凯斯勒：《清代督抚的族群构成》[Kessler, Lawrence D. "Ethnic Composition of Provincial Leadership During the Ch'ing Dynasty." *The Journal of Asian Studies* 28, no. 3 (May 1969): 489–511]。

利夫顿：《革命的永生》(Lifton, Robert Jay. *Revolutionary Immortality*. New York, 1969)。

李铁铮：《西藏的历史地位》(Li Tieh-tseng. *The Historical Status of Tibet*. New York, 1956)。

李学智：《努尔哈赤统治时期皇位继承诸问题探析》(Li Hsüeh-chih. "An Analysis of Questions Relating to the Imperial Succession During the Reign of Nurhaci." In Ch'en and Sechin, pp. 174–181)。

《辽阳县志》，40 卷，无出版地，1927 年。

刘家驹：《清朝初期的八旗圈地》，台北，1964 年。

罗伯特·李：《清代历史中的满洲边疆》(Lee, Robert H. G. *The Manchurian Frontier in Ch'ing History*. Cambridge, Mass., 1970)。

罗约翰：《满洲人：清朝的兴起和发达》(Ross, John. *The Manchus; or, the Reigning Dynasty in China, Their Rise and Progress*. London, 1880)。

吕元骢：《清初翰林院（1644—1795）》[Chung, A. L. Y. "The Hanlin Academy in the Early Ch'ing Period (1644 - 1795)." *Journal of the Hongkong Branch of the Royal Asiatic Society* 6 (1966): 100-119]。

马奉琛：《清初满汉社会经济冲突之一斑》(Ma Feng-ch'en. "Manchu-Chinese Social and Economic Conflicts in the Early Ch'ing." In *Chinese Social History*, edited by E-tu Sun and John de Francis, pp. 333-351. Washington, D. C., 1956)。

马克·曼考尔：《简析清代朝贡体系》(Mancall, Mark. "The Ch'ing Tribute System: An Interpretive Essay." In Fairbank, *The Chinese World Order*, pp. 63-89)。

马克·曼考尔：《中国和俄国：1728 年之前的外交关系》(Mancall, Mark. *Russia and China: Their Diplomatic Relations to 1728*. Cambridge, Mass., 1971)。

《满文老档》[*Man-wen lao-tang* (*Old Manchu Archives*). Edited by Toyo Bunko. 7 vols. Tokyo, 1955 - 64]。

《满洲实录》，北京，1927 年，台北再版（共 1 册，页码连续编排），无出版时间。

梅谷：《满洲统治的起源》(Michael, Franz. *The Origin of Manchu Rule in China*. Baltimore, 1942. Reprint, New York, 1965)。

孟森：《八旗制度考实》，见孟森：《清代史》，第 20～100 页。

孟森：《明清史论著集刊》，台北，1961 年。

孟森：《清初三大疑案考实》，见孟森：《清代史》，第 449～

450 页。

孟森著、吴湘湘编：《清代史》，台北，1960 年。

孟森：《书明史钞略》，见孟森：《明清史论著集刊》，第 141～147 页。

孟森：《奏销案》，见孟森：《明清史论著集刊》，第 434～452 页。

《明清史料》，上海、台北，1930 年之后。台北于 1965 年再版。

《明史》，302 卷，无出版地，1739 年。1962 年于台北再版（共 6 册，页码连续编排）。

莫安仁：《康熙统治下的时代与要事》[Morgan, Evan. "Times and Manners in the Age of the Emperor K'ang-hsi." *Journal of the North China Branch of the Royal Asiatic Society* 69 (1938): 23-45]。

莫东寅：《满族史论丛》，北京，1958 年。

《南浔志》，无出版地，1929 年。

倪德卫：《和珅及其弹劾者：18 世纪的思想意识与政治行为》(Nivision, David. S. "Ho-shen and His Accusers: Ideology and Political Behavior in the Eighteenth Century." In *Confucianism in Action*, edited by David. S. Nivision and Arthur F. Wright, pp. 209 - 243. Stanford, 1957)。

聂仲迁：《鞑靼统治时代之中国历史》[Greslon (Grelon), Adrien. *Historie de la Chine sous la domination des Tartares*. Paris, 1671]。

欧文·拉铁摩尔：《满洲：冲突的摇篮》(Lattimore, Owen. *Manchuria*:

Cradle of Conflict. New York, 1932)。

欧文·拉铁摩尔：《满洲的蒙古人》（Lattimore, Owen. *The Mongols of Manchuria*. New York, 1934）。

欧文·拉铁摩尔：《中国的亚洲内陆边疆》（Lattimore, Owen. *Inner Asian Frontiers of China*. New York, 1940. Paperback reprint with new introduction, Boston, 1962）。

帕森斯：《明末农民战争》（Parsons, James B. *The Peasant Rebellions of the Late Ming Dynasty*. Tuscon, 1970）。

皮埃尔·约瑟夫·德·奥尔良：《鞑靼人两次征服中国史》（d'Orleans, P. J. *Histoire des deux conquerans tartares qui ont subjugue la Chine*. Paris, 1688）。

钱仪吉：《碑传集》，160 卷，无出版地，1893 年。

《钦定大清会典》，100 卷，上海，1899 年。1963 年于台北再版（共 1 册，页码连续编排）。

《钦定大清会典》，无出版地，1690 年。

《钦定大清会典事例》，1220 卷，上海，1899 年。1963 年于台北再版（共 19 册，页码连续编排）。文中注释以圆括号标示出 1963 年版本的页码，列于 1899 年版本的页码之后。

《清朝文献通考》，300 卷，无出版地，1787 年。1936 年于上海再版。

《清史》，8 册，台北，1961 年。

《清史稿》，536 卷，北京，1928 年。

《清史列传》，80 卷，无出版地，1928 年。1962 年于台北再版（共 10 册）。

瞿同祖：《清代地方政府》(Ch'ü T'ung-tsu. *Local Government in China under the Ch'ing*. Cambridge, Mass., 1962)。

冉玫烁：《早期的中国革命家：1902—1911年沪浙的激进知识分子》(Rankin, Mary B. *Early Chinese Revolutionaries: Radical Intellectuals in Shanghai and Chekiang, 1902－1911*. Cambridge, Mass., 1971)。

柔克义：《15世纪至1895年的中朝关系》(Rockhill, William W. *China's Intercourse with Korea from the Fifteenth Century to 1895*. London, 1905)。

芮玛丽：《同治中兴：中国保守主义的最后抵抗（1862—1874)》(Wright, Mary C. *The Last Stand of Chinese Conservatism: The T'ung-chih Restoration, 1862－1874*. Stanford, 1957)。

芮玛丽编：《革命中的中国：第一个阶段（1900—1913)》(Wright, Mary C., ed. *China in Revolution: The First Phase, 1900－1913*. New Haven, 1968)。

《山东通志》，200卷，无出版地，1911年。1934年于上海再版(共5册，页码连续编排)。

商衍鎏：《清代科举考试述录》，北京，1958年。

神田信夫：《清初的贝勒》[Kanda Nobuo. "Shinsho no bairoku ni tsuite"("On the Beile in the Early Ch'ing Dynasty"). *Tōyō gakuhō* (*Reports of the Oriental Society*) 43, no. 4 (March 1958): 1-23]。

神田信夫：《清初的议政大臣》[Kanda Nobuo. "Shinsho no gisei daijin ni tsuite" ("On the Deliberative Ministers in the Early Ch'ing

Dynasty"). In *Wada hakkushi kanreki kinen Toyoshi ronso* (*Essays on Asian History in Commemoration of Dr. Wada's Sixty-First Birthday*), pp. 171-185. Tokyo, 1951]。

《沈阳县志》，15 卷，无出版地，1917 年。

沈云：《台湾郑氏始末》，无出版地，无出版时间。1958 年于台北再版（共 1 册，页码连续编排）。

《盛京通志》，130 卷，北京，1778 年。1965 年于台北再版（共 3 册，页码连续编排）。

史景迁：《曹寅与康熙：奴才与主子》（Spence, Jonathan D. *Ts'ao Yin and the K'ang-hsi Emperor: Bondservant and Master*. New Haven and London, 1966）。

史景迁：《改变中国》（Spence, Jonathan D. *To Change China*. Boston, 1969）。

史景迁：《康熙皇帝的七个阶段（1654—1722）》[Spence, Jonathan D. "The Seven Ages of K'ang-hsi (1654-1722)." *The Journal of Asian Studies* 26, no. 2 (February 1967): 205-211]。

史景迁：《中国皇帝：康熙自画像》（Spence, Jonathan D. *Emperor of China: Self-Portrait of K'ang-hsi*. New York, 1974）。

《四川通志》，204 卷，无出版地，1816 年。

《苏州府志》，150 卷，无出版地，1883 年。

唐邦治：《清皇室四谱》，4 卷，无出版地，1923 年。

唐纳德·金：《国姓爷合战》（Keene, Donald R. *The Battles of Coxinga*. London, 1951）。

田山茂：《清代蒙古社会制度》[Tayama Shigeru. *Shin-jidai ni*

okeru Moko no shakai seido (Mongol Social Systems in the Ch'ing Period). Tokyo, 1954]。

《铁岭县志》，20 卷，无出版地，1931 年。

王夫之：《永历实录》，见《船山全集》第 12 册，26 卷，无出版地，1840—1842 年。1965 年于台北再版。

王靖宇：《金圣叹》（Wang, John Ching-yu. *Chin Sheng-t'an*. New York, 1972）。

王秀楚：《扬州十日记》[Wang Hsiu-ch'u. "A Memoir of a Ten Days' Massacre in Yangchow." *T'ien-hsia Monthly* 4 (1937): 515-537]。

王钟翰：《清史杂考》，北京，1957 年。

卫德明：《1679 年的博学鸿儒科》[Willhelm, Hellmut. "The Po-hsüeh Hung-ju Examination of 1679." *Journal of the American Oriental Society* 71 (1950): 60-66]。

卫思韩：《中荷贸易与外交编年史（1662—1690）》（John E. Wills, Jr. "Sino-Dutch Trade and Diplomacy: A Chronicle, 1662-1690." Ph. D. dissertation, Harvard University, 1966）。

魏斐德：《清朝盛世：1683—1839》（Wakeman, Frederic, Jr. "High Ch'ing: 1683-1839." In *Modern East Asia: Essays in Interpretation*, edited by James B. Crowley, pp. 1-28. New York, 1970）。

魏源：《大清圣武记》，14 卷，无出版地，1844 年。1962 年于台北再版（共 1 册，页码连续编排）。

吴伟业：《鹿樵纪闻》，2 卷，无出版地，无出版时间。1961 年于台北重印。

吴秀良：《清廷的通信系统和清帝的集权统治：奏折制度的演进（1693—1735）》（Wu，Silas H. L. *Communication and Imperial Control in China*：*Evolution of the Palace Memorial System*，*1693 - 1735*. Cambridge, Mass. , 1970）。

吴秀良：《清朝的奏事制度（1644—1911）》[Wu，Silas H. L. "The Memorial Systems of the Ch'ing Dynasty（1644 - 1911）." *The Harvard Journal of Asiatic Studies* 27（1967）：7-75]。

萧公权：《中国乡村：论十九世纪的帝国控制》（Hsiao Kung-chuan. *Rural China*：*Imperial Control in the Nineteenth Century*. Seattle，1960）。

萧一山：《清代通史》，5 册，北京，1923 年。

谢保樵：《清代政府（1644—1911）》（Hsieh Pao-chao. *The Government of China*（*1644 - 1911*）. Baltimore，1925）。

谢国桢：《明清之际党社运动考》，上海，1935 年。

谢国桢：《清初东南沿海迁界考》，载《中国社会及政治学报》第 15 卷，T. H. Chen 译，第 559～596 页，1930 - 1931 年。

谢国桢：《庄氏史案参校诸人考》，见《图书馆学季刊》第 4 卷第 3～4 期，1930 年，第 423～427 页。

徐珂：《清稗类钞》，48 册，上海，1917 年。

徐劢：《中华文科试实则》[Zi，Etienne. "Pratique des examens litteraires en Chine." *Variétés Sinologiques*，no. 5（Shanghai，1894）]。

严懋功：《清代征献类编》，25 卷，无出版地，1931 年。

杨宾：《柳边纪略》，5 卷，见《辽海丛书》第 117 册，大连，1939 年。

杨光先：《不得已》，无出版地，无出版时间。1929 年再版，无出版地。

杨英：《从征实录》，无出版地，无出版时间。1958 年于台北再版（共 1 册，页码连续编排）。

杨予六：《中国历代地方行政区划》，无出版地，1957 年。

约翰·里德：《北京的第一位满族皇帝》（Reid, John. "Peking's First Manchu Emperor." *Pacific Historical Review*, June 1936, pp. 130−146）。

约翰·瓦特：《中国行政的理论与实践：历史视角下清代知县的角色》（Watt, John. "Theory and Practice in Chinese Administration: The Role of the Ch'ing District Magistrate in Historical Perspective." Ph. D. dissertation, Columbia University, 1967）。

约翰·瓦特：《中华帝国晚期的知县》（Watt, John. *The District Magistrate in Late Imperial China*. New York, 1972）。

《云南通志稿》，216 卷，无出版地，1835 年。

张尔田：《清列朝后妃传稿》，2 卷，无出版地，1929 年。

张德昌：《清朝内务府的经济作用》[Chang Te-ch'ang. "The Economic Role of the Imperial Household in the Ch'ing Dynasty." *The Journal of Asian Studies* 31, no. 2 (February 1972): 243−273]。

张灏：《梁启超与中国思想的过渡（1890—1907）》（Chang Hao. *Liang Ch'i-ch'ao and Intellectual Transition in China, 1890−1907*. Cambridge, Mass., 1971）。

张天泽：《1514—1644 年的中葡贸易》(Chang T'ien-tse. *Sino-Portuguese Trade from 1514 -1644*. Leiden, 1934)。

张仲礼：《中国绅士》(Chang Chung-li. *The Chinese Gentry*. Seattle, 1955)。

赵泉澄：《清代地理沿革表》，北京，1955 年。

《浙江通志》，280 卷，无出版地，无出版时间。1934 年于上海再版（共 4 册，页码连续编排）。

郑天挺：《多尔衮称皇父之臆测》，载《国学季刊》第 6 卷第 1 期，1936 年，第 1～14 页。

郑天挺：《清史探微》，无出版地，1946 年。

庄士敦：《一位皇帝的传奇》[Johnston, R. F. "The Romance of an Emperor." *The New China Review* 2 (1920): 1-24, 180-94]。

索 引*

A

* 页码为原书页码，即本书边码。——译者

B

C

D

E

F

H

I

J

K

L

M

O

S

T

U

V

W

Y

译后记

《马上治天下》英文版出版于 1975 年，系由作者安熙龙 1969 年提交耶鲁大学的博士论文修改而成。拉铁摩尔（Owen Lattimore）、司徒琳（Lynn Struve）等学者对此书赞赏有加，同时也指出作者这种“自上而下”的研究忽视了南明史料的记载与地方统治的层面、涉及绅衿的讨论不够细密等问题。稍晚于安熙龙，哈罗德·米勒（Harold Miller）于 1974 年完成了博士论文《派系斗争与清朝政治的统合（1661—1690）》（“Factional Conflict and the Intergration of Ch’ing Politics, 1661 - 1690”）。米勒曾对安熙龙的著作提出批评与商榷，安熙龙对此专门做了回应。

在新史料层出不穷与研究日益多元、深入的今天，近五十年前的此书或显陈旧，但作为以英文写就的第一部，也是海内外清史学界迄今唯一一部全面研究鳌拜辅政时期政治与政策的专著，它对于深入理解顺康之际的政治转折及“满人政治”的复杂性仍具重要参考价值，所提出的一些问题也值得继续探讨。

犹记初次阅读此书尚在五年前，我初到中国人民大学清史研究所读书，因对清前期政治史颇感兴趣，硕士研究生导师董建中老师向我推荐此书，并建议我重新检讨康熙初四辅臣时期的政治。后虽因种种原因而放弃了这一尝试，但对此议题的兴趣未减，遂在董老师的鼓励之下着手翻译此书。译稿完成于 2016 年，后经数度校改。今付梓在即，感谢董老师审校了全部译稿，感谢博士研究生导师祁美琴教授支持我在研究课题之外的翻译工作。中国人民大学出版社吕鹏军先生费心编辑译稿，提出很多宝贵意见，谨致谢忱。

因学力尚浅，讹误难免，敬希读者赐正。

陈晨

2019 年 5 月 15 日于明尼苏达大学访学途次

图书在版编目（CIP）数据

马上治天下：鳌拜辅政时期的满人政治：1661—1669/（美）安熙龙（Robert B. Oxnam）著；陈晨译．—北京：中国人民大学出版社，2020.1
（海外中国研究文库·一力馆）
ISBN 978-7-300-27268-9

Ⅰ．①马… Ⅱ．①安…②陈… Ⅲ．①政治制度史-研究-中国-清代 Ⅳ．①D691.2

中国版本图书馆CIP数据核字（2019）第263472号

海外中国研究文库·一力馆
马上治天下：鳌拜辅政时期的满人政治（1661—1669）
［美］安熙龙（Robert B. Oxnam） 著
陈 晨 译
董建中 审校
Mashang Zhi Tianxia：Aobai Fuzheng Shiqi de Manren Zhengzhi
（1661—1669）

出版发行	中国人民大学出版社		
社 址	北京中关村大街31号	**邮政编码**	100080
电 话	010－62511242（总编室）		010－62511770（质管部）
	010－82501766（邮购部）		010－62514148（门市部）
	010－62515195（发行公司）		010－62515275（盗版举报）
网 址	http://www.crup.com.cn		
经 销	新华书店		
印 刷	北京联兴盛业印刷股份有限公司		
规 格	148mm×210mm 32开本	**版 次**	2020年1月第1版
印 张	10.375 插页2	**印 次**	2020年4月第2次印刷
字 数	224 000	**定 价**	69.00元